I0220992

www.ingramcontent.com/pod-product-compliance
Lightning Source LLC
Chambersburg PA
CBHW080857090426
42735CB00015B/3175
* 9 7 8 1 6 2 9 3 2 6 0 4 7 *

TUMI PRESS
3701 East 13th Street North, Suite 100
Wichita, KS 67208

On This Rock: A Church Planting Sampler

© 2015. The Urban Ministry Institute. All Rights Reserved. Copying, redistribution, and/or sale of these materials, or any unauthorized transmission, except as may be expressly permitted by the 1976 Copyright Act or in writing from the publisher is prohibited. Requests for permission should be addressed in writing to:

The Urban Ministry Institute
3701 East 13th Street North
Suite 100
Wichita, KS 67208

ISBN: 978-1-62932-604-7

Published by TUMI Press
A division of World Impact, Inc.

The Urban Ministry Institute is a ministry of World Impact, Inc.

All Scripture quotations, unless otherwise noted, are from The Holy Bible, English Standard Version, copyright © 2001 by Crossway Bible. A division of Good News Publishers. Used by permission. All Rights Reserved.

خشتەی ناوەڕۆک

پێشەکی 6

دیمەنی گشتی چاندنی کڵێسا 9

ستراتیجی (کارتێکردنی جیهان) بۆ چاندنی کڵێسا. 10

دێباچە: چۆن ئەم ڕێبەرە بەکاردەهێنرێت 13

بینینی وێنە گەورەکە 23

خولی ١: بینینی وێنە گەورەکە 24

کڵێسا چییە؟ 26

خولی ٢ 38

دیمەنی گشتی قۆناغەکانی مەشقکردن بۆ قوتابخانەی ئینجیلی چاندنی کڵێسای شاری (کارتێکردنی جیهان) 40

بنەماکانی چاندنی کڵێسای فرەکەلتوری 42

لاهوتی کەلتور و هەژار 44

لەسەر " دەسەڵاتدان بە هەژارانی شاری" ی (کارتێکردنی جیهان) 45

جیاکەرەوەی ئێمە: پێش خستنی (شانشین)ەکە لەناو هەژارانی شاری 49

کارلێککردنی چینی کۆمەڵایەتی و کەلتور و نەژاد 56

ئامانج خستنەسەر ئەو کۆمەڵانەی کڵێسا پێیان نەگەیشتووە لەو گەڕەکانەی کڵێسای لێیە . . 57

تۆڕی سی ئا فوو – پێکەوەنانی جەنگاوەرانی خودا: بەرەو ستراتیجییەک بۆ بردنەوەی شارەکە 58

داب و نەریتی مەزن و لاھوتی تایبەت بە یاسای باوەڕ **62**

چیرۆکی خودا: ڕەگە پیرۆزەکانی ئێمە. 63

ڕووبارێک ھەیە: ناسینەوەی جۆگەکانی کۆمەڵگای مەسیحی ڕاستەقینەی بۆژێندراوە لەشاردا 65

ناوەندەکانی جێگرەوە بۆ بینینێکی مەسیح ناوەندکراو و ئەو باشی و کاریگەریانەی کە کەلتوری ئێمە دەیکات بەجێگرەوە وەک بەرپرسیارێتی ڕەھا . . . 66

وێنەکە و دراماکە: وێنە چیرۆک لە گێڕاندنەوەی ئەفسانەی تایبەتی بە کتێبی پیرۆز . . 67

لەپێش زمانەوە بۆ ئەودیو سنوری زمانە: پلانی خودا و مێژووی مرۆڤ . . 68

لاھوتی (مەسیحی سەرکەوتوو): بیرۆکەیەکی سەرەکی مەسیح ناوەندکراوی تایبەت بە کتێبی پیرۆز بۆ یەکخستن و نوێکردنەوەی کڵێسای شاری . . 70

(مەسیحی سەرکەوتوو): بینینێکی یەکخراو بۆ ژیان و شایەت حاڵی مەسیحی . . . 72

نموونەو ستراتیجییەکانی چاندنی کڵێسا **73**

بەکارھێنانی ژیری لە قەشەگەریدا 74

پرۆسەی ئامادەبکە و کاربکە و چاوپیاخشاندنەوە بکە . . . 74

دەستکێشی ئاسنینی پرۆژەی داڤیس: دوانزە مەرجە پێسەکە بۆ دەستپێشخەرییە نوێیەکان . 84

تویژینەوەی کۆمەڵگاکەت 85

نموونەکانی چاندنی کڵێسا 93

خزمەتی ڕاسپاردەکردنی ئەندامێتی: کڵێسای ھەرناوێکی ھاوبڕییەتی . . **96**

بزوتنەوەکانی چاندنی کڵێسا 98

پێشەکی: ڕەگە پیرۆزەکان و چاندنی کڵێسا و داب و نەریتی مەزن . . 99

سروشتی بزوتنەوە داینەمیکەکانی چاندنی کڵێسا: پێناسەکردنی توخمە کاریگەرییەکانی بزوتنەوەی چاندنی کڵێسا . . . 104

دروستکردنی بزوتنەوە مەنتیقی و باش ڕێکخراوەکانی چاندنی کڵێسای شاری: درک کردن بە توخمەکانی کۆمەڵگای شاری ڕاستەقینەی مەسیحی . . 106

پەتی سێ قەدی بزوتنەوەکانی چاندنی کڵێسای فرە کەلتوری شاری . 108

109	نموونەی هاوڕێیەتییەکی کڵێسای شاری
110	بەرپرسیاریتی و ڕۆڵەکانی چاندنی کڵێسا
111	بەرپرسیاریتییەکانی ڕابەرێکی تیمی چاندنی کڵێسا
112	پێکهێنانی تیمی چاندنی کڵێساکە و تێگەیشتنی ڕۆڵەکان
114	گرنگترین ڕۆڵی تیمێکی چاندنی کڵێسا
115	بەرپرسیاریتی ڕاهێنەرێک (ڕابەری فرە تیم)

پۆشتە کردنی ئەندامی تیمی چاندنی کڵێسا: بەرهەمهێنانی
ستراتیجیە کرداریەکانی ڕاهێنان 116

117	دەسەڵات دان بە ڕابەرایەتی کردنی هاوڵاتی ڕەسەن
118	وبەرهێنان و دەسەڵات پێدان و خەمڵاندن: چۆن ڕابەرایەتی کردن وەک نوێنەرایەتی ئازادی بۆ داهێنان دابین دەکات
119	پەروەردەکردنی ڕابەرایەتی کردنی ڕاستەقینەی مەسیحی
120	کورتەی بەرنامەی خوێندنی کاپستون
126	گونجاو بۆ نوێنەرایەتی کردن: زۆرکردنی قوتابیانی شانشینی خودا
128	بەقوتابی کردنی ڕاستگۆکان: دامەزراندنی ڕابەران بۆ کڵێسای شاری
129	تێگەیشتنی ڕابەرایەتی کردن وەک نوێنەرایەتی کردن: شەش قۆناغەکەی بڕیکاری فەرمی
131	دیمەنی گشتی سەرچاوەکانی (پەیمانگای قەشەگەری شاری) بۆ هەژارانی شار

لیستەی کورتکراوەی سەرچاوەکانی چاندنی کڵێسا 140

پاشکۆ: 145

145	سەرچاوەکانی
145	چاندنی کڵێسای (کارتێکردنی جیهان) لە سەرنجێک
146	خشتەی ناوەڕۆک: گەیوو بۆ دروێنە
152	خشتەی ناوەڕۆک: چاندنی کڵێسا لەناو هەژارانی شار، جڵدی ١
158	خشتەی ناوەڕۆک: چاندنی کڵێسا لەناو هەژارانی شار، جڵدی ٢
164	پێشەکی: چاندنی کڵێسا لەناو هەژارانی شار، جڵدی ١ و ٢
170	خشتەی ناوەڕۆک : نامیلکەی سەرۆک قەشەی ئینجیلی

پێشەکی

> دەبێت ئێمە مەسیحی جیهانی بین بە بینینێکی جیهانیەوە چونکە خودای ئێمە خودایەکی جیهانیە.
>
> - جۆن ستۆت

سەدان ساڵ تێپەڕیوە لەوکاتەوەی (سەروەر) ی هەستاوەی ئێمە فەرمانی داوە بە نێردراوە سەرسامبووەکان و بنچینەییەکان بڕۆن و قوتابی پێبگەیەنن لەهەموو کۆمەڵی گەلان (مەتتا ٢٨: ١٨-٢٠). بەو هەموو هێزەی پێی دراوە لەلایەن(باوک)ەوە لە پێگەی بەرزەوە، (سەروەر)ی ئێمە فەرمانی دا بە قوتابیەکانی خۆی (لەڕێگەی ئەوانیشەوە، کڵێسا بەناو سەردەمەکاندا) ژیان و دیاری و تواناکانی خۆیان بکەنە قوربانی بۆ بردنەوەی جیهانێک کە بەپەرۆشەوە دەیەوێت گوێبیستی نیعمەتی خودامان بێت. ئەم فەرمانە بۆ ڕۆیشتن و پەروەردەکردنی قوتابی کە ئاراستەکردنێکی سادەیە بەڵام هێشتا شۆڕشگێڕانەیە، بیرۆکەی مزگێنیەکانی پێشکەشکرد، ئێستاش ئەمڕۆ ئەوە دەبێت هەموو شتێک دابڕێژێت کەئێمە وەک باوەڕدارین و وەک نوێژکەرانی کڵێساین و وەک قەشەیەتیەکانین و وەک کۆمەڵگاکانی مزگێنین و وەک بزوتنەوەین لە ژێر دەسەڵاتی مەسیح. هیچ بانگەشەیەکی بەرزتر بوونی نیە بۆ نەوەی ئێستای مەسیحیەکان تا زیاتر شتەکان ئەنجام بدات کە ئێمە بتوانین ڕاسپاردەکەی مەسیح بهێنینە دی بۆ پەروەدەکردنی قوتابیانی نەتەوەکان. ئەم بانگەشەیە بانگەشەیەکی گرنگە – بۆ هەموو یەکێک کە ناوی بەرزی ئەو دەڵێت.

عیسای (سەروەر)مان گرنگی کڵێسای خۆی دووپاتکردەوە کاتێک ئەو درکاندنی پەترۆسی ناساند سەبارەت بە مەسیحیەتی خۆی لە مەتتا ١٦: ١٥-١٨ (کۆپی ستاندەری ئینگلیزی):

> ئەو بەوانی گوت" بەڵام ئێوە دەڵێن من کێم؟" [١٦] شەمعون پەترۆس وەڵامی دایەوە " تۆ مەسیحیت، کوڕی خودای زیندوو." [١٧] عیساش وەڵامی ئەوی دایەوە" تۆ بەرەکەت کراویت شەمعون بارجۆنا! چونکە لەش و خوێن ئەمەی بۆتۆ ئاشکرا نەردووە، بەڵکو (باوک)ی من کە لە ئاسمانە. [١٨] منیش بە تۆ دەڵێم تۆ پەترۆسیت و لەچسەر ئەم بەردە من کڵێسای خۆم بینادەکەم، دەرگاکانی دۆزەخیش سەرناکەون بەسەریدا.

قەناعەتی نەشیاوی عیسا ئەوە بوو ئەو کڵێساکەی خۆی بینا دەکات لەسەر بەردی درکاندنی پەترۆس، هەروەها هەمان دەرگاکانی دۆزەخیش ناتوانێت بەرگەی پێشڕەوی ئەو بکات. ناوەندی کاری ڕۆژی ئێستای مەسیح لە جیهاندا بریتیە لە بانگەشەکردنی ئەوانەی خۆی لە نەتەوەکان تا ببن بە بەشێک لە یەک (کڵێسای) پیرۆز و کاثۆلیکی (جیهانی) و نێردراوەیی خۆی. لەهەرکوێیەک کڵێساکەی ئەو بوونی هەبێت لە کۆبوونەوەی خۆجێیدا ئاوەهاش ئەو کۆمەڵگایە نوێنەرایەتی بنکەیەکی دووری زیندوو و چالاکی شانشینی خودا دەکات لە کاتی خۆماندا. چاندن و بەردەوامیدان بە کڵێسای دروست شتێکی بنەڕەتیە بۆ مزگێنی شانشینی مەسیح لەم سەردەمەدا.

ئەم نمونە کۆکەرەوەیە جۆرە ناسینێکی ستراتیجی ئەو جۆرە سەرچاوانەیە کەلە ناو دەزگای بڵاوکراوەی ئەم دوایەی کەرەستەکانی چاندنی کڵێسادا هەن. ناونیشانی ئەمانە بریتین لە (گەیوو بۆ دروێنە)، کە پەرتوکی فەرمی ئێمەیە بۆ (قوتابخانەی ئینجیلی چاندنی کڵێسای شاری) و (نامیلکەی سەرۆکی قەشەی ئینجیلی) بۆ (قوتابخانەی ئینجیلی)، هەروەها (چاندنی کڵێسا لەناو هەژارانی شار)، کە پوختەیەکی سەرچاوەیی دوو جڵدە بەو سەرچاوە زۆرەی بەکارمان هێناوە لە بیست ساڵی ڕابردووی چاندنی کڵێساکان لەناو هەژاران لە شارەکانی ناوخۆی ئەمەریکا. ئەم کتێبانە خۆیان پێکەوە ١٧٠٠ لاپەڕەی بابەتی خوێندن پێکدێنن، بۆیە بۆئەوەی پانتایی جۆری بابەتەکان بۆ ئێوە دەربخەین کە لە ناو ئەم جڵدانەدا هەن، ئێمە ئەم نمونە کۆکەرەوەیەمان بەرهەمهێنا.

ئێمە ئەم کۆمەڵە فراوانەمان ڕێکخست لە وتار و هونەری نەخشەکاری لەژێر حەوت پۆلی ستراتیجی لەهەر چوار جڵدەکە:

- دیمەنی گشتی چاندنی کڵێسا
- لاهوتی کەلتورو هەژار
- داب و نەریتی مەزن و لاهوتی تایبەت بەیاسای باوەڕ
- ستراتیجی و مۆدێلی ڕاواندنی کڵێسا
- بزوتنەوەکانی کانی چاندنی کڵێسا
- بەرپرسیارێتی و ڕۆڵی چاندنی کڵێسا
- بەهێزکردنی سەرکردایەتی ڕەسەن

لەژێر ئەم بیرۆکە سەرەکیانە ئێوە بڕێکی زیاد لەپێویست لە بابەتی خوێندنی هەمەچەشنی نەمونە دەدۆزنەوە لەم چوار جڵدەدا: هونەری نەخشەکاری و وتار و داڕشتن و هێڵکاری و ڕاهێنان و بیبلۆگرافیایەکی کورتکراوی چاندنی کڵێسا هەمووی لەخۆگیراوە بۆ ئەوەی سامانی ئەو سەرچاوانە بۆ ئێوە دەربخرێن کە لەناو ئەم چوار جڵدەدا هەن سەبارەت بە مەترسیەکان و بەڵێنی چاندنی کڵێسا. دواجار، ئێمە خشتەی ناوەڕۆکەکانمان لە خودی کتێبەکانەوە داناوە، واتا (گەیوو بۆ دروێنە) و (نامیلکەی سەرۆکی قەشەی ئینجیلی) و (چاندنی کڵێسا لەناو هەژارانی شار، کە کاری سەرچاوەیی دوو جڵدیە). (تکایە تێبینی بکە: ئێمە هەموو سەرچاوەیەکمان لە ناو نمونە کۆکەرەوەکە تاگ کردووە بۆ ئەوەی ئێوە بتوانن تێبگەن لە چ سەرچاوەیەکەوە وتارێک یا هونەری نەخشەکاریەکی دیاریکراو وەرگیراوە).

ئەم نمونە کۆکەرەوەیە نوێنەرایەتی بابەتەکانی ڕاهێنانی (کارتێکردنی جیهان) دەکات، کە ڕێکخراوێکی مزگێنی مەسیحیە کە لە شارەکانی ناوخۆی ئەمەریکا خزمەتی کردووەبۆ زیاتر لە چل ساڵ (www.worldimpact.org) . ئێمە بە قوڵیەوە پابەندین بۆ کارئاسانکردنی بزوتنەوەکانی چاندنی کڵێسا لەڕێگەی پێشکەشکردنی وتاری ئینجیل و پۆشتەکردن و تواناداان بە هەژارانی شاری لەکڵێسا دەرکراو. مەبەستی (کارتێکردنی جیهانی) بریتیە لە ڕێزلێنان و شکۆدارکردنی خودا و دڵشاد بوون بەو لەناو هەژارانی شاری لەکڵێسادەرکراودا لەڕێگەی ناسینی خودا و پێناساندنی ئەو. بۆ ئێمە خێراترین و کارامەترین و بەهێزترین شێواز تا کاربکاتە سەر کۆمەڵگا هەژارە شاریەکانی لەکڵێسادەرکراو و بیانگۆڕێت بریتیە لە چاندنی ئەو کڵێسانەی مەسیح تیایاندا ناوەند گرتووە و دروستن، لەو شوێنانەی ڕووناکی و ژیانی عیسای مەسیح بۆ هەموو کەس بڵاودەکرێتەوە و نیشاندەدرێت تا ببینین. باوەڕی ئێمە ئەوەیە لەڕێگەی چاندنی کڵێسای دروست لەناو هەژاراندا (ڕۆحی پیرۆز) هێزی گۆڕینی خۆی لەناو و بەناو ئەندامانی ئەم گەڕەکانە نیشاندەدات.

لەڕێگەی ڕابەریکردنی (ڕۆح) ئەم کڵێسانە گەشە بە شەریکایەتی تایبەت بە مزگێنی دەدەن لەو شوێنەی ڕابەران و کڵێساکانی مەیلدار بە شانشین دەتوانن پێکەوە هاوکارییکەن بۆ مزگێنی و دادپەروەری. ئێمە متمانەمان بە یارمەتی خودایە بۆ ناساندن و پۆشتەکردن و تواناپێدانی نەوەیەکی نوێی ڕابەرانی شاری ئەوانەی لەڕێگەی کڵێسایەکی شاری تواناپێدراوەوە میهرەبانی و دادپەروەری نیشاندەدەن لەناو ئەو کۆمەڵگایانەی خۆیانی لێ دەژین و کاری لێدەکەن. بە بینینی ئێمە هیچ شتێک ئەوەندە گرنگ نیە لەپێناو پێشڕەویکردنی شانشین لە ناو شاردا زیاتر لە چاندنی کۆمەڵی دروستی مەسیح کە پڕبن لە قوتابیان ئەوانەی خودایان خۆش دەوێت بە تەواوی دڵیانەوە و هاوسێکانیانشیان وەک خۆیان خۆشدەوێت. ئەم کۆمەڵگایانە بەڕاستی شێوازی خودان بۆ گۆڕینی شانشین لەم جیهانە دۆڕاوەدا.

هیوای ئێمە ئەوەیە ئەم نمونە کۆکەرەوەیە حەزێک بۆ ئێوە دروست بکات لە چێژێکی تەنیای بابەتەکانەوە بگوێزنەوە بۆ دەقە تەواوە ڕاستیەکان کە لە ئامباری ماڵپەڕی ئێمەدا هەن بۆ بەردەستی ئێوە لە (www.tumistore.org) . کاتێک (سەروەر)ی ئێمە لە مردن زیندوو

بووەوە سەرکەوتنی داگیرکەرانە و نێعمەتی شۆڕشگێرانەی ئەو گەیشتە بەردەست گەلانی جیهان. فەرمانی پەروەردەکردنی قوتابی ڕاستەوخۆ دەلکێت بە ئەرکی مزگێنی دان و پۆشتەکردن و تواناپێدانی خەڵکانی شاری لەڕێگەی چاندنی کڵێساوە. ئەم نمونە کۆکەرەوەیە شەبەنگێکی فراوانی بیرکردنەوە و پراکتیزەی ئێمە دابیندەکات لەسەر چاندنی کڵێسای فرە کەلتوری شاری، کە پێکهێنەرە لاهوتی و ڕۆحی و زانستی مزگێنی کڵێسایی و زانستی کۆمەڵایەتیەکانی خۆی دەگرێتە خۆ. هیوادارین خوێندنەوەی ئەم بابەتە هەمەچەشنانە واتایەکی پابەندبونی ئێمە دابیندبکات بۆ ئێوە بۆ بینینی ئەو (ڕاسپاردە مەزنە) ی لەناو هەژارانی جیهان بەدیهێنراوە و ئەوەی ئێمە باوەڕمان پێیەتی کە پێویستماندەبێت بۆ بەدەستهێنانی ئەمە.

وتەکەی برامان جۆن ستۆت لەسەرەتای ئەم پێشەکیەدا بەباشی ئەوە دەڵێت: "دەبێت ئێمە مەسیحی جیهانی بین بە بینینێکی جیهانیەوە چونکە خودای ئێمە خودایەکی جیهانیە." (کارتێکردنی جیهان) کۆشش دەکات ناوی خۆی باش بێت بەقەدەر ئەوەی چاوەڕێی لێدەکرێت لەژێر پیرۆزکردن و ڕابەریکردنی (ڕۆحی پیرۆز). سۆزی بەتینی ئێمە بینینی بڵاوبونەوە و نیشاندانی (شانشینی خودا) یە لەو کۆمەڵگایانەی کە تیایاندا مەسیح نە ناسراوە یا نە دەپەرسترێت، لە هەژارترین و فەرامۆشکراوترین گەڕەکەکان لە ئەمەریکا و دەوروبەری جیهان. قەناعەتی ئێمە ئەوەیە چاندنی کڵێساو کارئاسانکردنی بزوتنەوەکانی چاندنی کڵێسا کاریگەرترین و خێراترین ڕێگەیە بۆ ئامێزگرتنی بینینێکی جیهانی پێشڕەویکردنی شانشین کاتێک لێرەوە لە کۆمەڵگا هەژارەکانی ناو ویلایەتە یەکگرتووەکان دەستپێدەکات. نوێژی ئێمە ئەوەیە ئەم نمونە کۆکەرەوەیە پڕیشکی ئارەزوو لەئێوەدا (خوێنەرەکانمان) هەڵبکات تا بێنە پاڵ ئێمە لەم هەڵمەتە مەزنە لە بردنەوەی هەژارەکانی جیهان بۆ مەسیح. هەمان (سەروەر) کە درکاندی ئەو کڵێسای خۆی لەسەر بەردەکە بینا دەکات سەدان ساڵ بەرلەئێستا، ئەمڕۆ توانا بەگەلی خۆی دەدات کڵێسا بڕوێنێت و گەرای بزوتنەوەی نوێ دابنێت لەناو ئەو کەسانەی هێشتا مەسیحیەت نەگەیشتۆتە ناویان لەدەوروبەری جیهان. هەریەکێک کە لە نزیکەوە گوێبگرێت، هێشتا دەتوانێت گوێبیستی (ڕزگارکەر)مان بێت کاتێک وشەکانی خۆی دووپاتدەکاتەوە کە بە پەترۆسی ڕاگەیاند ماوەیەکی زۆر لەمەوبەر: " لەسەر ئەم بەردە من کڵێسای خۆم بینادەکەم، دەرگاکانی دۆزەخیش سەرناکەون بەسەریدا." لەڕێگەی گەلی خۆیەوە ڕاستی خودا هێشتا بەرەوپێش دەڕوات.

قەشە دکتۆر دۆن ئێڵ داڤیس
بەڕێوەبەر، پەیمانگای قەشەگەری شاری
جێگری باڵای سەرۆک، گەشەپێدان و سەرۆکایەتیکردنی کڵێسا، کارتێکردنی جیهان
٢٢ کانونی یەکەم ٢٠١٥

دیمەنی گشتی چاندنی کڵێسا

سەرچاوە:
چاندنی کڵێسا لەناو هەژارانی شار، جلدی ١، لاپەرە ٢٨٨-٢٩١

ستراتیجی (کارتێکردنی جیهان) بۆ چاندنی کڵێسا

قەشە ئێفرێم سمث

"تاجی جوانی: دەستپێشخەری (کارتێکردنی جیهان) بۆ چاندنی کڵێسای شاری و هاوڵاتی."

مەبەستی چاندنی کڵێسا

کۆششکردن بۆ چاندنی زۆرترین کڵێسا بەپێی توانا لەناو کەلتورە جۆراوجۆرەکان کە هەژارانی شاری نوێنەرایەتی دەکەن لەهەموو شارەکانی خۆمان و لەودیو سنورەوە.

١- متمانە

- ئێمە کڵێسایەکی مەزهەبی یا کڵێسایەکی قەراغ شار نین کە هاتبین بۆ ناو شار. ئێمە ڕێکخراوێکی مزگێنی شارین بە ئەزمونی ٤٠ ساڵ خزمەتی فرە کەلتوری و بەرجەستەبوونی خودایی.
- چەندین ستاف کە زیاتر لە ٢٠ ساڵ ئەزمونی چاندنی کڵێسایان هەیە.
- سەرۆک و بەڕێوەبەری جێبەجێکار ئەزمونی فراوانی هەیە لە چاندنی کڵێسا و ڕاهێنانی چاندنی کڵێسا و دیزاینی چاندنی کڵێسا.
- توێژینەوەی گرنگ ئەنجامدراوە لەسەر چاندنی کڵێسای شاری لەڕێگەی پەیمانگای قەشەگەری شاریەوە
- ئێمە بەبێ شەرمکردن ئینجیلین (ناوەند گرتوو لە ئینجیل و مەسیح و وشە)
- ئێمە ڕێکخراوێکی مەزهەبی هاوبەشین

٢- لاهوت و بناغەکانی تایبەت بە کتێبی پیرۆز

- (ئەشعیا) و (حەزقیال) بەکاربێنە تا گرنگی ("تاجی جوانی") بەرز بکەنەوە
- ئامێزگرتنی داستانی تەواوی (کتێبی پیرۆز) - " خەڵکی چیرۆکەکە"
- ئامێزگرتنی داینەمۆی فرە نەژادی و فرە کەلتوری و شاری و ئازادکردن لە (کتێبی پیرۆز)دا.
- بەشداریپێکردنی (شانشینی خودا) و (مەسیحی سەرکەوتوو)
- ئێمە لەلایەن (داب ونەریتی مەزن) ئاگاداردەکرێین،
- چاندنی کڵێسا شاریەکان کە کاردەکەن وەک کۆمەڵگای لاهوت و پەرستن و قوتابێتی و شایەت.

سەرچاوە:
چاندنی کڵێسا لەناو هەژارانی شار، جلدی ١، لاپەڕە ٢٨٨-٢٩١

٣- دیزاینی تایبەت بە مزگێنی بزوتنەوەکە

- بزوتنەوەی گشتی چاندنی کڵێسا ئەو دانەیە دەبێت کە ڕەنگدانەوەی دیزاینی تایبەت بە مزگێنی " سێ – خود " دەبێت (بەردەوامی پێدانی خودی و زۆرکردنی خودی و بەڕێوەبردنی خودی)
- ئێمە کڵێسا دەڕوێنین بە ستافی (کارتێکردنی جیهان) کە گواستنەوە دەکەن بۆ کڵێسا و سەرکردایەتی ڕەسەن کە بە سەرکردایەتی ڕەسەن دەستپێدەکات.
- ***داینەمۆی بزوتنەوەکانی چاندنی کڵێسای ئێمە بە ڕۆحێتی هاوبەش و توانای ڕەچاوکردنی شتەکان بە بەراورد لەگەڵ ئەو دەوروبەرەی تیایدان هەروەها بۆ دروستکردن و بەردەوامیپێدانی پراکتیزە وستراکتۆرە ستاندەرکراوەکان.***

٤- دەهاکان

- " باشترین ڕێگا بۆ گێڕانەوەی مەسیحیەکان بۆ لاهوت و پەرستن و چالاکی خزمەتکردنی ئەوکەسانەی ناتوانن بگەنە کڵێسا و قوتابێتی چالاک بریتیە لە گرتنەوەی ناسنامەی (کڵێسا) وەک (خەڵکی چیرۆک)ەکەلەڕێگەی دووبارە بەستنەوە بە (ڕەگە پیرۆزەکانی کڵێسا)." (لاپەڕە ١٥١ – کتێبی عیسا لە وێنەکە دەرهێندراوە لەلایەن ئاڵسمان)
- ***بەستنەوە بە (داب و نەریتی مەزن) و (هەژارانی شاری) و (چاندنی کڵێسای شاری)***
- ئێمە کۆمەڵەکانی کڵێسە دەڕوێنین و کارئاسانی بزوتنەوەکان دەکەین و شەریکایەتیە هاوکارەکانیش بەشداردەکەین.

٥- بنەماکان

- پچڕپچڕی پی. ئێڵ. ئەی. ئێن. تی،
- پابەندبونێتی ڕابەری شاری ڕەسەن
- پابەندبونێتی مێژوویی بە هەژارانی شاری و شارەکان
- شێوازی (بەرجەستەیی خودایی) تایبەت بە مزگێنی
- ڕێزلێنان لە سەرنجدانە فرەنەژادی و فرە کەلتوری و تایبەتێتی نەژادی و یەکەم نەوەی کۆچبەر
- چاندنی کڵیسەکان بەو کڵێسا شاریەی بوونی هەیە

٦- دەستپێشخەری ئیزافی

- کۆمەڵەکانی کڵێسای شاری (UCA's)
- هاوڕێیانی کارتێکردنی جیهان (WIA's)
- پەیمانگای قەشەگەری شاری (TUMI)
- سی ئا فوو (ماڵەکانی سەرکردایەتی و بەشەکان)

سەرچاوە:
چاندنی کڵێسا لەناو هەژارانی شار، جڵدی ١، لاپەرە ٢٨٨-٢٩١

٧- **سێ دەربڕین (هەموو پێکدێت لە خەمڵاندن و ڕاهێنانکردن و جاڕدانی دامەزراندن و دابینکردنی پێویستی)**

- کڵێسای ماڵ (٢٠-٥٠ کەس)

ئەمە دەتوانرێت تێگەیشتنی بۆ بکرێت وەک کۆگایەکی بچوک لە مۆڵێکی بازارکردندا. ئەوە پێویستی بە بەستنەوەهەیە لەگەڵ کڵێسا بچوکەکانی تر بۆئەوەی بمێنێتەوە و گەشەش بکات. ئەوان دەتوانن بەکردەکی لەهەموو شوێنێک کۆبونەوە ئەنجامبدەن و دەتوانن لە شوێنێکی بچوکدا ئیشبکەن بەبێ یا بە باری گرانی دارایی کەمەوە. ئەوان دەتوانن سەرنج بخەنە سەر کۆمەڵەبینایەک یا ڕووبەرێکی نیشتەجێی یا تۆڕێکی خێزانی. دەتوانرێت سەرنجی قوتابێتی بەهێز بۆ گەشەپێدانی سەرکردایەتی ڕەسەن لەم کۆمەڵە بەیەکەوە بەستراوە بچوکە ڕووبدات.

- کڵێسای کۆمەڵگا (٦٠-١٥٠کەس)

ئەمە دەتوانرێت تێگەیشتنی بۆ بکرێت وەک کۆگایەکی بەقاڵی. ئەمە سەرنج دەخاتە سەر دووری و ناسنامەیەکی جوگرافی دیاریکراو کاتێک تیشک دەخاتە سەر نزیکایەتی و بەستنەوە و دەوروبەری بێ هاوتای کۆمەڵەکە و ئەو کۆمەڵگایەی چواردەوریداوە. ئەمە بە بانگەشەیەکی قوڵ و بەستنەوە بە گەڕەکێکی دیاریکراوەوە گەشەی کردووە. ئەمە پێویستی بە شوێنێکی نیمچەجێگیر هەیە بۆ کۆبونەوە (پارک یا ناوەندی کۆمەڵایەتی یا قوتابخانە). شەریکایەتیکردن لەگەڵ کڵێسا کۆمەڵگایەکانی تر گرنگە.

- کڵێسای دایک (٢٠٠+ کەس)

ئەمە دەتوانرێت تێگەیشتنی بۆبکرێت وەک کۆگایەکی سۆپەری واڵمارت یا کۆگای سۆپەر تارگێت. کۆمەڵێکی مزگێنی ئاراستەبۆکراوە کە سوودوەردەگرێت لە تواناکان و دیارییەکانی خۆی تا ببێت بە. . .

  - ناوەندی خزمەتەکانی میهرەبانی و بەزەیی و دادپەروەری،
  - بارەگای پەروەردەکردن بۆ چاندنی کڵێسای نوێ، هەروەها
  - هەڵهێنی (مەفقەس) خزمەتە کاریگەریەکانی تر لەناو ئەو هەژارە شاریانەی مەسیحیەت پێیان نەگەیشتووە.
  - تێبینی بکە کە دامەزراوەیەکی زیاتر چەسپیو پێویست دەبێت لەناو ئەم دەربڕینەدا.

٨- **ستراکتۆری بنەڕەتی چاندنی کڵێسا**

- قوتابخانەی چاندنی کڵێسا (ڕووداو و ڕاهێنان و سەرچاوەکان)
- خەمڵاندنێکی یەکگرتوو و ڕاهێنان و دابینکردنی پێویستیەکان و ستراتیجی ستاندەرکردن.
- ستافی ڕاهێنانکردنی (کارتێکردنی جیهان) وەک ڕاهێنەر و ڕاوێژکار و هاو قەشە
- خەمڵاندنی بانگەشەو دیاری ڕابەرە ڕەسەنەکان یا ستافی (کارتێکردنی جیهان). (قوتابخانە و خەمڵاندن و ڕێگەپێدانی دامەزراندن)
- شەریکایەتیەکان (کڵێسا خۆجێیەکان و مەزهەبەکان و ڕێکخراوەکان)

سەرچاوە:
چاندنی کڵێسا لەناو هەزارانی شار، جلدی ۱، لاپەڕە ۲۸۸-۲۹۱

۹- گەیاندن و پاڵپشتکردن

- بودجەی ڕێگەپێدراو ۱۵.۰۰۰ دۆلار – ۷۵.۰۰۰ دۆلار بۆ هەرکڵێسایەک بۆماوەی ۳ ساڵ و لەسەر بنەمای شوێن یا دەربڕین
- مێژوو و باری ئێستا – ۷۲ کڵێسا ڕوێندراوە و ٤٥ یان چالاکە
- ئامانج: ۳۰۰ کڵێسا بڕوێنە لەماوەی ۷ ساڵی داهاتوو (تێچون: ۱۵ ملیۆن دۆلار و یەکەم وەشاندن ۱ ملیۆن دۆلار)
- ئامانج بخەسەر هەردوو ڕابەرانی سی-۱ و سی-۲.
- ***کەرتی سەرچاوەکانی کڵێسا چاودێری گشتی دابیندەکات و هەرێمەکانیش دەست بەجێبەجێکردن دەکەن.***
- ***پێویستیەکانی شتاف – بە بەڕێوەبەری نیشتیمانی دەستپێدەکات کاتێک ڕاپۆرت دەدرێت بە دۆن داڤیس و پاڵپشتکردنی پێویستیەکان دەدرێت بە ئار ڤی پی و ئی دی ئێم.***
- ستراتیجی گەشەپێدانی کۆمەکی دارایی – کۆمەکی دارایی چاندنی نیشتیمانی – بەشبووە لەنێوان هەرێمەکان بە ڕێژەی کارگێری و کڵێساکانی شەریکایەتی کردنی هەرێمی و بودجەی بەگەڕخستنی هەرێمی
- هۆکار لە تێچونەکانی ڕاهێنانکردن و چاندنی کڵێسا لە سندوقێک (۱۰۰ دۆلار) و ڕاهێنان و هتد.
- (بایەخی ئەندام) بگرە خۆ وەک پێویست.
- ئامرازەکانی ڕاوێژکردن و ڕاهێنانکردن (ئامادەکردن بکە و کاربکە و چاوپیاخشاندنەوەبکە)
- ئامرازی بەڕێوەبردنی ئامانجی شاراوە (ماوەی ئامانج-جێف هەنت)
- ***ئامانجە ڕێپێدراوەکان دابنێ لە ڕووبەرەکانی لاهوت و پەرستن و قوتابێتی و شایەتی.***

سەرچاوە :
گەیوو بۆ دروێنە،
لاپەرە ۱۱-۲۲

دێباچە:

چون ئەم ڕێبەرە بەکاردەهێنرێت

قوتابخانەی ئینجیلی بۆ چاندنی کڵێسای شاری:
خولێکی ڕاهێنانی چڕو کورت بۆ چێنەرانی کڵێسای شاری

بۆ زیاتر لە چل ساڵە (کارتێکردنی جیهان) تەرخانکراوە بۆ ڕێزلێنان و شکۆدارکردنی خودا و دڵشاد بوون بەو لەناو هەژارانی شاری لەکڵێسا دەرکراو لەڕێگەی ناسینی ئەو و ناساندنی ئەو. ڕێکخراوێکی مزگێنی ناخۆی شارە، بینینی ئێمە بریتیە لە وەرگرتن و تواناپێدان و خستنە بەردستی ڕابەرانی شاری ئەوانەی کڵێساکان دەرویَنن و بزوتنەوەکانی چاندنی کڵێسای ڕەسەن دەخەنە کار. ئێمە قایلین کە خودای مەزن حەزدەکات توانابدات بە هەژارانی شاری بۆ ئەوەی شانشینی خودا پێشبخەن لەهەموو شارێکی ئەمەریکا و لەودیو سنورەوە لەڕێگەی کڵێسای خۆجێیەوە. بەڕاستی، ئێمە باوەڕدەکەین نیشاندان و بڵاوکەدنەوەی ئینجیل لەلایەن کڵێساوە لە دڵی مزگێنی شانشینی خودایە.

قوتابخانەی ئینجیلی ئێمە بۆ چاندنی کڵێسای شاری ڕاهێنان دەکات بە ڕاهێنەران و ڕووێنەرانی کڵێساو تیمەکانی چاندنی کڵێسا و پۆشتەیان دەکات بۆ چاندنی کڵێسای دروست لەناو هەژارانی شاردا. بۆ ئەوەی لە هەوڵەکانی خۆیاندا گەشەبکەن دەبێت ڕووێنەرانی کڵێسای شاری بینینێکی لاهوتی ڕوون پەیرەو بکەن و دەربرین و مۆدێلی دروست و هەستیاری کەلتوریی کڵێسا هەڵبژێرن. دەبێت ئەوان دانایی کتێبی پیرۆز پەیرەوبکەن بۆئەوەی کاریگەریانە وتاری ئینجیل پێشکەشبکەن بەو خەڵکی شارەی مەسیحیەت پێیان نەگەیشتووە و پۆشتەیان بکەن و توانایان بدەنێ تا وەڵامی خۆشەویستی مەسیح بدەنەوە و شوێنی خۆیان دەستکەوێت بۆ نوێنەرایەتیکردنی شانشینی خودا لەو شوێنەی تیای دەژین و کاردەکەن.

ئەم ڕێبەرە کە دەقی فەرمی قوتابخانەی ئینجیلیە، پرۆسەی چاندنی کڵێسا پوختەدەکات کە ڕێزلەو کەلتور و ژینگەو کۆمەڵگا و دۆخە ناوازانە دەکات کە ڕەنگدانەوەی ئەمەریکای شارین. ئەو شێوازی (پی ئێڵ ئەی ئێن تی)یەی لێرە پوختە کراوە ڕێنماییەکی ژیر بە کردەکی و چالاک بە ڕۆحی دابیندەکات بۆ دڵنیابوون لەوەی تیمەکانی چاندنی کڵێسای شاری نە سەرنەکەوتوو دەبن و نەهەڵەدەکەن کاتێک ئەوان دەگەڕێن بۆ بەشداریکردنی ئەو گەڕەکانەی مەسیحیەت پێیان نەگەیشتووە و دەستکورتن بەڵام هێشتا لەڕووی ڕۆحییەوە گەیوون. ڕێبەرەکە ڕێبەری تیمەکان دەکات لەڕێگەی ئەو پرۆسەیەوە بە سەرنج خستنەسەر نوێژ و بیرکردنەوە و ژیریی بۆ دۆزینەوەی بانگەشەی ناوازەی خودا لەسەر هەر ڕووێنەر و تیمێک.

لەبەرئەوەی پڕە لە خزمەتی پەرستن و سیمینار و ڕاهێنان و کاغەزی کار بە دەیان گرافیک و خشتە و وتارەوە ئەم سەرچاوە دەوڵەمەندە توانا بە تیمەکانی چاندنی کڵێسا دەدات ستراتیجیەک دیزاین بکەن کە تواناپێدان بەوان بسەلمێنێت. ئەوە دەتوانێت توانا بدات بەوان ڕەشنوسی کۆرسێک بکەن کە هاوتابێت بەو بینینەی خودا داویەتی بەوان بۆ چاندنی کڵێسایەکی ڕاگەیاندنی شانشین و دروست و ئەو بزوتنەوانە بخاتەکار کە دادپەروەری (شانشین)ەکە نیشاندەدەن لەناو چەوساوەکاندا. ئێمە دڵخۆشین دەربارەی ئارەزوو و چالاکی کڵێسای زۆر و نیشاندانەکان بۆ دامەزراندنی بنکەی دووری (شانشین)ەکە لە دەست کورت ترین کۆمەڵگا لە نەتەوەکەماندا. نوێژی ئێمە ئەوەیە ئەم سەرچاوەیە بەشداریکات لەو بینینە.

سەرچاوە :
گەیوو بۆ دروێنە،
لاپەڕە ١١-٢٢

چاندنی کڵێسا – کاری ڕۆحی پیرۆز

چاندنی کڵێسا چالاکیەکی ڕۆحییە. ئەوە لە بیناکردنی خانویەک یا دەستکردن بە بازرگانیەک ناچێت. ئەوە پێویستی هەیە بە نوێژکردن و ڕۆژووگرتن و فێرکردن و بەرزەفتکردن (انضباط) و ژیری. بەبێ ڕابەرایەتیکردن و پێشکەشکردنی (ڕۆحی پیرۆز) ئێمە ناتوانین ڕێ تێچوونانە کڵێسایەک ببینین لەناو گروپێکی ئەوخەڵکانە ڕووێنرابێت کە مەسیحیەت پێیان نەگەیشتووە کاتێک پێویستیانە خۆشەویستی مەسیح بزانن. کاتێک ئەمە دەزانن، مەبەستی ئەم کتێبە بریتیە لە ڕێبەریکردنی ئێوە لە پرۆسەی درکپێکردنی ڕێبەریکردنی خودا لە چاندنی کڵێسایەک لە کەلتورێکی تردا بۆ ئەوەی بانگەشەکەی ئەو بێتەدی لە (ڕاسپاردە مەزن)ەکەدا. نوێژی ئێمە ئەوەیە ئەوکاتەی ئێوە ڕاهێنانەکان لەم کتێبە تەواودەکەن ئێوە لە ڕاستیەکانی خزمەتی ئینجیل تێدەگەن بە ڕێگەیەک کەئێوە بەڕۆح و تاکتیک ئامادەدەبن بۆ چاندنی کڵێسایەک. لەئەنجامدا هەموو خولێک بە پەرستن دەکرێتەوە و بە کاتی نوێژکردنێکی درێژکراوە کۆتایی دێت کە هەردووکیان لایەنی سەرەکی ئامادەکردنی ئێوەیە بۆ چاندنی کڵێسا.

پێنج خولەکە نوێنەرایەتی ماوەی خزمەت و هەوڵی تیمێکی چاندنی کڵێسا دەکەن لە گەڕەکێک یا لەناو گروپێکی خەڵک لە کۆبونەوەی نوێژکردنی سەرەتایی ئێوە بۆ کاتی گواستنەوەی کڵێسا نوێیەکە بە ڕابەرانی قەشەیەتیەکەیەوە. هەموو خولێک بە تایبەتی دیزاین دەکرێت تا یارمەتی ئێوە بدات گەشە بە بەشێک لە پلانی ستراتیجی چاندنی کڵێسای خۆتان بدەن. دواخول یارمەتی ئێوە دەدات وردەکاریەکان کورتبکەنەوە بۆئەوەی پلانێکتان هەبێت کە بتوانن جێبەجێی بکەن لەژێر ڕێبەریکردنی (ڕۆحی پیرۆز).

ستراکتۆری ڕێبەرەکە: تێگەیشتن لە شێوەی خولەکە

ئەم کتێبە وایدادەنێت ئەو تیمانەی کە (سەروەر) بانگەشەیان بۆدەکات، خاوەنی بینینی جیاواز دەبن بۆ کڵێساکە و بەڕێگەی جۆراوجۆر نزیک دەبنەوە لەچاندنی کڵێساکانیان. ئەگەر ئێوە کڵێسایەک بڕوێنن لە ناو کەلتوری خۆتان یاخود کڵێسایەک بڕوێنن لە کەلتوری جیاوازدا ئەوا ئێوە پێویستان دەبێت نەخشە بۆ گەشتی ناوازەی خۆتان دابنێن کاتێک بەو بنەمایانە ئاگاداردەکرێنەوە کەلەم کتێبەدا پێشکەش کراوە. ئایا ئێوە کڵێسایەک دەڕوێنن لە ناو کەلتوری خۆتان (واتا مزگێنی تایبەت بە کەلتوری ناوەکی) یاخود ئێوە ڕووبەڕوی ئەو ئاڵۆزیانە دەبنەوە کە پەیوەندی بە مزگێنی تایبەت بە کەلتوری جیاوازەوە هەیە. ئێمە تێبینی و/یا پرسیاری زیادمان پێشکەش کردووە کە واتان لێدەکات ڕەچاوی ئەو پرسانە بکەن کە پەیوەندیان بە هەلی چاندنی کڵێسای ناوازەی خۆتانەوە هەیە. ئێمە ئەم تێبینی و هێزی تێگەیشتنانە دەستنیشان دەکەین لە بەشەکەی خۆیاندا بەناونیشانی "دانانی نەخشەی کۆرسەکەی خۆت." ئەم بەشانە نوسراون تا والە ئێوە بکەن ئەوە ڕەچاوبکەن چۆن بابەتەکە پەیوەندی هەیە بە کار و بینینی تایبەتی ئێوەوە. کاتی باش بەسەربەرن کاتێک بیردەکەنەوە لەو پرس و پرسیارانەی لەم بەشەدا ڕوومال کراون بۆ بەدەستهێنانی زۆرترین سوود لە بابەتەکە لەهەر خولێکدا.

19 • دیمەنی گشتی چاندنی کڵێسا

سەرچاوە: گەیوو بۆ درووێنە، لاپەڕە ١١-٢٢

هەر یەکێک لەپێنج خولەکە پەیڕەوی ئەم نمونەیەدەکات:

- **پەرستن:** هەندێک پەرستن لە بەردەستدایە لە ماڵپەڕی (/www.tumi.org churchplanting) یا ئێوە دەتوانن فێرکردن بە پەرستنی خۆتان بکەن.
- **مەبەستەکان و بیرۆکەسەرەکیەکانی خول** ستراکتورێکی بنەڕەتی پێشکەشی ئێوەدەکات بۆ تێگەیشتن و سوودوەرگرتن لە توخمەکانی هەرخولێک. ئەم خولە پێکدێت لە لیستی مەبەستەکان و بیرۆکەی گشتی سەرەکی هەر خولێک لەگەڵ کتێبێکی پیرۆزی سەرەکی و بنەمای شەڕی ڕۆحی و بنەمای سەرەکی چاندنی کڵێسا و وتەی هەڵبژێردراو کە یارمەتی ڕووناککردنی خولەکە و ئامانجەکانی دەدات.
- **فێرکردنی سیمیناری** لەسەر بیرۆکە گرنگەکان ئێوە پێویستاندەبێت ڕەچاوی بکەن پێش ئەوەی گفتوگۆبکەن لەسەر پلانی کاری خۆتان. هەندێک لەم سیمینارانە لەبەردەست دەبێت بە تۆماری دەنگی یا ڤیدیۆیی لە /www.tumi.org churchplanting. زۆربەی سیمینارەکان پاڵپشتدەکرێن بە پاشکۆی یارمەتیدەر کە دەبێت بەوریاییەوە چاویان پیابخشێنرێت وەک بەشێک لە پرۆسەی پلاندانان. هەموو سیمینارێک کۆتایی دێت بە لیستێک پرسیار بۆ گفتوگۆی گروپ.
- **ڕاهێنانەکانی تیم** پێکدێت لە لیستێک لە پرسیاری ڕێبەریکردن تا یارمەتی ئێوە بدات گفتوگۆکانتان وەربگێڕن بۆ ئامانجی کۆنکرێتی و هەنگاوی کردەکی. ڕاهێنانەکان دیزاین دەکرێن تا پێکەوە ئەنجام بدرێن وەک تیمێکی چاندنی کڵێسا نەک بە تاکەکەسی یا دابڕان. پرسیارەکان پەیرەودەبێت بەسەر هەموو تیمەکە ئەگەر بەپێچەوانەوە تێبینی نەکرێت. ئەگەر ئێوە هێشتا تیمێکی کرۆکتان پێکنەهێناوە (بەلایەنی کەمەوە ٢ی تر بەڵام لە ١٠ زیاترنەبێت) ئەوا دڵنیایی بکەن ئێوە ئەوە بکەن بەرلەوەی دەست بە خولی دوو بکەن (ڕەنگە خولی یەک بەسوودبێت لە پێناسەکردنی بینینی ئێوە بۆ ئەوەی ئێوە بتوانن تیمێکی کرۆک دابنێن تا بێنە پاڵتان).

هەشت ڕاهێنانی تیم لە کتێبەکەدا هەیە و هەر ڕاهێنانێکیش لە پێنج بەش پێکدێت:

- ڕێنمایی
- ئاراستەکردن
- پرسیارەکانی گفتوگۆ یا تەرخانکردنی ئەرکەکانی خوێندنەوە یا کاغەزی کار
- نوێژکردن
- پێشکەشکردنی تیم

سەرچاوە: گەیوو بۆ دروێنە، لاپەڕە ١١-٢٢

هەشت ڕاهێنانەکە بە پەرەسەندوویی لەسەریەکتر دروست دەبن و ڕێکدەخرێن لەدەوری وشەی کورتکراوەی (پی ئێڵ ئەی ئێن تی) (سەیری خشتەی " دیمەنی گشتی قۆناغەکانی مەشقکردن بۆ قوتابخانەی (ئینجیلی کارتێکردنی) جیهانی چاندنی کڵێسای شاری" بکە لە خولەکانی ٢-٥). خشتەکەی خوارەوە هەشت ڕاهێنانەکەی لیست کردووە بەو ڕیزبەندیەی دەردەکەون.

خول	ڕاهێنانی تیم
خولی ١، ڕاهێنانی تیم #١	سەیرکردنی وێنە گەورەکە: دامەزراندنی دەوروبەرەکە
خولی ١، ڕاهێنانی تیم #٢	سەیرکردنی وێنە گەورەکە: پێناسەکردنی بەهاکان/بینین
خولی ٢، ڕاهێنانی تیم #٣	خۆت ئامادەبکە: ببە بە کڵێسا
خولی ٣، ڕاهێنانی تیم #٤	بەگەڕبخە: کڵێساکە فراوانبکە
خولی ٣، ڕاهێنانی تیم #٥	کۆبونەوە بکە: کڵێساکە دابمەزرێنە
خولی ٤، ڕاهێنانی تیم #٦	پەروەردەبکە: کڵێساکە پێ بگەیەنە
خولی ٤، ڕاهێنانی تیم #٧	گواستنەوە بکە: کڵێساکە بخە بەردەست
خولی ٥، ڕاهێنانی تیم #٨	هێنانی هەمووی پێکەوە: نوسراوی ڕێگەپێدانی تیمەکە

- **پێشکەشکردنەکان.** یەکێک لە یاریدەرترین چالاکی بۆ تیمەکەی ئێوە بریتی دەبێت لە هاوبەشیکردنی ئانجامەکانی بیرکردنەوە و دایەلۆگی خۆتان لەگەڵ تیمەکانی تر پێکەوە. هەموو خولێک ڕێگەدەدات بەئێوە هاوبەشی هەندێک لەو هێزی تێگەیشتن و پرسیار و پرسانەی خۆتان بکەن لەگەڵ کەسانی تر کە کۆتانکردونەتەوە لە گفتوگۆی (ڕاهێنانی تیم)ەکەتان. کراوەو تێبینیکەر بن لەماوەی ئەم چالاکیە – بەبێ هیچ گومانێک هەندێک لەو باشترین بیرۆکانەی ئێوە گوێبیستی دەبن مەرج نیە ئەوانە بن کە ئێوە بیرتان لێ کردونەتەوە! ڕێگە بە (سەروەر) بدەن بیرۆکەی نوێتان بداتێ لەڕێگەی بەشداریکردنی تیمی ترەوە.
- **خشتەدانانی کۆرسەکەی خۆت.** ئەگەر تۆ کڵێسایەک بروێنیت بە کەلتوری خۆت یا لە ناو کۆمەڵەیەک یا مەزهەبێک و تۆش دەزانیت پێکهاتن و بەڕێوەبردن و گواستنەوەو ستراکتۆری بنەڕەتی تۆ چی دەبێت پاش ئەوەی کڵێساکە دەروێنرێت ئەوا ئەم بەشە بەتایبەتی بۆ تۆ نوسراوە. لێرە تۆ تێبینی دیاریکراوی ئەو هەنگاوە کردەکیەکانە یا بنەما سەرەکیەکانە دەبینیت کە تۆ دەبێت ئاگاداریان بیت کاتێک تۆ پلان دادەنێیت بۆ دەستکردن بە پرۆسەی چاندنی کڵێسایەک لەناو کەلتور یا کۆمەڵگای خۆتدا. ئەم بەشە داوا لەتۆ دەکات دەوروبەر و پرسیارە ناوازەکانی خۆت بەکاربهێنیت بۆ بەدەستهێنانی بابەتەکە تا ئەوپەڕی سوودوەرگرتن.

سەرچاوە : گەیوو بۆ درووێنە، لاپەڕە ١١-٢٢

- **سەرچاوەی زیاتر:** لێرە تۆ سەرچاوە و ئامرازی زیادە دەبینیت (بۆ نمونە لیستی سەرچاوەکان و بابەتە پێشنیارکراوەکان) کە دەتوانرێت بۆ تۆ بەسوودبن سەبارەت بە ژیانی چاندنی کڵێسای خۆت.
- **پاشکۆکان:** لەکۆتایی هەموو خولێک تۆ لیستی هەندێک وتار و گرافیک و/یا هێڵکاری سەرەکی دەبینیت کە بەتایبەتی پەیوەندیان هەیە بە بیرۆکە گشتیەکان لەناو ئەو وانەیەدا. دەتوانرێت هەموو پاشکۆکان لەو جڵدە پەسەندانەدا ببینرێن کە بەستراونەتەوە بەم ڕێبەرە بەناونیشانی چاندنی کڵێسا لەناو هەژارانی شار : هەڵبژێراوەیەکی سەرچاوەکانی چاندنی کڵێسای شاری، جڵدی I و II . تکایە تێبینی بکە: **ئەم کتێبی سەرچاوانە سەرەکین بۆ وەرگرتنی ئەوپەڕی سوود لەم ڕێبەرە. دەبێت ئەوانە بکڕدرێن و وەک دەستەیەک بەکاربهێنرێن.**

  بۆیە ئەم کتێبانە لەگەڵ ئەم ڕێبەرە پێشکەش دەکرێن لە کۆگای پەیمانگای قەشەگەری شاری [www.tumistore.org] بە داشکاندنەوە هەرچەندە هەموو کتێبێک دەتوانرێت بەتاکی بکڕدرێت. تکایە دڵنیایی بکە کە تۆ کۆپی هەڵبژێراوەکەت هەیە و لەبەردەستە بۆ ئەو سیمینار و ڕاهێنان و گفتوگۆ جۆراوجۆرانەی کە هەموو کارێکی خول پێک دێنن.

  پاشکۆکان ڕێکدەخرێن لە کۆتایی هەموو خولێک کاتێک یارمەتی ڕوونکردنەوە و ڕووناککردنی بیرۆکە گشتیەکان و بیرۆکە سەرەکیەکانی ڕووماڵکراوی ناو بابەتەکە دەدەن. وریا مەبەوە ئەگەر تۆ هەمان پاشکۆ ببینیت کرابێت بەسەرچاوە لە خولە جیاوازەکاندا. ئەمە بەمەبەست ئەنجام دراوە ! ئەگەر بیرۆکەیەکی گشتی دیاریکراو پێویستی بەوە بێت دووبارەبکرێتەوە یا جەختی لەسەربکرێت یا دووبارە دووپاتبکرێتەوە ئەوا ئەوان کاتی زۆر دەردەکەون لەسەرانسەری ڕێڕەونامەکە. هەندێک بیرۆکەی گشتی دیاریکراو ئەوەندە بنچینەیین کە پێویستیان بە ڕەچاوکردن و دایەلۆگ و سەیرکردنی زۆر هەیە. باشترین کاری خۆت بکە تا بە وریاییەوە ڕەچاوی بابەتەکان بکەیت لەپێناو بەکارهێنانی وانە سەرەکیەکانی هەموو خولێک بۆ بەدەستهێنانی سەرنجدانی گەورەتر، واتا ئەو بیرۆکە گشتیە پتەوانەی کە تۆ و ئەندامانی تیمەکەت پێویستیان دەبێت بەتەواوی فێری بن بەدرێژایی گەشتی چاندنی کڵێساکەت.

ڕاهێنان کردن بە کتێبی گەیوو بۆ درووێنە
ئەم کتێبە دیزاین کراوە تا بەباشترین شێوە بەکاربهێنرێت پێکەوە لەگەڵ کتێبی قوتابخانەی چاندنی کڵێسای ئینجیلی. دەبێت گرنگی بەچەند پرسێک بدرێت سەبارەت بە بابەتەکان لەهەردوو کتێبی گەیوو بۆ درووێنە و دەقە پەسەندەکەی و چاندنی کڵێسا لەناو هەژارانی شار.

یەکەم پرس دەربارەی **ناولێنان و زاراوەیە**. لەبەر ئەوەی کتێبی چاندنی کڵێسا لەناو هەژارانی شاردا بەشێوەی سەرەکی هەڵبژێراوێکە، ئێمە گەڕاوین بۆ پارێزگاریکردنی دۆکیومێنتەکانی پێشووترمان بە شێوە ئەسڵیەکەی خۆیان و نەگەڕاوینەتەوە بەناو دۆکیومێنتەکان و ئەو زمانەمان هەموار نەکردووە کە لە قوتابخانە پێشووترینەکانمان بەکارهێنراون. بەهەرحاڵ ئەمە گرفتێکی گەورە نیە چونکە هەرچەندە ئێمە زاراوەی جیاواز بەکاردێنین بەبەراورد لەگەڵ قوتابخانەکانی پێشووترمان ئێمە درێژەمان بەهەمان ئەو ئیشانە داوە بۆ شوێنەکان. دوو زاراوە پێویستیان بەوەیە پێناسەبکرێن.

سەرچاوە :
گەیوو بۆ دروێنە،
لاپەرە ١١-٢٢

- لەبابەتەکانی پێشوودا ئەو زاراوەیەی بەکارهێنرابوو بۆ ڕاوێژکار یا سەرپەرشتیاری چاندنی کڵێسا ئەو کەسەی کە ڕابەری تیمەکە ڕاپۆرتی بۆ دەنوسی یا زانیاری لێوەردەگرت پێی دەگوترا ڕابەری فرە تیم یا (ئێم تی ئێل). ئێستا لەم جڵدەدا و لەقوتابخانەکانی خۆماندا ئێمە ئاماژە بەم ڕۆڵە دەکەین وەک **ڕاهێنەر**. هەموو ئەو ئاماژانەی هەن بۆ (ئێم تی ئێل) یا ڕابەری فرە تیم لەم جڵدەدا یا لەکتێبی چاندنی کڵێسا لەناو هەزارانی شار دەبێت ئێستا وەک **ڕاهێنەر** تێگەیشتنی بۆ بکرێت.
- هەروەها لە قوتابخانەکانی ڕابردوودا ئێمە زاراوەی **(ڕابەری تیم)**مان بەکارهێنا بۆ ئەو کەسەی بەرپرس بوو لە تیمی چاندنی کڵێسا یا هەوڵی چاندنی کڵێسا. ئێستا ئێمە ئاماژە بەوکەسە دەکەین کە ئەم ڕۆڵە بەدی دێنێت وەک **چێنەری کڵێسا**.

سەبارەت بە زمان، کەواتە تکایە بێتە بیرت کاتێک تۆ بەشداری بە بابەتەکان دەکەیت لە (هەڵبژێراو)ەکە کە ئاماژە بە (ئێم تی ئێل) یا ڕابەری فرە تیم دەکات ئەوا دەبێت ئەوانە تێگەیشتنیان بۆ بکرێت وەک زاراوەی هاوتا بۆ (ڕاهێنەر) و ناولێنانی (ڕابەری تیم) ئێستا هاوتایە بە ناولێنانی (چێنەری کڵێسا).

پرسی دووەم پەیوەندی هەیە بە **بەکارهێنان و پەیرەوکردنی جۆراوجۆری** کتێبی گەیوو بۆ دروێنە لە دەوروبەری ڕاهێنانکردن بە چێنەرانی کڵێسا. قوتابخانە ئینجیلیەکان پێشکەش کراون لەدەوری جیهاندا پێکەوە لەگەڵ مەزهەبەکان و ڕێکخراوەکان و کڵێساکان و/یا سەتەلایتەکانی پەیمانگای قەشەگەری شاری (TUMI). بۆ لیستی ئەو قوتابخانانەی ئێستا لەخشتەدان تکایە بڕۆ بۆ www.tumi.org/churchplanting. ڕاهێنەران و ڕاوێژکاران و چێنەران دەتوانن (گەیوو بۆ دروێنە) بەکاربێنن بۆ ڕاهێنانی چاندنێ کڵێسا بە چەند ڕێگایەک.

لەپێش هەموو شتێک شێوازی ئاسایی ئەم بەکارهێنانی ڕێبەرە ئەوە دەبێت چێنەرێک و تیمەکەی ئامادەبن لە خولێکی ڕاهێنانی (قوتابخانەی ئینجیلی) سپۆنسەرکراو بەشێوەی خۆجێی. مەشقەکان بۆ چێنەران و تیمەکانیان دیزایندەکرێن تا بەوریایەوە بیربکەنەوە لەو شتانەی تایبەتن بە پەرستن و فێرکردنی سیمیناری و دواتر وەڵامی پرسیارەکان بدەنەوە بە گفتوگۆی کراوە. ئەمە ئەنجام دەدرێت بۆ ئەوەی هەڵێکیان بدرێتێ تا ساتراتیجی و شێوازی ناوازەی خۆیان ڕوونبکەنەوە کاتێک ئەوان پلانی خەریک بوونی خۆیان لە کۆمەڵگایەک یا کۆمەڵێکی خەڵک دادەنێن بۆ چاندنی کڵێسایەک.

سەرەرای ئامادەبون لە (قوتابخانەیەکی ئینجیلی) کۆمەڵێک لە چێنەرانی نوێی کڵێسا دەتوانن بریاربدەن لەرێگەی ئەم کتێبەوە کاربکەن لەژێر ڕێبەریکردنی ڕاهێنەرێکی کڵێسا. ئەوانەی (گەیوو بۆ دروێنە) بەم ڕێگەیە بەکاردێنن دەبن بە نمونەیەکی (تاقمی چاندنی کڵێسا). دەتوانرێت تاقمەکە سپۆنسەربکرێت لەلایەن مەزهەبێکەوە یا کۆمەڵێکی چاندنی کڵێسا یا (سەندیکای کڵێسای شاری) (UCA) .

سێیەم ڕێگا کە ڕەنگە کتێبەکە بەکاربهێنرێت ئەوەیە لە دەوروبەرێکی (یەک بەرامبەر یەک) دەبێت. چێنەرێکی کڵێساو ڕاهێنەرێکی چاندنی کڵێسا دەتوانن بریاربدەن لەرێگەی ئەم کتێبەوە پێکەوە کاربکەن کاتێک مەشقەکان دەکەن بە شێوازێکی یەک بەرامبەر یەک.

سەرچاوە :
گەیوو بۆ درووێنە،
لاپەڕە ١١-٢٢

شێوازی یەک بەرامبەر یەک هێشتا وای دادەنێت کە چێنەری کڵێسا تیمێکی ناوەندی هەیە کە لەپرۆسەکەدا بەشداری دەکات، بەڵام ڕێگە بە چێنەری کڵێساکە و ڕاهێنەری چاندنی کڵێساکە دەدات لەڕێگەی مەشقی تیمەکەو پرۆسەی (چاندنەکە) کاربکەن لەسەر کات هێڵێک کە بەباشترین شێوە بۆ تیمە تاکەکەیان کاربکات.

لەکۆتاییدا ئەوە چێنەری کڵێساکەیە کە بەرپرسە لە ڕابەرایەتیکردنی تیمی چاندنی کڵێساکە لەڕێگەی مەشقکردنی ڕێبەرەکەوە. بەڵام هێشتا کارەکەی ئێمە لەگەڵ سەدان چاندنی کڵێسای شاری ئێمەی قایلکردووە کە هەموو تیمۆثییەک پێویستی بە پۆڵسێک هەیە. ئێمە هانی تۆ دەدەین کەسێکی متمانەپێکراو بانگێشت بکەیت وەک (ڕاهێنەر) لەسەرانسەری پرۆسەی پلاندانانەکەت. (ڕاهێنەر) دەتوانێت هاندانی بەردەوام و بەرەنگاریت پێشکەش بکات کاتێک ئامۆژگاری بابەتیانەت دەداتێ و یاریدەت دەدات کاتێک تۆ دەچەقێیت و تۆ دەکات بەوەڵامدەری بەرواری ئامانجەکەت کاتێک خودا ڕابەری دەکات.

تەنانەت ئەگەر تۆ ئەم کتێبە بە شێوازی یەک بەرامبەر یەک بەکاربێنیت ئێمە پێشنیاردەکەین کە تۆ وەک چێنەری کڵێسا و/یا تیمی چاندنی کڵێسا پێشکەشکردنی خولی ئامادەبکەیت بۆ ڕاهێنەرەکەت تا چاوی پیابخشێنێتەوە و لێدوانی لەسەر بدات. بە سروشتی تۆ دەتوانیت پێشکەشکردنێکی دیمەنی گشتی وەها ئامادەبکەیت بۆ هەر قۆناغێکی چاندنی کڵێسای خۆت کاتێک وێنەیەکی خێرای ڕوونی پلاندانانەکەی خۆت دەخەیتە ڕوو بۆ قۆناغی ئاینده. پێشکەشکردنەکان ڕێگەیەکی باشن بۆ دڵنیابوون لەوەی تۆ پلانەکانت دادەنێیت بێ کەم و زیاد بەرجەستەن بۆ جێبەجێکردن.

ئەم لیستکراوەی خوارەوە نمونەیەکی وێنەیی ئەو جۆری پرسیارانەن کە ڕەنگە (ڕاهێنەر) ڕەچاوی بکات لە پرۆسەو چالاکی ڕاهێنانەکەی لەگەڵ چێنەرێکی کڵێساو تیمەکەی:

- ئەندامانی تیمەکە لەپەیوەندیاندا لەگەڵ خودا چۆنن؟ ئایا ئەوان بە ڕێک و پێکی پراکتیزەی بەرزەفتکردنی ناوەندی ڕۆحی خۆیان دەکەن؟
- پەیوەندی ئەندامانی تیمەکە لەگەڵ یەکتر جۆنە؟
- پەیوەندیکردنیان چۆنە؟ ئایا گوێ لەیەکتری دەگرن؟ ئایا هەموو یەک گوێی لێ دەگیرێت؟
- ئایا کۆدەنگی تەواو هەیە لەناو تیمەکە؟
- ئایا ئەوان دەتوانن ئەو پرسانە چارەسەربکەن کە دەردەکەون؟
- ئایا ئەوان لە پرۆسەی (جاوپیاخشاندنەوە و کار و ئامادەکردن) تێدەگەن؟
- ئایا ئەوان ئەو ئاماژەیە نیشان دەدەن کە ئەوان دەتوانن پلانی خۆیان بچەمێننەوە و چاکی بکەن لە کاتێکی دواتر؟
- ئایا ئەوان ڕەچاوی هەموو خاڵەپەیوەندیدارەکانیان کردووە؟
- ئایا ئەوان دەتوانن پلانەکانیان جیبەجێ بکەن؟
- ئایا ئەوان توانای فێرکردنیان هەیەو کراوەن بۆ خودا و ڕابەرەکە و یەکتر؟
- ئایا ئەوان لە مەشقەکان تێدەگەن و بە قایل بوویی تەواوی دەکەن؟

سەرچاوە :
گەیوو بۆ دروێنە،
لاپەڕە ١١-٢٢

- ئایا ڕابەرایەتیكردنی بەهێز هەیە؟
- ئایا تیمەكەو ئەندامەكانی بەوریایەوە ڕچاوی لایەنی باش و خراپ دەكەن پێش دەركردنی بڕیارەكانیان پاش ڕەچاوكردنی ڕابەرایەتیكردنی (ڕۆحی پیرۆز) و بنەماكانی (نوسراوی پیرۆز)؟

دەستكەوتنی "كەرەستەی ئامرازی چێنەری كڵێسا"ی خۆمان

سەرەڕای ڕێبەرەكە و دەقە هەڵبژاردەكان ئێمە "كەرەستە"یەكی سەرچاوەمان پێكەوە ناوە بۆ چێنەرانی كڵێسا و تیمەكانیان كە مەودایەكی فراوانی ئامرازی سەرەكی دابیندەكات كە دەبێت هەموو چێنەرێكی كڵێسا یا تیمێكی كڵێسا خاوەنی بێت كاتێك ئەوان خۆیان ئامادەدەكەن و كارەكەیان دەستپێدەكەن بۆ چاندنی كڵێسایەك لە كۆمەڵگایەكدا كە خودا بانگی كردوون ئەنجامی بدەن. ئەگەر بە هەر شێوەیەك بشێت كەرەستەی ئامرازەكە بەدەستبێنە و خۆت ئاشنابكە لەگەڵ ئەم ماددانە بەرلەوەی تۆ خەریك ببیت بەو خولانەی لەم ڕێبەرەدا دانراون.

(تێبینی: لە كۆگای TUMI [www.tumistore.org] ئێمە نرخێكی گونجاومان بۆ ئەم كەرەستەیە داناوە [كەرەستەكە هەریەك لەمانەی خوارەوە لەخۆدەگرێت] بۆیە تۆ دەتوانیت هەموویانت پێكەوە دەستبكەوێت بە داشكاندنەوە!)

- گەیوو بۆ دروێنە. ڕێبەری سەرچاوەی بنەڕەتی بۆ (قوتابخانەی ئینجیلی چاندنی كڵێسای شاری)
- چاندنی كڵێسا لەناو هەژارانی شاری. هەڵبژاردەیەكی سەرچاەكانی چاندنی كڵێسای شارییە، جڵدی I و II . لیستێكی سەرەكی و گشتگیری بەڵگەنامە مێژوویەكان و هێڵكاری و تێگەیشتنی ژیری (كارتێكردنی جیهان)ە بۆناو ئەو پرس و هەلانەی پەیوەندیان بە چاندنی كڵێسای فرە كەلتوری شاریەوە هەیە لەناو هەژارانی شاری.
- عیسا لەوێنەكە دەرهێندراوە. بۆچی مەسیحیەكان وەرس دەبن و چۆن بگێردرێنەوە بۆ باوەڕێكی چالاك. شیكاریەكی تێگەیشتنی ژیرانەی هۆكارەكانی پشت مردنی كڵێسای ئینجیلی ئەمەریكییە و چۆن چاك بكرێت.
- ڕەگە پیرۆزەكان. كتێبێكی تایبەت بەڕێنماییە بنەڕەتیەكان لەسەر گەڕاندنەوەی داب ونەریتە مەزنەكە. پاشكۆیەكی عیسا لەوێنەكە دەرهێندراوە یە، ئەمە پێشەكیەكی پڕ زانیاریە بۆ هێزی ڕۆحێتی هاوبەشیكراو لە كڵێسای كۆندا و چۆن گەڕانەوە بۆ ئەو ڕەگانە دەتوانێت كڵێسای هاوچەرخ بگۆڕێت.
- شەڕی باشی باوەڕبكە. پێشەكیەكی ڕوون و پوخت و تایبەت بەكتێبی پیرۆزە بۆ یەكەم ڕاستیەكانی باوەڕی مەسیحی (هەروەها پێش پرۆگرامی خوێندنی (بەردی بناغەی) فەرمەی پەیمانگای قەشەگەری شارییە). ئەوە بەتایبەتی دیزاین دەكرێت بۆ مەسیحی نوێ و یارمەتیان دەدات لەوە تێبگەن كتێبی پیرۆز چی دەڵێت دەربارەی بەشداریكردن لە چیرۆكی مەزنی خودا لەڕێگەی نۆ وانەی یەكگرتووەوە لە كتێبی ئەفسوس.
- سەرەڕۆیی پاڵەوانانە: چیرۆكی ڕەوشتی ڕابەرایەتیكردنی پرۆژە. نامیلكەیەكە لەسەر چۆنیەتی پلاندانان و جێبەجێكردن و ڕابەرایەتیكردنی پرۆژە گرنگەكانی قەشەگەری بەبەكارهێنانی ئەو وانانەی لە گەڕانەكەی لویس و كلارك كۆكراونەتەوە تا یارمەتی ئێمە بدات نەخشەی ڕێگاكە بكەین.

سەرچاوە :
گەیوو بۆ دروێنە،
لاپەرە ١١-٢٢

- بەڕێوەبردنی پرۆژەکان بۆ قەشەگەری. سەرچاوەیەکی کۆرسی پەیمانگای قەشەگەری شارییە، ئەم نامیلکە پڕ ڕێنماییە کردەکیە چالاکیە دیاریکراوەکان دادەنێت لە دیزاینکردن و جێبەچی کردن و کۆنترۆڵکردن و تەواوکردنی پرۆژە کاریگەریەکانی قەشەگەری – لەکاتی دیاریکراودا ئەنجامدرابێت و لە سنوری بوجەدا و بەگوێرەی خەسڵەتەکان.
- ساڵانەی ڕەگە پیرۆزەکانی پەیمانگای قەشەگەری شاری. ڕێبەرێکی پەرستنی تایبەت بە ڕیشەی وتەیە کە ساڵی مەسیحی و وتەیەکی سەرەکی بەکاردێنێت تا یارمەتی قوتابیان بدات لە ڕۆحێتی هاوبەشکراودا وەک جەستەیەک پێکەوە بڕۆن.
- ڕۆژژمێری ساڵی کڵێسا. ئامرازێکە لەسەربنەمای ساڵی مەسیحی دانراوە تا یارمەتی باوەڕداران بدات لەسەرانسەری ساڵەکە پێکەوە بڕۆن کاتێک سەرنجیان خستۆتە سەر ژیان و قەشەگەری مەسیح.
- ڕێبەری تۆڕی (سی ئا فوو): ڕێبەرێکی بێ هەنگاوە لەسەر ئەوەی چۆن تۆ پیاوان و ئافرەتان ئامادەدەکەیت لە کڵێسا خۆجێیەکەدا تا لە کۆمەڵگا کەیان مزگێنی بدەن و قەشەگەری یەکتری بکەن.
- ڕێبەری کۆبونەوەی ئەنجومەنی تۆڕی (سی ئا فوو): ڕێبەرێکی کردەکیە بۆئەوەی نیشانی تۆبدات چۆن تۆ کۆبونەوەکانی ئەنجومەنی (سی ئا فوو)ی خۆت دادەنێیت و بەڕێوەیان دەبەیت بۆئەوەی ئەندامەکانت هەست بکەن پێشوازیان لێدەکرێت و دەبوژێنەوە و هاندەدرێن کاتێک ئەوان خودادەپەرستن و گەواهی دەدەن و بەرەنگاری یەکتر دەبن لە مەسیحدا.
- با خودا هەستێت! ناونیشانی درێژتری ئەم کتێبە کەمێک زیاتر ناوەڕۆکەکەی ڕووندەکاتەوە: با خودا هەستێت: بانگکردنیکی بەهۆش بۆ نوێژکردنی زاڵ لەپێناو بەئاگاهێنانەوەیەکی ڕۆحی داینەمێکی و بەرەوپێشچوونی هێرشبەرانەی شانشینەکە لە شارەکانی ناوەوەی ئەمەریکا. ئەم نامیلکە کورتە لۆژیکێک بۆ ئەوە دادەنێت بۆچی هەموو کڵێسایەکی شاری خۆجێیی پێویستی بەوەیە بەقوڵیی پابەندی نوێژکردن بێت.

سەرەڕای باشترین سەرچاوە لەم کەرەستەیەدا، هەروەها ئێمە ئەم ئامرازانەی خوارەوە پەسەند دەکەین کە تێگەیشتنی ژیرانەی بەسود دابیندەکات بۆ چالاکی خزمەتکردنی تۆ بۆ ئەوکەسانەی ناتوانن بڕۆن بۆ کڵێسا لە کۆمەڵگاکەدا کاتێک ڕاستگۆکان دەکەیت بە قوتابی و توانا دەدەیت بە ڕابەرە دەرکەوتووەکان کاتێک خودا پەروەردەیان دەکات:

- دروستکردنی دەنگە خۆشەکان: شارەزا پەیداکردن لە بنەماکانی موزیک. کتێبێکی تایبەت بەڕێنماییە بنەڕەتیەکان لەسەر تیۆری موزیک و ڕابەرایەتیکردنی پێشڕەوی کاریگەری خواپەرستی.
- بینین بۆ مزگێنی: پەروەردەکردنی دڵێکی نێردراوەیی. ئەم کۆرسی لێکۆڵینەوەی هەشت خولیە وەسفی دڵی چێنەرێکی کڵێسا دەکات لەڕێگەی هاوێنەی ئەو پیاوانەی "جیهانیان هەڵاوگێر کردووە." ئەوە بەشێکە لە (بناغەکانی پەیمانگەی قەشەگەری شاری بۆ زنجیرەکانی قەشەگەری) هەروەها لە سەتەلایتەکانی (پەیمانگای قەشەگەری شاری)دا هەن یا لەسەر ماڵپەڕی www.tumistore.org بەردەستن.

سەرچاوە:
گەیوو بۆ درووێنە،
لاپەڕە ١١-٢٢

- تیشک خستنە سەر زۆربوون، یەکەی ١٢، پرۆگرامی خوێندنی بەردی بناغە. ئەم لێکۆڵینەوە هەشت خولیە لەسەر چاندنی کڵێسای شاری یەکەی ١٢ ی ١٦ یەکەیە لە (پرۆگرامی خوێندنی بەردی بناغە)ی (پەیمانگای قەشەگەری شاری). هەروەها سێ یەکەکەی تر لە هێڵگەی مزگێنی شاری لە (پرۆگرامی خوێندنی بەردی بناغە) سوەرچاوەی چالاک دابیندەکات بۆ چێنەرانی کڵێسای شاری (بۆنمونە ڕاهێنان لەسەر شەڕی ڕۆحی، و مزگێنی دان و مزگێنی بۆ هەژاران و لاهوتی شار و قەشەگەریەکانی بەزەیی و هتد) هەروەها لەڕێگەی سەتەلایتە خۆجێیەکاندا هەن یا لەسەر ماڵپەڕی www.tumistore.org بەردەستن.
- بردنەوەی جیهان: ئاسانکاریکردنی بزوتنەوەکانی چاندنی کڵێسای شاری. ئەم لێکۆڵینەوە هەشت خولیە لەسەر بزوتنەوەی چاندنی کڵێسا بەشێکە لە (بناغەکانی پەیمانگای قەشەگەری شاری بۆ زنجیرەکانی قەشەگەری). ئەوە دیمەنێکی گشتی وێنەیی گەورەی گرنگ لەسەر ئەوە دەخاتە ڕوو کە (ڕۆحی پیرۆز) چی دەکات لەسەرانسەری جیهان لەڕێگەی (بزوتنەوەکانی چاندنی کڵێسا). ئەوە هانی چێنەرانی کڵێسا و ڕاهێنەرانی چاندنی کڵێسا دەدات گۆڕانکاری بنەڕەتی لە شێوازدا بکەن لە سەرنجدان لەسەر چاندنی تاکە کڵێسایەکەوە بۆ بزوتنەوەکانی چاندنی کڵێسا. ئەم کۆرسە بەردەستە لەڕێگەی سەتەلایتە خۆجێیەکانی (پەیمانگای قەشەگەری شاری) و هەردوو ماڵپەڕی www.tumistore.org و www. biblicaltraining.org .
- کڵێسا گرنگە: گەڕاندنەوەی داب و نەریتە مەزنەکە. ئەم لێکۆڵینەوە هەشت خولیە بەشێکە لە (بناغەکانی پەیمانگای قەشەگەری شاری بۆ زنجیرەکانی قەشەگەری). ئەوە دیمەنێکی گشتی مێژووی (کڵێساو داب و نەریتە مەزنەکەی) دەخاتە ڕوو کە دەوروبەرێکی سەرەکیە بۆ هەر چێنەرێکی کڵێسای ناشارەزا لە "مێژووی خێزانی" کڵێسا. ئەم کۆرسە لەڕێگەی سەتەلایتە خۆجێیەکانی (پەیمانگای قەشەگەری شاری) هەن و لەماڵپەڕی www.tumistore.org بەردەستن.
- نیشانکردنی کات: پێکهێنانی ڕۆحێتی لەڕێگەی ساڵی مەسیحیەوە. ئەم لێکۆڵینەوە هەشت خولیە بەشێکە لە (بناغەکانی پەیمانگای قەشەگەری شاری بۆ زنجیرەکانی قەشەگەری). ئەوە ستراتیجیەک دەخاتە ڕوو بۆ قوتابێتی و ڕۆحێتی هاوبەشیکراو لەکڵێسادا بەبەکارهێنانی ساڵی مەسیحی. ئەم کۆرسە بەڕەهایی سەرەکیە بۆ ئەو چێنەری کڵێسانەی هەرگیز ڕەچاوی لاهوتی کاتی خۆیان نەکردووە. ئەوە سستمێکی سادەو بەرهەمهێنانەوە پێشکەش دەکات بۆ قوتابێتی و وتارخوێندن و پێکهاتەی ڕۆحی کەلە نمونەی کڵێسای سەرەتادا کۆکراونەتەوە – ئەو کڵێسایەی لە بنەڕەتیدا لە هەژارانی شاری پێکهاتبوو. ئەم کۆرسە لەڕێگەی سەتەلایتە خۆجێیەکانی (پەیمانگای قەشەگەری شاری) هەیە و لە ماڵپەڕی www. tumistore.org بەردەستە.
- زۆرکردنی سەپان بۆ درووێنەی شاری: گۆڕینی بنەڕەتی شێواز بۆ پەروەردەی ڕبەرایەتیکردنی خزمەتکار. دەبێت هەموو چێنەرێکی کڵێسا تێبگات چۆن گەشە بە ڕابەری نوێ بدات هەروەها (پەیمانگای قەشەگەری شاری) لە ساڵی ١٩٩٥ دامەزرا تا یارمەتی چێنەرانی کڵێسابدات بەم ئەرکە. (زۆرکردنی سەپان) کتێبێکە کە سستمێک دادەنێت بۆ ئەوەی چۆن هەموو کڵێسایەکی خۆجێی یا تۆڕێکی کڵێسا خۆجێیەکان بتوانن ڕاهێنانی نایابی لاهوتی دابینبکەن بۆ ڕابەران لە دەوروبەری قەشەگەری خۆیاندا. لە ساڵی ٢٠١٥ زیاتر لە دوو سەد کڵێسای شاری و قەشەگەری شاری دامەزراوەی سەتەلایتیان بەگەڕخست بۆ ڕاهێنانی ڕابەرەکانیان. ئەم کتێبە لە ماڵپەڕی www.tumistore.org بەردەستە.

سەرچاوە :
گەیوو بۆ دروێنە،
لاپەڕە ١١-٢٢

ئازوقە بۆ گەشتەکە: www.tumi.org
لەگەڵ شتەکانی تر (پەیمانگای قەشەگەری شاری) سەرچاوەکان دیزاین دەکات و بەرهەمیان دێنێت بۆ مزگێنی شاری بەتایبەتی بۆ چاندن و زۆرکردنی کڵێساکان و تواناداان بە بزوتنەوەکانی کڵێسا بەتایبەتی لەناو هەژاراندا. بۆنمونە، لەگەڵ نامیلکەی (با خودا هەستێت)دا تۆ لەماڵپەڕەکەی ئێمە سەرچاوەی زۆردەدۆزیتەوە تا یارمەتیت بدات بناغەی چاندنی کڵێسای خۆت دابنێیت بە نوێژکردن لەڕێگەی کۆمەڵی گەورەتری (سەرچاوەکانی نوێژکردنی با خودا هەستێت!). کۆمەڵێک سەرچاوەی پەیوەندیدار هەیە بۆ مزگێنی دان و پۆشتەکردن و توانapێدان (بەتایبەتی سەیری سەرچاوەکانی [شارەزایی بەدەستبێنە لە سستمی کتێبی پیرۆز و سی ئا فوو] بکە).

ڕەنگە گرنگترین سەرچاوە لەبەردەستبێت بۆ چاندنی کڵێسای نوێی تۆ یەکەی شانزەی (پرۆگرامی خوێندنی بەردی بناغە) بێت. یەکەکانی شانزە ڕاهێنانی جۆری سیمیناری بۆ ڕابەرانی دەرکەوتوو و ئەندامانی تیمی چاندنی کڵێسای تۆ دابین دەکات. یەک کڵێسا لە ناوچەی لۆس ئەنجیلیس ڕاهێنانی کردووە بە زیاتر لە سەد ڕابەر هەروەها بیست کڵێسای چاندووە لە پێنج دەوڵەت بەبەکارهێنانی (پرۆگرامی خوێندنی بەردی بناغە) وەک ئامرازی گەشەسەندنی ڕابەرایەتیکردنی سەرەکی خۆیان. ئەگەر چاندنی کڵێسای تۆ حەز بە بەگەڕخستنی ناوەندی ڕاهێنانی خودی خۆت دەکات ئەوا ڕەنگە تۆ پێویستت بەوە بێت ڕەچاوی بەگەڕخستنی سەتەلایتێکی (پەیمانگەی قەشەگەری شاری) بکەیت لە کڵێساکەتدا لەکاتێکی نادیاردا لە پرۆسەی (چاندن)ەکە. بە کورتی، دڵنیای بکە چاو بە ماڵپەڕەکەی ئێمە دەگێڕیت و ئاشنادەبیت بە سەرچاوەی زۆر یارمەتیدەر بۆ چاندنی کڵێسا و ژیانی کڵێسا لە www.tumi.org/churchplanting .

ئێمە ڤیدیۆمان تۆمارکردووە بۆ هەموو (سیمیناری خول) ێک، کە بۆ سەیرکردن یا داگرتن لەبەردەستن لەم ماڵپەڕە www.tumi.org/churchplanting . مەبەستی ئێمە ئەوەیە ئەم بابەتی چاندنی کڵێسانە بەردەستبن بۆ فراوانترین گوێگر کاتێک بابەتی ڕوون و جۆری باش دابیندەکات بۆ تاکەکەسەکان و مەزهەبەکان و کڵێسا خۆجێییەکان و سەندیکاکانی کڵێسای شاری (UCA) و ڕێکخراوەکان و کۆمەڵی مزگێنیەکان کەدەتوانن پۆشتەی نەوەی نوێی چێنەرانی کڵێسا بکەن ئەوانەی بنکە دوورەکان دادەنێن لەناو مەترسیدارترین و کەم تواناپێدراوترین کۆمەڵگا لە ئەمەریکا و سەرانسەری جیهان. ئێمە وای دادەنێین ئارەزووی تۆ بۆ ئەم ڕێبەرە و هەڵبژاردەیە ئەوە ئاشکرادەکات تۆ هاوبەشیکردنت هەیە لەم تامەزرۆییە و لەم دی ئێن ئەی چاندنی کڵێسایەو بینینە.

بینینێک بۆ کاتی ئێمە
تکایە ئەوە بزانە تاکە ئامانجی ئێمە دۆزینەوەی ڕێگایە بۆ پۆشتەکردن و هاندان و سەرچاوە پێدان تا ئەو پەڕی توانا بەو جۆرە ڕاهێنان و ئامرازانەی کە چاندنی کڵێسا لەناو هەژاران دەکەن بە قەشەگەری کاریگەر و بەردەوام بۆ ساڵانی ئاینده. ئێمە هەمیشە کراوەین بۆ لێدوان و پێشنیارەکانی تۆ ، بۆیە تکایە دوودڵ مەبە لەپەیوەندیکردن پێمانەوە – ئەگەر تۆ بتەوێت بەشدار بیت یا قۆڵ بخەیتە قۆڵمانەوە کاتێک ئێمە تێدەکۆشین بۆ دانانی بنکە دوورەکانی (شانشین)ەکە لە دەست کورترین کۆمەلگاکانی سەرزەوی.

دەستبەجێ دوای ڕووبەڕووبونەوەی (ئەو) لەگەڵ ئافرەتە سامیریەکە ئەو ڕایکردە ناو شارۆچکەکە و بەخەڵکەکەی گوت ئەو پیاوێکی دۆزیوەتەوە کە هەموو ئەو شتانەی پێ گوتووە کە ئەو ئەنجامیداوە. بەدڵنیاییەوە ئەو گوتی دەبێت ئەمە مەسیح بێت! لەهەمان کاتدا قوتابییەکان لە کاری بەدەستهێنانی خواردنەکەیان گەڕانەوە و تکایان (لێ) کرد نان بخوات. عیسا بەوانی گوت کە دەبوو خواردنی (ئەو) ویستی خودا ئەنجام بدات و کاری (ئەو) تەواو بکات. پاشان (ئەو) وەڵامی دایەوە " ئایا ئێوە ناڵێن' هێشتا چوار مانگ ماوە، دواتر

سەرچاوە : گەیوو بۆ دروێنە، لاپەرە ١١-٢٢

دروێنەکە دێت'؟ سەیرکەن من پێتان دەڵێم، چاوتان هەڵبرن، سەیرکەن کێڵگەکان [گەیوو] سپین بۆ دروێنە (یوحەننا ٤:٣٥، کۆپی ستاندەری ئینگلیزی). ناوی ئەم ڕێبەرە وەردەگیراوە لەم وتەیەی (سەروەر)مان. ئێمە چاومان هەڵبریوەتە سەر ئەو هەژارانی شارەی کەس پێیان نەگەیشتووە هەروەها ئەوان دەناسین کە دەبن بە کێڵگەی تەواو پێگەیشتوو، گەیوون بۆ دروێنە. ئەوە لە ڕۆحی ئەم ئامادەییەیە کە ئێمە ئەم جڵدە دەنوسین کاتێک نوسراوە بۆ ئەوانەی کێڵگە گەیووەکان دەبینن و ئامادەن کڵێسای تەندروست بچێنن لەناو هەژاراندا لە شارەکانی جیهان.

بێتە بیرت (سەروەر)ی ئێمە چی گوت سەبارەت مردنی ملیۆنەها کەس، وشەیەکە هێشتا دەگونجێت بۆ هەژارانی شاری ئەمڕۆ.

- مەتتا ٩: ٣٥-٣٨ (کۆپی ستاندەری ئینگلیزی) – عیسا ڕۆیشتە سەرانسەری هەموو شار و گوندەکان کاتێک لە کەنیشتەکانیان فێرکردنی دەکرد و بانگەوازی ئینجیلی شانشینەکەی دەکرد و هەموو نەخۆشیەک و هەموو لێقەومانێکی چاکدەکردەوە. کاتێک ئەو قەرەباڵغیەکانی دەبینی ئەو تامەزرۆیان دەبوو چونکە ئەوان هەراسان و بێ هانا بوون وەک مەڕی بێ شوان. پاشان ئەو بەقوتابیەکانی خۆی گوت " دروێنەکە زۆرە بەڵام سەپانەکان کەمن، لەبەرئەوە بە پەرۆشەوە نوێژ بۆ (سەروەر)ی دروێنەکە بکەن تا سەپان بۆ دروێنەکەی خۆی بنێرێت."

دەبا (سەروەر) سەپان بنێرێت بۆ دروێنەکەی، لەناو خەڵکی هەژارانی شاری ئەم جیهانە، دەبا (شانشینەکەی) (ئەو) لەناویاندا پێشرەوی بکات بۆ شکۆمەندی خودا. ئێمە بەوە قایلین کە خودا ئێمە هەموان سەرسامدەکات کاتێک (ئەو) لەبری ئەوان کاردەکات، لەو شوێنانەی کە هێشتا دەبێت ڕزگاری و نیعمەت و خۆشەویستی ئەویان تیا تێپەڕێت.

قەشە دۆن ئاڵسمان
لۆس ئانجیلیس، سی ئەی

قەشە دکتۆر هانک ڤۆس
لۆس ئانجیلیس، سی ئەی

قەشە دکتۆر دۆن ئێڵ داڤیس
ویچیتا، کەی ئێس

سەرچاوە :
گەیوو بۆ دروێنە،
لاپەڕە ٢٩

خولی ١

بینینی وێنە گەورەکە

یەکخستنی هەمووان
(تی) گواستنەوە بکە: کڵێسا بخە بەردەست
)ئێن(پەروەردە بکە: کڵێسا پێ بگەیەنە
(ئەی) پێکەوەنان بکە: کڵێسا دابمەزرێنە
(ئێڵ) بەگەڕخستن بکە: کڵێسا فراوان بکە
(پی) ئامادەکردن بکە: ببە بە کڵێسا
بینینی وێنە گەورەکە

سەرچاوە :
گەیوو بۆ درۆینە،
لاپەڕە ٤٣-٤٤

خولی ١: بینینی وێنە گەورەکە

بیرۆکە سەرەکیەکان و مەبەستەکان

Main Concept
Seeing the Big Picture

مەبەستەکان
پاش ئەم خولە تۆ دەتوانیت:

- بەڕوونی باسی ئەو بیرۆکە سەرەکیە گرنگانە بکەیت کە تایبەتن بەکتێبی پیرۆز و لاهوت کە بیەیوەندیان بە مەبەست و پلانی خوداوە هەیە بۆکڵێسا و بەوەی چۆن کڵێسا مەبەستی (شانشینی) خودا بەرەوپێش دەبات لەسەرانسەری جیهاندا.
- سێ گوزارشتی مێژوویی و گرنگی کڵێسا بخوێنیتەوە کە پێناسەی ژیانی جەستە دەکات لە جیهانی ئەمڕۆدا و بەرگری لەوە بکەیت چۆن ئەو گوزانرشتانە یارمەتی تێگەیشتنی باشترمان دەدەن لەوەی چۆن کڵێسا لەناو هەژارانی شاری بچێنین.
- پێنج قۆناغە بنەڕەتیەکەی چاندنی کڵێسا (بەوشەی کورت کراوەی پی ئێڵ ئەی ئێن تی) دەربېڕیت و ئەوەش دەربېڕیت چۆن ئەو قۆناغانە پەیوەندیان هەیە بەو مزگێنی نێردراوەییەی لە (پەیمانی نوێ) دا پوختەکراوە.
- پێناسەی بەهاو بینینی خۆت بکەیت و هاوبەشی بکەیت سەبارەت بە بانگکردنی تۆ و تیمی چاندنی کڵێساکە لەلایەن خوداوە بۆ چاندنی کڵێسایەک لەناو کۆمەڵگایەکی دیاریکراو لەناو کۆمەڵێکی دیاریکراوی ئەو خەڵکانەی ناتوانرێت دەستپێگەیشتنیان بۆبکرێت.
- پوختەی لۆژیک و هەنگاو و ئەنجامەکانی ڕێگای ستراتیجی (ئامادەبکە و کاربکەو چاوپیاخشاندنەوەبکە) دابنێی بۆ چاندن و جێبەجێ کردنی ئەو ئامانجانەی خودا داویەتی و سەرکاریکردنی سەرچاوەکانمان لەپێناو هێنانەدی بینینی ئێمە بۆ مزگێنی و قەشەگەری.

نوسراوی پیرۆزی سەرەکی
ئەفسوس ٦: ١٠-١٨ – لەکۆتاییدا پێتان دەڵێم کە بە یەکبوون لەگەڵ مەسیحی باڵادەست و هێزەگەورەکەی بەهێزبن. بەچەکی تەواوی خودا خۆتان چەکداربکەن، تاکوبتوانن بەرامبەر پیلانی شەیتان خۆتان ڕابگرن، چونکە زۆرانبازی ئێمە لەگەڵ گۆشت و خوێن نیە، بەڵکو لەدژی سەرۆکەکان، لەدژی دەسەڵاتداران، لەدژی فەرمانڕەوایانی ئەم تاریکییەی جیهانە، هەروەها لەدژی سەربازە بەدکارە ڕۆحییەکانە لەشوێنەکانی ئاسمان. بۆیە چەکی تەواوی خودا هەڵبگرن، تاکو بتوانن لەڕۆژی بەدکاردا خۆڕاگربن و دوای تەواوبوونی هەموو شتێک، بچەسپێن. بەبەستنی پشتێنی ڕاستی بەناوقەدتان و سپەری ڕاستودروستی بە سنگتانەوە، ئامادەیی لەپێ بکەن بۆ ڕاگەیاندنی مزگێنی ئاشتی، لەسەرووی هەموو ئەوانە قەڵغانی باوەڕ هەڵبگرن، بەمە دەتوانن هەموو تیرە گڕدارەکانی شەیتان بکوژێننەوە.

دەوروبەر
بەهاکان/ بینین
ئامادەکردن بکە
بەگەڕخستن بکە
پێکەوەنان بکە
پەروەردە بکە
گواستنەوە بکە
خشتە/ ڕێگەپێدانی دامەزراندن

سەرچاوە :
گەیوو بۆ دروێنە،
لاپەڕە ٤٣-٤٤

هەروەها کڵاوی ئاسنینی ڕزگاری لەسەر بکەن و شمشێری ڕۆحی پیرۆز هەڵبگرن کەپەیامی خودایە. بەهەموو جۆرە نوێژێک و پاڕانەوەیەک، هەموو کاتێک لەڕۆحی پیرۆزدا نوێژبکەن ، بۆئەمەش شەوارەبگرن بەوپەڕی بەردەوامی و پاڕانەوە بۆ تەواوی گەلی پیرۆزی خودا.

بنەمای شەڕ: مەبەست

ئامانجی ڕوونی چالاکیەکە ئەوەی کەتۆ کۆششی بۆ دەکەیت بۆ ئەوەی بێتە دی.

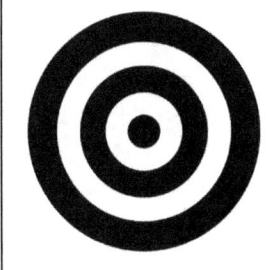

ئەو بنەمایەی پەیوەندی هەیە بە چاندنی کڵێساوە

لە هەموو چالاکیەکدا گەر گەورە بێت یا بچوک هەستێکی ڕوونت هەبێت بۆ بینینی کۆمەڵی و بۆ بەشداری کەسی خۆت لەو بینینەدا.

> لە خۆئامادەکردن بۆ شەڕ من هەمیشە ئەوەم بۆدەرکەوتووە کە پلانەکان بێ کەڵکن بەڵام پلان دانان شتێکی زۆر پێویستە.
>
> - دوایت ئایزنهاوەر

دەوروبەر

بەهاکان/ بینین

ئامادەکردن بکە

بەگەڕخستن بکە

پێکەوەنان بکە

پەروەردە بکە

گواستنەوە بکە

خشتە/ ڕێگەپێدانی دامەزراندن

سەرچاوە :
گەیوو بۆ دروێنە،
لاپەڕە ٩٠-٩٢

کڵێسا چییە؟

قەشە دکتۆر دۆن داڤیس

کڵێسا کۆمەڵگایەکی گەلی خودایە ئەوانەی دان بەوەدا دەنێن عیسا (سەروەرە)، ئەوانەی مەبەستەکانی (ئەو) لەسەر زەوی جێبەجێ دەکەن و پێک هاتوون لە هەموو کەسێکی ڕابردوو و هەنوکەو داهاتوو، لە هەموو شوێنێکی سەر زەوی و لەسەرانسەری مێژوودا. کڵێسا بریکاری خودایە بۆ (شانشینی خودا) و جەستە و بوکی مەسیحە، کڵێسا وەک سپاردە پارێزی ئاشکراکردنی خودا وەلامی کاری (ئەو)ی داوەتەوە لە لاهوت و خوداپەرستی و قوتابێتی و شایەت حاڵی (سەیری چیرۆکی خودا بکە: ڕەگە پیرۆزەکانمان). هەموو کڵێسایەکی خۆجێیی باوڵوێزخانەیەکە کاتێک وەک بنکەیەکی دووری شانشینەکە خزمەت دەکات.

تاکە چیرۆکێک هەیە کە لە کتێبی پیرۆز ئاشکراکراوە (سەیری ڕۆژێک لەڕۆژان بکە). خودای گەردوون کە بوونی هەیە لە سێ کەس دا (باوک و کوڕ و ڕۆحی پیرۆز)، دروستکەری هەموو شتەکانە بە دیار و نادیارەوە، ئەوەی ئادەمیزادی دروست کرد بە وێنەی خۆی. سەرەڕای یاخی بونی شەیتان و یەکەم دووانەی مرۆڤ خودا (ڕزگارکەرێکی) نارد ئەوەی سەردەکەوێت بەسەر بەدکاریدا و هەموو شتێک بەبراوەیی دەگێڕێتەوە بۆ شکۆمەندی خودا.

لەم درامایەی دەردەکەوێت بناغەیەکی بابەتیانە هەیە (کاری سەروەریانەی خودا لە دروستکردندا کە ئەویش ئیسرائیل و مەسیحە) و وەڵامدانەوەیەکی بکەریانەش هەیە (بەشداربوونی کڵێسا لە شانشینی خودا). لە دیوی بابەتیانەکەدا (باوک)ەکە نوسەر و دەرهێنەری چیرۆکەکەیە و (کوڕ)ەکە پاڵەوان و ئەکتەری پێشەنگی چیرۆکەکەیە و (ڕۆح)ەکەش بێژەر و لێکدەرەوەی چیرۆکەکەیە. کتێبی پیرۆز نوسراو و گەواهی چیرۆکەکەیە.

لە دیوی بکەریانەکەدا گەلی چیرۆکەکە بە لاهوتی ئۆرتۆدۆکسی وەڵام دەدەنەوە وەک درکێنەرانی باوەڕەکە و پێکەوە خواپەرستی دەکەن وەک کاهینی پادشایی و وەک قوتابیانی مەسیح پێک دێن وەک نیشتەجێبوانی کاتی لەم جیهانەدا و گەواهی خۆشەویستی خودا دەدەن وەک باڵوێزانی پیرۆزی (ئەو). ئەم تێگەیشتنە بناغەکە دروست دەکات بۆ هەموو گوزارشتێک لە کڵێسایەکی خۆجێیدا (سەیری مەسیحی سەرکەوتوو: بینینێکی یەکخراو بۆ ژیان و شایەت حاڵی مەسیحی بکە) کەپێکدێت لە باوەڕگە و بەکارهێنانی دیارییەکان و ڕۆحێتی و دادپەروەری و میهرەبانی و مزگێنی دان و موژدەبەری و خوداپەرستی.

کڵێسا بانگ دەکرێت بەوەفاداریەوە ئاشکراکردنی خودا بەرجەستەبکات و بەرگری لێبکات لەڕێگای گەواهی نێردراوەکەوە کاتێک ناسنامەی خۆی دەهێنێتە دی وەک یەک کۆمەڵگای نێردراوەیی و جیهانی و پیرۆز. (سەیری ڕووبارێک هەیە بکە). دەبێک کڵێسا بەوەفاداریەوە ئەو شتە دەستاو دەست پێ بکات کە (ڕۆح) داویەتی بە گەلی مەسیح سەبارەت بەوەی ئەوان باوەڕیان بەچی هەیە و دەبێت چۆن ئەوان خواپەرستی بکەن و نوسراوەپیرۆزەکانیان چی بێت. ئەم باوەڕە بناغەییانە باوەڕی هەموو باوەڕداران لەهەموو شوێنێک بەهێز دەکات هەر وەها ناودەبرێت بە "داب و نەریتی مەزن" (سەیری یاسای باوەڕی نیسین بکە) کە لەلایەن هەموو باوەڕدارانی

دەوروبەر
بەهاکان/ بینین
ئامادەکردن بکە
بەگەڕخستن بکە
پێکەوەنان بکە
پەروەردە بکە
گواستنەوە بکە
خشتە/ ڕێگەپێدانی دامەزراندن

سەرچاوە : گەیوو بۆ دروێنە، لاپەڕە ٩٠-٩٢

ئۆرثۆدۆکسیەوە لەئامێز دەگیرێت. ئەمە نوێنەرایەتی ئەو فێرکردن و پراکتیزەی نێردراوانە دەکات کە لە کتێبی پیرۆز نوسراوە و بۆ یاساکانی باوەڕ و ئەنجومەنەکانی کڵێسا کورتکراونەتەوە و لەلایەن باوەڕدارانەوە بەرگریان لێکراوە لەسەرانسەری مێژوودا.

چاندنی کڵێسا بەسادەیی درێژکراوەی گوزارشتی بکەریانەی ئەم (دراما گەردوونیە مەزن) یە. چاندنی کڵێسا گەڵایەکی نوێیە لەسەر داری دیزاینی خودا کە دەگەڕێتەوە بۆ ڕەگە پیرۆزەکانی. ناسنامەی ئێمە لەسەر بنەمای چاودێری و گواستنەوەی فرە کەلتوری (داب و نەریتە مەزنەکە)یە، کەپاسەوانی دەکات دژی گومڕابوون و تیرەگەری و کۆکردنەوەی باوەڕە جیاوازەکان و کەرت بوون و بەرژەوەندگەری.

کاتێک ئێمە دیمەنی فراوانی کڵێساکە (کڵێسا گەورەکە) دەبینین ئەوکاتە ئێمە بەرپسانەتر و ڕوونتر بیردەکەینەوە دربارەی کڵێساکە (کڵێسا بچوکەکە). لە فەرهەنگی بیرۆکەی گشتی (کارتێکردنی جیهان)دا ئێمە دان بەوەدا دەنێین کە (کڵێسا گەورەکە) ئەمڕۆ بەشێوەی مێژوویی و پراکتیکی بەسێ ڕێگا گوزارشتی لە کۆمەڵگای خۆی کردووە. ئەم گوزارشتانە دەیسەلمێنن سەرەکی بن کاتێک ئێمە چالاکی لە شوێنە دوورەکان دەکەین بۆ چاندنی کڵێسا لەناو خەڵکی شاردا، ئەمەش هەروەها هەموو دیوەکانی ستراتیجی ئێمە بۆ چاندنی کڵێسا دەگرێتە خۆ (کە بریتیە لە خەملاندنی چێنەرانی کڵێسا و ڕاهێنان و جاری دامەزراندنی تیمەکانی چاندنی کڵێسا و دابینکردنی سەرچاوە و ئاراستەکردن لەڕێگای ڕاهێنەرەکان و کۆمەکەکانمانەوە).

(نابێت مەبەستەکانی ئەم گوزارش کردنانە بریتی بێت لەدیاریکردنی هێڵێکی ڕەها لەنێوان ٥٠ و ٥١ ئەندام لەکێسەیەکدا. بەشێوەیەکی ڕوون ئەم ژمارانە دانانرێن بۆ جیاکردنەوەی خێرا و قورس لەنێوان گوزارشتەکاندا. زیاتر ژمارەکان مەبەستی دابینکردنی واتای پێکهاتەو قەبارەو بەردەوامی و ڕێک و پێکی نوێژکەرانی کڵێسایە بۆ ئێمە. کڵێساکان هەناسەی ئەندامێتی خۆیان وەردەگرن، بەڵام ئەوان دەیانەوێت بە ئامادەبوونێکی دیاریکراو لەناو پەراوێزدا جێگیربن. سەیری ژمارەکان مەکە وەک سنوورە ڕەهاکان بەڵام زیاتر وەک ڕێنمایی پێشنیارکراو سەبارەت بەوەی چۆن کڵێسایەکی دیاریکراو دەیەوێت گەشەبکات و ئیش بکات.)

سێ گوزارشتەکەی ئێمە وەک ئەمە دێت:

کڵێسای بچوک (یا "کڵێسای ماڵ" ٢٠-٥٠ یا خەڵکی وا).
کڵێسای بچوک (یا ماڵ) دەتوانرێت تێگەیشتنی بۆ بکرێت وەک کۆگایەکی بچوک لە مۆڵێکی بازارکردندا. ئەوە پێویستی بە بەستنەوە هەیە لەگەڵ کڵێسای بچوکی تر بۆئەوەی بمێنێتەوە و گەشەبکات. کڵێسا بچوکەکان دەتوانن بەنزیکی لەهەموو شوێنێک کۆبېنەوە و دەتوانن لە شوێنێکی بچوکدا ئیش بکەن بە بارگرانییەکی کەمی داراییەوە بۆ هیچ بارگرانیەکی دارایی. ئەوان دەتوانن سەرنج بخەنە سەر کۆمەڵە بینایەک یا پرۆژەیەکی خانووبەرە یا تۆری خێزانەکان. ئەم گوزارشتە ڕێگەدەدات سەرنجی بەهێزی قوتابێتی بخرێتە سەر گەشەپێدانی هاوڵاتی بۆ ڕابەرایەتی کردن کە ئەمەش دەتوانرێت لەم کۆمەڵە بچوکترە بەیەکەوە بەستراوەیە ڕوویدات.

کڵێسای کۆمەڵگا (٦٠-١٥٠ یا خەڵکی وا)
کڵێسای کۆمەڵگا باوترین گوزارشتی کڵێسایە لەجیهاندا ئەمڕۆ، ئەگەر بەژمارە باس بکرێت. دەتوانرێت تێگەیشتن بۆ ئەم گوزارشتە بکرێت وەک کۆگایەکی بەقاڵی لە گەڕەکێکدا یا

دەوروبەر بەهاکان/ بینین
ئامادەکردن بکە
بەگەڕخستن بکە
پێکەوەنان بکە
پەروەردە بکە
گواستنەوە بکە
خشتە/ ڕێگەپێدانی دامەزراندن

سەرچاوە :
گەیوو بۆ درونێنە،
لاپەڕە ۹۰-۹۲

کۆمەڵگایەکدا. ئەم گوزارشتە سەرنج دەخاتە سەر نزیکایەتی و ناسنامەیەکی دیاریکراوی جوگرافی کاتێک تیشک دەخاتە سەر خزمایەتی و پێکەوە بەستن و دەوروبەری ناوازەی نوێژکەرانی کڵێساو کۆمەڵگاکەی چواردەوریش. ئەوە گەشەی پێدەدرێت بە بانگکردنێکی قووڵ و بەستنەوە بە گەڕەکێکی دیاریکراو، هەروەها بەشێوەیەکی نمونەیی پێویستی بە شوێنێکی نیمچە جێگیرە بۆ کۆبوونەوە (بۆنمونە، پارکێک، ناوەندێکی کۆمەڵگا، یا قوتابخانە). ئەم گوزارشتە بەتایبەتی پشت دەبەستێت و دەوڵەمەند دەبێت بەو شەریکایەتیە ئاشکرایانەی کەلەگەڵ کڵێسای کۆمەڵگاکانی تر دروست دەبێت، کە بەکاریگەریانە گەشەو مزگێنیان بەهێزدەکات و پەروەردەدەکات وەک کۆمەڵە تاکەکان.

کڵێسای دایک (۲۰۰ + خەڵک)

کڵێسای دایک (یا "کڵێسای ناوەند") نوێنەرایەتی کۆمەڵەیەکی گەورەتری باوەڕداران دەکات، هەروەها دەتوانرێت تێگەیشتنی بۆ بکرێت وەک فرۆشگای واڵمارت یا فرۆشگای سوپەر تارگێت، کە کۆگایەکە ژمارەیەک قەوارەی هەڵبژێردراوی تێدایە کە هەڵبژاردەو هەلی زۆر بۆ کڕیارەکانی خۆی دابین دەکات. ئەم جۆرە کڵێسایە کە هەردوو سەرچاوەی ئابووری و ڕۆحی هەیە بۆ زۆربوون، دەتوانێت سەرچاوەکان و تواناکانی خۆی بەکاربێنێت بۆئەوەی ببێت بە بەکڵێسایەکی ناردن و هەروەها تواناپێدان کە چەند جارێکی زۆر خۆی زۆربکات. بەشێوەیەکی نمونەیی کڵێسای دایک یا ناوەند ئەو کەسانی کڵێسایەیە کەلەلایەن نیەتی مزگێنیەوە ڕابەرایەتی دەکرێت کە ڕێگەی پێدەدات تواناکان و دیارییەکانی خۆی بەکاربێنێت بۆ ئەوەی ببێت بە ناوەندی میهرەبانی و بەزەیی و قەشەگەری دادپەروەری. هەروەها ئەوە دەتوانێت خزمەت بکات وەک بارەگای سەرەکی پەروەردەکردن بۆ چێنەرانی کڵێسا و دەستپێکەرانی قەشەگەری و هەروەها دەتوانێت بەئاسانی بەگەڕخستن بکات وەک ئامێرێکی هەڵهێنانی قەشەگەری کاریگەر لەناو ئەو هەزارانەی هێشتا کەس نەگەیشتووە پێیان لەشاردا. گوزارشتی وەها بەزۆری زیاتر ڕەگ دادەکوتێت لەناو دامەزراوەیەکی دیاریکراو کە بۆ تایبەتمەندێتی خۆی دروست کرابێت کە ڕێگەی پێبدات ئەم جۆرە توانایانە بەکاربێنێت.

دەوروبەر
بەهاکان/ بینین
ئامادەکردن بکە
بەگەڕخستن بکە
پێکەوەنان بکە
پەروەردە بکە
گواستنەوە بکە
خشتە/ ڕێگەپێدانی دامەزراندن

سەرچاوە:
گەیوو بۆ دروێنە،
لاپەڕە ٥٤-٦٢

سیمیناری ٢

دیمەنی گشتی چاندنی کڵێسا

قەشە دکتۆر دۆن ئێڵ داڤیس

چۆن کڵێسایەک دەچێنیت (پی ئێڵ ئەی ئێن تی)

I. دیمەنی گشتی

أ. ژیانەوە بکە بۆ پابەندبوونی کەسی بە مەسیح و پۆشتە بکە و توانا بدە

ب. بچێنە (پی ئێڵ ئەی ئێن تی)

١- (پی) ئامادەکردن بکە: ببە بە کڵێسا

٢- (ئێڵ) بەگەڕخستن بکە: کڵێسا فراوان بکە

٣- (ئەی) پێکەوەنان بکە: کڵێسا دابمەزرێنە

٤- (ئێن) پەروەردەکردن بکە: کڵێسا پێ بگەیەنە

٥- (تی) گواستنەوە بکە: کڵێسا بخە بەردەست

ت. هەنگاوەکان

١- ژیانەوە بکە بۆ پابەندبوونی کەسی بەمەسیح: ئامادەکردن و بەگەڕخستن

٢- پۆشتەبکە: پێکەوەنان و پەروەردەکردن

٣- توانابدە: گواستنەوە

دەوروبەر
بەهاکان/ بینین
ئامادەکردن بکە
بەگەڕخستن بکە
پێکەوەنان بکە
پەروەردە بکە
گواستنەوە بکە
خشتە/ ڕێگەپێدانی دامەزراندن

مزگێنی بدە

سەرچاوە:
گەیوو بۆ درویێنە،
لاپەڕە ٥٤-٦٢

مەرقوس ١٦: ١٥-١٨ – پێی فەرموون: "برۆن بۆ هەموو جیهان و ئەم مزگێنیە بە هەموو بەدیهێنراوان ڕابگەیەنن . ئەوەی باوەڕ دەهێنێت و لەناو هەڵدەکێشریّ ڕزگاری دەبێت، ئەوش کەباوەڕ ناهێنێ، تاوانبار دەکرێت. ئەوانەی باوەڕ دەهێنن ئەم نیشانانەیان لەگەڵ دەبێت، بەناوی من ڕۆحی پیس دەردەکەن و بەزمانی نویّ دەدوێن، بەدەستیان ماردەگرن، ئەگەر ژەهرێکی کوشندەش بخۆنەوە زیانیان پێ ناگات، دەست لەسەر نەخۆش دادەنێن و چاکدەبنەوە."

II. ئامادەکردن بکە: ببە بەکڵێسا

کردارەکان ١٦: ٢٥ – لەنیوەی شەودا پۆڵس و سیلا نوێژیان دەکرد و گۆرانی ڕۆحییان بۆ خودا دەگوت، بەندکراوانی دیکەش گوێیان لێبوو.

أ. بنەما: کڵێسا دروست دەبێت لە کڵێسایەک کە بوونی هەبێت (دەبێت ئێمە کڵێسایەک بین پێش ئەوەی کڵێساکە بچێنین).

١- ئێمە جۆری خۆمان زۆردەکەین. ئێمە لەهیچەوە دەست بەکڵێسا ناکەین، بەڵکو لە کڵێسای ترەوە. ئێمە لکاندنی ئۆرگانیمان هەیە لەکڵێساوە بۆ کڵێسا بەدواوە بۆ جەژنی پەنجایەمین و بۆ نێردراوان و بۆ ئیسرائیل و بۆ سیانەی پیرۆز. کۆمەڵگا بۆ تا هەتایی بوونی هەیە و ئێمەش بەشێکین لەو جۆگەیە.

٢- وەک لە خێزانەکاندا باوان منداڵ دروست دەکەن و لە ماڵی خۆیان پەروەردەی دەکەن و ئامادەیان دەکەن تا ببن بە باوان. نەوە ناو و کارەکتەری ئێمە هەڵدەگرن. ئەوان هاوبەشی بایۆلۆجی و پەروەردەی ئێمە دەکەن. ئەم دۆستایەتی نزیکە پێویستە بۆ دروست کردن و برەودان بە بزوتنەوەی چاندنی کڵێسا. ئێمە ڕۆحییەتی ڕاهێنانکردن بە ڕابەران جیاناکەینەوە لە ڕۆحییەتی چێنەرانی کڵێسای فرە کەلتوری.

٣- نوێژکەرانی کڵێسای نویّ هاوبەشی بینین و ڕێباز و بەرزەفتکردنی (انضباط) ڕۆحی و مزگێنی و دارایی ئێمە دەکەن. جیاوازی نیە لەنێوان نوێژکەرانی کڵێسای نویّ و تیمە نێردراوەکە.

٤- پیتی "پی" لە (پی ئێڵ ئەی ئێن تی) ئەوە دەناسێتەوە کە کڵێساکە بوونی هەیە هەرکە تیمەکە پێک دەهێنرێت. تیمەکەی پۆڵس کڵێساکە بوو لە فیلیپی پێش ئەوەی ماڵی لیدیا بێتە پاڵیان. بەگەڕخستن بەسادەیی دەچێتە سەر کڵێسا هەبووەکە.

دەوروبەر
بەهاکان/ بینین
ئامادەکردن بکە
بەگەڕخستن بکە
پێکەوەنان بکە
پەروەردە بکە
گواستنەوە بکە
خشتە/ ڕێگەپێدانی دامەزراندن

سەرچاوە:
گەیوو بۆ درووێنە،
لاپەڕە ٥٤-٦٢

ب. توخمەکانی ئامادەکردن

١- داوای ڕابەرایەتی کردنی خودا بکە بۆ هەڵبژاردنی ڕووبەرێک یا دانیشتوانێکی (کە ڕەنگە لێکۆڵینەوەی دیمۆگرافی یا تایبەت بە نەژادی بگرێتەخۆ) بێ کڵێسا.

٢- تیمێکی چاندنی کڵێسا و کڵێسا سەرەتاکە کە باوەڕدارانی کۆمەڵگاکە دەتوانن بێنە پاڵی، پێک بهێنە.

٣- مۆدێلێکی زۆرکردن هەڵبژێرە بۆ دانانی دەوروبەر(سیاق)ی پراکتیزە ستاندەریەکانی کڵێسا.

٤- دەست پێشخەری گفتوگۆ بکە دەربارەی کۆمەڵەکان یا مەزهەبەکان یا ئەندامێتیەکانی تر.

III. بەگەڕخستن بکە: کڵێسا فراوان بکە

کردارەکان ٢: ٤٧ – ستایشی خودایان دەکرد و لەلای هەموو خەڵک پەسەند بوون. مەسیحی خاوەن شکۆش ڕۆژانە ئەوانەی دەهێنایە پاڵیان کە ڕزگاریان دەبوو.

أ. بنەما: دەست بە بانگهێشت کردنی خەڵک بکە بۆ هاتنە پاڵ کۆمەڵگاکە.

ب. توخمەکانی بەگەڕخستن

١- کەسانی تر (باوەڕدارانی نوێ یا پێ گەیشتوو) بانگهێشت بکە تا بێنە پاڵ کڵێساکە.

٢- مزگێنی ئەنجام بدە تا بچێتە سەر کڵێسا هەبووەکە.

٣- بەدواداچوونی باوەڕدارە نوێیەکان بکە.

دەوروبەر
بەهاکان/ بینین
ئامادەکردن بکە
بەگەڕخستن بکە
پێکەوەنان بکە
پەروەردە بکە
گواستنەوە بکە
خشتە/ ڕێگەپێدانی دامەزراندن

پۆشتەبکە

سەرچاوە:
گەیوو بۆ دروێنە،
لاپەڕە ٥٤-٦٢

ئەفسوس ٤: ١١-١٦ – ئیتر مەسیح بە هەندێکی دا ببنە نێردراو، هەندێک پێغەمبەر، هەندێک مزگێنیدەر، هەندێک شوان و مامۆستا، بۆ ئامادەکردنی گەلی پیرۆزی خۆی بۆ کاری خزمەت، هەتا هەمومان بگەین بە یەکێتی باوەڕ و ناسینی کوڕی خودا، ببینە مرۆڤێکی پێگەیشتوو، بگەینە ئەندازەی تەواوی پڕێتی مەسیح. بۆ ئەوەی لەمەولا ساوا نەبین، شێواو و هەڵگیراو بەهەموو بایەکی فێرکردن ، بەفێڵی خەڵکی، بە مەکر بەرەو چەواشەی تەڵەکەبازی. بەڵکو لە خۆشەویستیدا ڕاستگۆ بین، بالە هەموو شتێکدا گەشەبکەین، لەناو ئەوەی سەرە، واتا مەسیح. بەهۆی مەسیحەوە هەموو کڵێسا لە خۆشەویستیدا گەشەدەکات و خۆی بنیاد دەنێت، وەک چۆن ئەندامەکانی لەشی مرۆڤ تێک هەڵکێشراون و بەجومگەکان بەیەکەوە بەستراونەتەوە، هاوکاری یەکتری دەکەن

IV. پێکەوەنان بکە: کڵێسا دابمەزرێنە

عیبرانیەکان ١٠: ٢٥ – باواز لە کۆبوونەوەکانمان نەهێنین، بەڵکو یەکتری هانبدەین، بەتایبەتی کە دەبینن ڕۆژی هاتنەوەی مەسیح نزیک دەبێتەوە.

أ. بنەما: کڵێساکە بهێنە شوێنێک کە بتوانرێت لە کۆمەڵگاکە ڕابگەیەندرێت وەک جەستەیەکی ئیشکەر.

ب. توخمەکانی پێکەوەنان

١- ڕاهێنان بەکەسانی تربکە لەڕێگای کۆمەڵەی خانە یا لێکۆڵینەوەی کتێبی پیرۆزەوە بۆ بەدواداچون و قوتابێتی کردنی باوەڕدارانی نوێ.

٢- بەردەوام بە لە مزگێنی دان لەگەڵ کۆمەڵە خێزانیەکان.

٣- ڕابەرە دەرکەوتووەکان دەستنیشان بکە و ڕاهێنانیان پێ بکە کاتێک سەرنج دەخەیتە سەر ئامادەکردنی ڕابەران بۆ گواستنەوە لە دامەزراوەی سەتەلایتی پەیمانگای قەشەگەری شاری (TUMI).

٤- کۆمەڵەکان پێکەوە بنێ لەوشوێنەی (وشە)کە بەڕاستی بەوتاور دەوترێت و کۆنوێژی بەڕاستی بەڕێوەدەبرێت و بەرزەفتکردن (انضباط) بەڕاستی پەیڕەودەکرێت.

٥- سەرەتای خواپەرستی گشتی لە گەڕەکەکە ڕابگەیەنە.

دەوروبەر
بەهاکان/ بینین
ئامادەکردن بکە
بەگەڕخستن بکە
پێکەوەنان بکە
پەروەردە بکە
گواستنەوە بکە
خشتە/ ڕێگەپێدانی دامەزراندن

سەرچاوە:
گەیوو بۆ دروێنە،
لاپەڕە ٥٤-٦٢

V. پەروەردە بکە: کڵێسا پێ بگەیەنە

١ پەترۆس ٤: ١٠ – هەریەکە بەگوێرەی ئەو دیارییەی وەریگرتووە، خزمەتی یەکتری پێ بکەن، وەک سەرکارێکی باش لەسەر نیعمەتە جۆراوجۆرەکانی خودا.

أ. بنەما: ڕابەران تێبینی تواناگەشەسەندووەکانی خۆیان دەکەن و پراکتیزەی دەکەن لە کڵێسایەکدا بە خەڵک و ناسنامەو ستراکتۆری ڕاستەقینە لەچوارچیوەی ئەو ڕابەرایەتیکردنەی کە دڵنیایی دەکات لە پراکتیزەی وەک یەکی.

١- دەبێت گەشە بە ڕابەران بکرێت لەدەوروبەری کۆمەڵگاکەدا بەبەکارهێنانی هەمان لاهوتی و ستراتیجی و پراکتیزەی کڵێسا کە دڵنیایی دەکەن لە دووبارەکردنەوە لە کڵێسایەکەوە بۆ کڵێسایەکی تر. بۆ نمونە، کاتێک ڕابەرێکی دەرکەوتوو فێردەبێت چۆن کۆنوێژی پێشکەش بکات لە کڵێسای دایک ئەوا ئەو دەزانێت چۆن ڕابەرایەتی کۆنوێژی بکات لە چاندنی کڵێسا کچەکە.

٢- دەبێت دەوروبەر (سیاق) کردنی پراکتیزەی ستاندەری کڵێسا وا دیزاین بکرێت کە ئاسان بێت بۆ ڕاهێنان پێ کردنی ڕابەران و هەنارده بکرێت بۆ کڵێسا نوێیەکان. ستراکتۆرەکان کارئاسانی دەکەن بۆ داهێنان و توانای پێ دەدەن.

ب. توخمەکانی پەروەردە

١- ڕۆژ ژمێری ساڵانەی کڵێسا بەکاربێنە بۆ بە قوتابی کردنی نوێژکەرانی کڵێسا.

٢- ڕاهێنان بەکەسانی تربکە تا خزمەت بکەن و ڕابەرایەتی بکەن لەڕێگەی قوتابێتی کۆمەڵ و تاکە کەسی.

٣- هانی باوەڕداران بدە مەشقی دیارییەکانی خۆیان لەناو کڵێساکە بکەن.

٤- بەرپرسیارێتی بسپێرە بە (شەمماس و پیران و قەشەی ئایندە)ی وەفادار.

دەوروبەر
بەهاکان/ بینین
ئامادەکردن بکە
بەگەڕخستن بکە
پێکەوەنان بکە
پەروەردە بکە
گواستنەوە بکە
خشتە/ ڕێگەپێدانی دامەزراندن

توانابدە

سەرچاوە:
گەیوو بۆ درووێنە،
لاپەرە ٥٤-٦٢

کردارەکان ٢٠: ٢٨ – ئاگاتان لەخۆتان و هەموو مێگەلەکە بێت، ئەوەی ڕۆحی پیرۆزی ئێوەی کردووە بەچاودێر بەسەریانەوە، تاکو شوانایەتی کڵێسای خودا بکەن، ئەوەی بەخوێنی خۆی کڕیویەتی.

کردارەکان ٢٠: ٣٢ – ئێستاش بە خوداو وشەی نیعمەتەکەتان دەسپێرم، کەتوانای هەیە بنیادتان بنێت و لەگەڵ هەموو ئەوانەی پیرۆزکراون میراتتان پێ ببەخشێت.

VI. گواستنەوە بکە: کڵێسا بخە بەردەست

٢ تیمۆساوس ٢: ٢ – ئەوەی لەبەردەم چەندەها شایەتدا لە منت بیستووە، بەخەڵکی دڵسۆزی بسپێرە کە لێهاتوو بن، خەڵکی دیکەش فێربکەن.

أ. بنەما: خستنە بەردەستی چێنەرانی فرەکەلتوری کڵێسا ئامادەبکە بۆئەوەی بەرپرسیارێتی ڕابەرایەتی کردن بدرێت بە هاوڵاتی ڕەسەن

ب. توخمەکانی گواستنەوە

١- ڕابەرانی وەفاداری هاوڵاتی ڕەسەن بسپێرە ببن بە شەمماس و پیران و قەشە.

٢- کڵێسا بسپێرە ببێت بەبەشێک لە بزوتنەوەیەکی خۆ حوکمکەر و خۆ پاڵپشتکەر و خۆ زۆرکەر.

٣- بچۆرە پاڵ مەزهەبێک یا کۆمەڵەیەک لەپێناو چالاکی قەشەگەری هاوبەش و پاڵپشتکردن و هاوڕێیەتی.

٤- دەست بەزۆرکردنی چاندنێکی نوێی کڵێسا بکە.

مزگێنی بدە

ئامادەکردن بکە: ببە بە کڵێسا

- داوای ڕابەرایەتی کردنی خودا بکە بۆ هەڵبژاردنی شوێنێک یا دانیشتوانێکی بێ کڵێسا.
- تیمێکی چاندنی کڵێسا واتا کڵێسایەکی سەرەتایی پێک بهێنە کە باوەڕدارانی کۆمەڵگا بتوانن بچنە پاڵی.
- مۆدێلێکی زۆرکەر هەڵبژێرە بۆ ئەوەی پراکتیزەی ستاندەری کڵێسا بخاتە دەورەبەرەوە (سیاق)ەوە.
- دەستپێشخەری گفتوگۆکان بکە دەربارەی کۆمەڵەکان یا مەزهەبەکان یا ئەندامێتیەکان.

دەوروبەر
بەهاکان/ بینین
ئامادەکردن بکە
بەگەڕخستن بکە
پێکەوەنان بکە
پەروەردە بکە
گواستنەوە بکە
خشتە/ ڕێگەپێدانی دامەزراندن

سەرچاوە:
گەیوو بۆ دروێنە،
لاپەڕە ٥٤-٦٢

بەگەڕخستن بکە: کڵێسا فراوان بکە

- کەسانی تر (باوەڕدارانی پێ گەیشتووو یا نوێ) بانگهێشت بکە بۆئەوەی بێنە باڵ کڵێساکە.
- مزگێنی ئەنجام بدە تا بچێتە سەر کڵێسا هەبووەکە.
- بەدواداچوون بۆ کەسانی نوێی باوەڕ گۆڕاو بکە " شەڕی شەڕەباشەکەی باوەڕبکە."

پۆشتە بکە

پێکەوەنان بکە : کڵێسا دابمەزرێنە

- ڕاهێنان بە کەسانی تر بکە لەڕێگەی کۆمەڵەکانی خانە یا لێکۆڵینەوەی کتێبی پیرۆز بۆ ئەوەی بەدواداچوون بکەن بۆ باوەڕدارانی نوێ و بیانکەن بەقوتابی.
- بەردەوامی بە مزگێنی دان بدەلەگەڵ کۆمەڵەکانی ماڵ.
- ڕابەرانی دەرکەوتوو دەستنیشان بکەو ڕاهێنانیان پێ بکە لە دامەزراوەی سەتەلایتی پەیمانگای قەشەگەری شاری.
- کۆمەڵەکان پێکەوەبنێ لەوشوێنەی کە (وشە) کە بە ڕاستی بەوتار دەخوێنرێت و کۆنوێژیەکان بەڕاستی بەڕێوەدەبرێت و بەرزەفتکردن (انضباط) بەڕاستی ڕێک دەخرێت.
- سەرەتای خواپەرستی گشتی ڕابگەیەنە لە گەڕەکەکە.

پەروەردە بکە: کڵێسا پێبگەیەنە

- ڕۆژ ژمێری ساڵانەی کڵێسا بەکاربێنە بۆ بەقوتابیکردنی کەسانی نوێژکەری کڵێسا.
- ڕاهێنان بەکەسانی تر بکە بۆ ئەوەی لەڕێگەی قوتابێتی تاکەکەسی و کۆمەڵی خزمەتبکەن و ڕابەرایەتی بکەن.
- باوەڕداران هانبدە مەشقی بەهرەکانیان لە کڵێسا بکەن.
- بەرپرسیارێتی بسپێرە بە کەسە بەوەفاکان (شەمماس و پیر و قەشەکانی ئایندە)

توانابدە

گواستنەوە بکە: کڵێسا بخە بەردەست

- دەسەڵات بدە بە ڕابەرە هاوڵاتیە ڕەسەنە بەوەفاکان ببن بە شەمماس و پیر و قەشە.
- دەسەڵات بدە بە کڵێسا ببێت بە بەشێک لە بزوتنەوەیەکی خۆ حوکمکەر و خۆ پاڵپشتکەر و خۆ زۆرکەر.
- بچۆرە پاڵ مەزهەبێک یا کۆمەڵەیەک لەپێناو چالاکی قەشەگەری هاوبەش و پاڵپشتکردن و هاوڕێیەتی
- دەست بەزۆرکردنی چاندنێکی نوێی کڵێسا بکە.

دەوروبەر
بەهاکان/ بینین
ئامادەکردن بکە
بەگەڕخستن بکە
پێکەوەنان بکە
پەروەردە بکە
گواستنەوە بکە
خشتە/ ڕێگەپێدانی دامەزراندن

42 • له سەر ئەم بەردە: نمونە کۆکەرەوەیەکی چاندنی کڵێسا

سەرچاوە: گەیوو بۆ دروێنە، لاپەڕە ٥٤-٦٢

پێشینەکانی تایبەت بە پۆڵس لە کتێبی کردارەکان: سوڕی تایبەت بە پۆڵس

١- دەسەڵات درا بە مزگێنی دەرەکان: کردارەکان ١٣: ١-٤ و ١٥: ٣٩-٤٠ و گەلاتیا ١: ١٥-١٦.

٢- پەیوەندی کرا بە گوێ گرانەوە: کردارەکان ١٣: ١٤-١٦ و ١٤: ١ و ١٦: ١٣-١٥ و ١٧: ١٦-١٩ .

٣- ئینجیل گەیەندرا: کردارەکان ١٣: ١٧-٤١ و ١٦: ٣١ و ڕۆمەکان ١٠: ٩-١٤ و ٢ تیمۆساوس ٢: ٨.

٤- گوێگران هاتنە سەر باوەڕ: کردارەکان ١٣: ٤٨ و ١٦: ١٤-١٥ و ٢٠: ٢١ و ٢٦: ٢٠ و ١ سالۆنیکی ١: ٩-١٠.

٥- باوەڕداران کۆبوونەوە: کردارەکان ١٣: ٤٣ و ١٩: ٩ و ڕۆمەکان ١٦: ٤-٥ و ١ کۆرنسۆس ١٤: ٢٦.

٦- باوەڕ دووپاتکرایەوە: کردارەکان ١٤: ٢١-٢٢ و ١٥: ٤١ و ڕۆمەکان ١٦: ١٧ و کۆلۆسی ١: ٢٨ و ٢ سالۆنیکی ٢: ١٥ و ١ تیمۆساوس ١: ٣.

٧- ڕابەرایەتی پیرۆزکرا: کردارەکان ١٤: ٢٣ و ٢ تیمۆساوس ٢: ٢ و تیتۆس ١: ٥.

٨- باوەڕداران ستایشکران: کردارەکان ١٤: ٢٣ و ١٦: ٤٠ و ٢١: ٣٢ و (٢ تیمۆساوس ٤: ٩ و تیتۆس ٣: ١٢ بە وادانان).

٩- پەیوەندیەکان بەردەوام بوو: کردارەکان ١٥: ٣٦ و ١٨: ٢٣ و ١ کۆرنسۆس ١٦: ٥ و ئەفسوس ٦: ٢١-٢٢ و کۆلۆسی ٤: ٧-٨.

١٠-کڵێسا نێردراوەکان کۆبوونەوە: کردارەکان ١٤: ٢٦-٢٧ و ١٥: ١-٤.

خشتەو قۆناغەکان و زاراوەزانی "سوڕی تایبەت بە پۆڵس" وەرگیراوە لە دێڤد جەی هێسڵ گرمیڤ لە کتێبی چاندنی کڵێسا بە فرەکەلتوری، چاپی دووەم، گراند ڕاپدز: خانەی بەیکەر بوک لە ٢٠٠٠.

پلانەکانی " مزگێنی بدە و پۆشتەبکە و توانابدە و پی ئێل ئەی ئێن تی بۆ چاندنی کڵێسا وەرگیراوە لە کتێبی تاجی جوانی و جلدی کۆنفرانسی چاندنی کڵێسای شاری، لۆس ئەنجیلیس: چاپخانەی (کارتێکردنی جیهان)، ١٩٩٩.

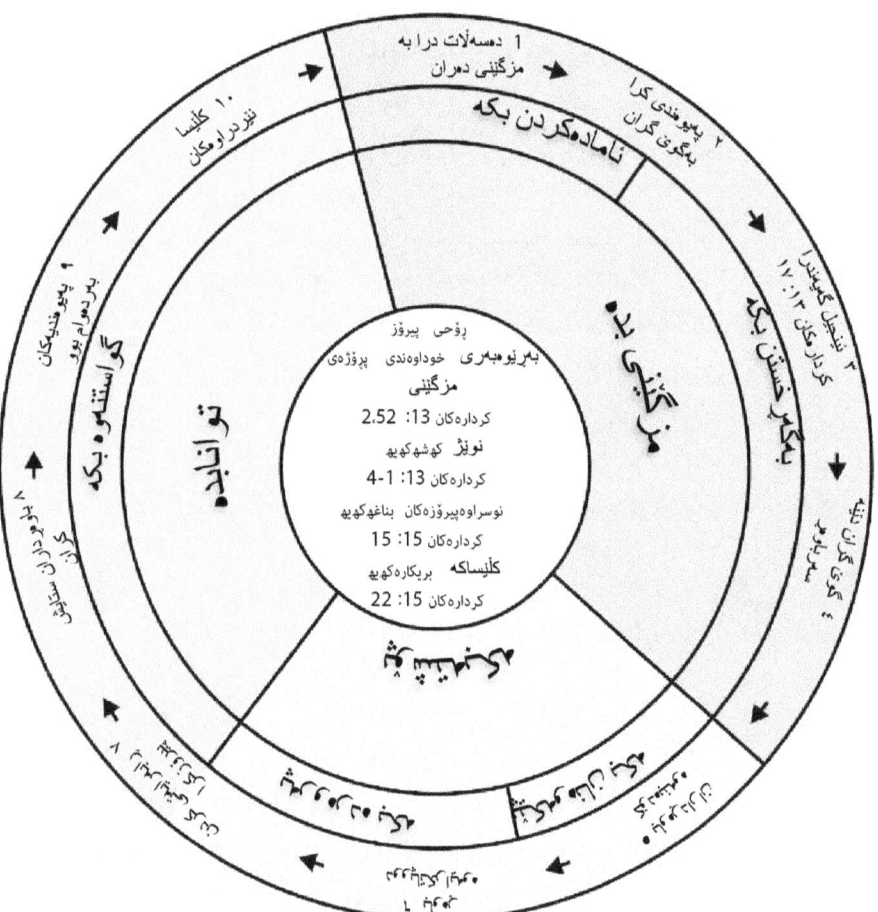

دەوروبەر

بەهاکان/ بینین

ئامادەکردن بکە

بەگەڕخستن بکە

پێکەوەنان بکە

پەروەردە بکە

گواستنەوە بکە

خشتە/ ڕێگەپێدانی دامەزراندن

سەرچاوە:
گەیوو بۆ درویّنە،
لاپەڕە ٥٤-٦٢

دە بنەمای چاندنی کڵێسا

١- **عیسا یەزدانە.** (مەتتا ٩: ٣٧-٣٨) هەموو چالاکی چاندنی کڵێسا کاریگەر دەبێت و میوەدار دەبێت لەژێر بایەخی چاودێری و هێزی عیسای یەزدان، کە ئەو خۆی یازدانی درویّنەیە.

٢- **مزگێنی بدە و پۆشتەبکە و دەسەڵات بدە بەوخەڵکانەی کڵێسا پێیان نەگەیشتووە بۆئەوەی ئەوان بگەن بەخەڵک.** (١ سالۆنیکی ١: ٦-٨) ئامانجی ئێمە بۆ گەیشتن بە کەسانی تر لەپێناو مەسیح تەنیا بۆ باوەڕ گۆڕینێکی بەهێز نیە بەڵکو هەروەها بۆ زۆربوونی داینەمیکیە و هەروەها ئەوانەی باوەڕداران پێیان دەگەن دەبێت ئەوانیش بگەن بەکەسانی تر.

٣- **گشتگر بە: ڕەنگە هەرکەسێک بێت ئامادەی هاتن بێت.** (ڕۆمەکان ١٠: ١٢) نابێت ستراتیجی هیچ کەسێک یا کۆمەڵەیەک قەدەغەبکات لە چوونەناو شانشینەکەوە لەڕێگەی عیسای مەسیح بە باوەڕ.

٤- **بەکەلتوری بێلایەن بە: تەنیا وەک خۆت وەرە.** (کۆلۆسی ٣: ١١) ئینجیل خواست ناخاتە سەر هیچ داواکارێک بۆ گۆڕینی کەلتورەکەی وەک مەرجێک بۆ هاتن بۆلای عیسا و ئەو دەتوانێت وەک خۆی بێت.

٥- **دوورکەوە لە مێشکی قەڵا.** (کردارەکان ١: ٨) ئامانجی مزگێنی بریتی نیە لە دروستکردنی قەڵایەکی قایم لە ناوەڕاستی کۆمەڵگەیەکی نەپاراستوو، بەڵکو بنکەیەکی دووری داینەمیکی (شانشین)ە کە دەست بە گەواهییەک دەکات بۆ عیسا لەناو و بۆناو خودی سنورەکانی جیهان.

٦- **بەردەوامبە لە مزگێنی پێدان بۆئەوەی لە وەستان دوورکەویتەوە.** (ڕۆمەکان ١: ١٦-١٧) بەردەوامبە لەسەیرکردنی ئاسۆکان بە بینینی (ڕاسپاردە مەزنەکە) لە مێشکدا و ژینگەی شایەتێکی جەربەزە بۆ مەسیح بەخێوبکە.

٧- **بەربەستەکانی ڕەگەزپەرستی و چینی کۆمەڵایەتی و جێندەر و زمان تێپەڕێنە.** (١ کۆرنسۆس ٩: ١٩-٢٢) ئازادی خۆت لە مەسیحدا بەکاربێنە بۆدۆزینەوەی ڕێگا باوەڕپێکراوەکان و نوێیەکان بۆ گەیاندنی پەیامی شانشینەکە بۆ ئەوانەی دوورترینن لە مەودای تەواوی کەلتوری کڵێسا نەریتیەکە.

٨- **ڕێزبگرە لە باڵادەستی کەلتورە وەرگرەکە.** (کردارەکان ١٥: ٢٣-٢٩) ڕێگەبە (ڕۆحی پیرۆز) بدە بینین و ڕەوشتناسی (شانشینی خودا) بەرجەستەبکات لەناو وشەو زمان و دابونەریت و شێواز و ئەزمونی ئەوانەی ئامێزیان گرتووە بۆ عیسا وەک یەزدانی خۆیان.

٩- **دوورکەوە لە پشت بەستن.** (ئەفسوس ٤: ١١-١٦) بەفیزەوە ڕەفتارمەکە و لەئەندازە بەدەر پیسکە مەبە بەرامبەر نوێژکەرانی گەشەسەندووی کڵێسا و هێزی (ڕۆح) بەکەم دامەنێ لەناوەڕاستی ئەنانەت بچوکترین کۆمەڵگای مەسیحی بۆ هێنانەدی کاری خودا لە کۆمەڵگای خۆیان.

١٠- **بیر لەتوانستی بەرهەم هێنانەوە بکە.** (٢ تیمۆساوس ٢: ٢ و فیلیپی ١: ١٨) لەهەموو چالاکییەک و پڕۆژەیەک دا کە تۆ دەستپێشخەری دەکەیت بیربکەوە لەبواری پۆشتەکردنی کەسانی تر هەمان کاربکەن کاتێک مێشکێکی کراوە ڕادەگریت سەبارەت بە ئامراز و کۆتایی هەوڵەکانی مزگێنی خۆت.

دەوروبەر
بەهاکان/ بینین
ئامادەکردن بکە
بەگەڕخستن بکە
پێکەوەنان بکە
پەروەردە بکە
گواستنەوە بکە
خشتە/ ڕێگەپێدانی دامەزراندن

سەرچاوە:
گەیوو بۆ دروێنە،
لاپەرە ١٣٥-١٣٦

خولی ٢

ئامادەکردن بکە: ببە بە کڵێسا

بیرۆکەی سەرەکی و مەبەستەکان

بیرۆکەی گشتی سەرەکی

ئامادەکردن بکە: ببە بەکڵێسا

مەبەستەکان

پاش ئەم خولە تۆ دەتوانیت:

- بەڕوونی باسی ئەم بیرۆکە سەکیە بنەڕەتیانە بکەیت کە پەیوەندیان هەیە بە ئامادەکردنی چاندنی کڵێسای کاریگەر کە پێکدێت لە داواکردن لە خودا بۆ ڕابەرایەتی کردنی خۆی سەبارەت بەو دانیشتوانەی ئامانجی لەسەرە و کۆمەڵگا و پێکهاتنی تیمەکە و گوزارشتەکانی ئەو کڵێسایەی تۆ حەزدەکەیت بیچێنیت هەروەها گفتوگۆی سەرەتایی خۆت لەسەر ئەوەی تۆ چ کۆمەڵەیەک یا مەزهەبێک یا ئەندامێتیەک دروست دەکەیت.
- گرنگی بەکارهێنانی ئازادی خۆمان لە مەسیحدا بخوێنەوە بۆ ڕێزگرتن لە کەلتورە وەرگرەکەی ئەوانەی لەناویاندا ئێمە کڵێسایەک دەچێنین.
- سەرەرای ئەو دانیشتوانەی ئامانجی لەسەرە بۆ چاندنی کڵێسای ئێمە ئەو بیرۆکە گشتیانە ڕابگەیەنە کە لاهوتی کتێبی پیرۆز بۆ هەژاران پێکیدەهێنێت کە تیشک دەخاتەسەر بانگی خودا و ڕێزی هاوتای ئێمە بۆ ئەوان و هەڵبژاردنی ئەوان بەگوێرەی نیعمەتی خودا و بانگکردنی ئەوان بۆ ڕابەرایەتیکردن لە بابەتەکانی شانشینی خودا.
- دست بکە بەپێناسەکردنی تایبەتمەندێتی بنەڕەتی چالاکی تیمی کاریگەر و چۆن تیمەکەت دەتوانێت توانای خۆی بەهێزبکات بۆ ئەوەی پێکەوە بەکاریگەریانەتر ئیش بکات لەهەوڵەکانتدا.
- بەگشتی ئەو پراکتیزە ستاندەریانە پوختەبکە کە تۆ دەتەوێت بیخەیتە ناو ژیانی کڵێسای خۆتەوە (واتا لاهوتەکەی و پەرستنەکەی و پێکهاتنە ڕۆحیەکەی و شایەت حاڵەکەی) لە ناو گوزارشتی ئەو کڵێسایەی تۆ دەیچێنیت

گرنگترین نوسراوی پیرۆز

ئەفسوس ٥: ١٥-١٧ – بۆیە ئاگاداربن چۆن دەژین، نەک وەک نەفام، بەڵکو وەک دانا، کات بقۆزنەوە، چونکە زەمانە بەدکارە. بۆیە گێل مەبن، بەڵکو تێبگەن خواستی مەسیحی باڵا دەست چییە.

دەوروبەر
بەهاکان/ بینین
ئامادەکردن
بەگەڕخستن
پێکەوەنان
پەروەردە
گواستنەوە
خشتە/ ڕێگەپێدانی دامەزراندن

بنەمای شەڕ: سادەیی

ستراتیجی و چارەسەری سادە پەسەند دەکرێت بەسەر چارەسەر و ستراتیجییە ئاڵۆزەکان.

ئەو بنەمایەی پەیوەندی بە چاندنی کڵێساوە هەیە

بە سادە ڕاییگرە و تەنیا ئەوەندە ئاڵۆزی بەکاربێنە بەس بێت بۆ بەدەستهێنانی سەرکەوتن.

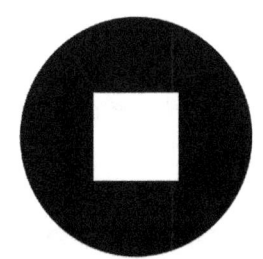

شەڕوشۆڕ پرۆژەیەکی ئاژاوەگێری و پێشبینی نەکراوە. پلانی زیرکانە بەخێرایی هەڵدەوەشێت لەژێر گوشاری شەڕدا. ڕێکخراوە سەربازیە ئاڵۆز و زیرەکانە و گەورەکان پێویستیان بە پلاندانان هەیە بۆ ئەوەی بەبەردەوامی بپارێزێت. پاراستنی ڕێ و شوێنەکان بەسادەیی ئاسان نیە. سیفەتی ڕابەرەکانی تۆ و تواناکەیان بۆ ئەنجامدانی شتەباشەکە بە یەکبونی گرنگترین شتە.

جەیمس ئێف دەنیگان

سەرچاوە:
گەیوو بۆ دروێنە،
لاپەڕە ١٣٥-١٣٦

دەوروبەر
بەهاکان/ بینین
ئامادەکردن
بەگەڕخستن
پێکەوەنان
پەروەردە
گواستنەوە
خشتە/ ڕێگەپێدانی دامەزراندن

دیمەنی گشتی قۆناغەکانی مەشقکردن بۆ قوتابخانەی ئینجیلی چاندنی کڵێسای شاری (کارتێکردنی جیهان)

کارتێکردنی جیهان

	پێناسەو مەبەست	کاتێک پەیوەندی هەیە بە خوازەی منداڵ-باوان
ئامادەکردن بکە ببە بەکڵێسا	**پێناسە** پێکهێنانی تیمێک لە ئەندامانی بانگکراو ئەوانەی خۆیان ئامادەدەکەن بۆ چاندنی کڵێسایەک لەژێر ڕێبەری (ڕۆحی پیرۆز) **مەبەست** داوا لەخودا بکە سەبارەت بە کۆمەڵگاو دانیشتوانی ئامانج بۆسەر کراو و پێکهاتنی تیمی چاندنی کڵێساکەت و ئەنجامدانی توێژینەوە لەسەر پێویستیەکانی و هەلەکانی	بڕیار و بیرۆکەی گشتی
بەگەڕخستن بکە کڵێسا فراوان بکە	**پێناسە** چونەناو کۆمەڵگا هەڵبژێردراوەکە بە ئەنجامدانی ڕووداوی ئینجیلی لەناو دانیشتوانی ئامانج بۆسەرکراو **مەبەست** تیم کۆبکەوە و خۆبەخشان وەربگرە بۆئەنجامدانی ڕووداوی ئینجیلی و چالاکی خزمەتکردنی گشتگیری ئەوکەسانەی ناتوانن بڕۆنە کڵێسا بۆ بردنەوەی هاوڕێ و هاوسێکان بۆ مەسیح	بایەخی بەرلەدایک بوون
پێکەوەنان بکە کڵێسا دابمەزرێنە	**پێناسە** کۆکردنەوەی خانەکانی ئەوانەی باوەڕیان هێناوە بۆ پێکهێنانی ئەنجومەنێکی باوەڕدارانی خۆجێیی کاتێک کڵێسا نوێیەکە ڕادەگەیەنێت لای هاوسێکان لەکۆمەڵگاکە **مەبەست** کۆمەڵەکانی خانە و لێکۆڵینەوەی کتێبی پیرۆز و هاوڕێیەتی ماڵ پێکبهێنە بۆ بەدواداچون و مزگێنی دان و گەشەی بەردەوام بەرەو لەدایک بوونی ئاشکرای کڵێساکە	لەدایک بوونی منداڵ
پەروەردە بکە کڵێسا پێبگەیەنە	**پێناسە** پەروەردەکردنی ئەندام و قوتابێتی ڕابەرایەتی کردن و تواناداں بە ئەندامان بۆئەوەی بە بەهرەی ڕۆحی خۆیان کاربکەن هەروەها دامەزراندنی ژێرخانێکی بەهێز لەناو ئەنجومەنی کڵێساکە **مەبەست** گەشەبدە بە قوتابێتی کۆمەڵ و تاکەکەس بەپڕکردنەوەی ڕۆڵە گرنگەکان لەناو جەستەدا لەسەر بنەمای لێپرسراوێتی و بەهرەی ئەندامان	گەشە و بایەخدان بە منداڵ
گواستنەوە بکە کڵێسا بخە بەردەست	**پێناسە** توانادان بە کڵێسا بۆ سەربەخۆیی بە پۆشتەکردنی ڕابەران بۆ خۆبەڕێوەبردن و گواستنەوەی دەسەڵات و دروست کردنی ستراکتور بۆ سەربەخۆیی دارایی **مەبەست** دەسەڵات بدە بە ئەندامان و پیران و قەشە دابمەزرێنە و کۆمەڵەی کڵێسا دابمەزرێنە	گەیووی بۆ پێگەیشتن

سەرچاوە: گەیوو بۆ دروێنە، لاپەڕە ١٨٦-١٨٧

سەرنجی پرسیار دەربارەیلەماوەی دایەلۆگ	چاکەی گرنگ و بەدکاری مەترسیدار	گرنگترین خاڵ
پرسیارەکان دەربارەی: • ئامادەکردنی تیمەکەت • کۆمەڵگای ئامانج بۆ سەرکراو • دەستپێشخەریە ستراتیجیەکانی نوێژ • لێکۆڵینەوەی دێمۆگرافی	**چاکە** کرانەوە بۆ یەزدان **بەدکاری** گریمانەکردن و ” ئیفلیجی شیکاری“	گەشەبدە بەماوەی گوێ گرتن و بیرکردنەوە
پسیارەکان دەربارەی: • کارەکتەرو ژمارەی تیمە ئینجیلیەکان • گەیاندن و ڕێکلامی ڕووداوەکان • وەرگرتن و ڕێکخستنی خۆبەخشان • ناسنامەو ناوی چالاکی خزمەتکردنی ئەوکەسانەی ناتوانن بڕۆنە کڵێسا	**چاکە** ئازایەتی بۆ بەشداری پێکردنی کۆمەڵگا **بەدکاری** ترساندن و لووتبەرزی	دەستپێشخەری بەشداریکردنت بکە بە بوێری و باوەڕبەخۆبوونەوە
پرسیارەکان دەربارەی: • بەدوادا چوون و گرتنەخۆی باوەڕدارانی نوێ • پێکهێنانی ژیانی کۆمەڵەی بچوک • کارەکتەری خواپەستی ئاشکرا • ڕێ وشوێن و ستراکتوری کڵێسای سەرەتایی • گەشەو ژیانی جەستەی سەرەتایی • هاوڕێیەتی کەلتوری کڵێساکە	**چاکە** ژیری بۆ درکپێکردنی کات گرتنی خودا **بەدکاری** بێئارامی و ترسنۆکی	ئاهەنگی ڕاگەیاندنی جەستەت بە خۆشیەوە بگێڕە
پرسیارەکان دەربارەی:	**چاکە** سەرنج بخە سەر کرۆکە وەفادارەکە **بەدکاری** پشت گوێخستن و جڵەوگرتنی هەموو وردەکارییەکی کارکردن	سەرنج بخە سەر وەبەرهێنان لە وەفادارەکاندا
پرسیارەکان دربارەی: • لەخۆگرتن • ئەندامێتی و کۆمەڵە • گواستنەوەی ڕابەرایەتی کردن • گواستنەوەی مزگێنی دەر • زۆرکردنی بەردەوام	**چاکە** پشتبەستن بە توانای (ڕۆح) **بەدکاری** شێوەی باوکانە و خستنە بەردەستی خێرا	بەرپرسیارێتی ڕادەست بکە بە باوەڕبە خۆبونەوە بەکارکردنی بەردەوامی (ڕۆح)

بنەماکانی چاندنی کڵێسای فرەکەلتوری

کارتێکردنی جیهان

١	عیسا یەزدانە	مەتتا ٩: ٣٧-٣٨
٢	مزگێنی بدە و پۆشتەبکە و توانابدە بەو خەڵکانی کڵێسا پێیان نەگەیشتووە بۆئەوەی ئەوانیش بگەن بە خەڵک	١ سالۆنیکی ١: ٦-٨
٣	گشتگر بە: هەرکەسێک بێت بیەوێت بریاری هاتن بدات	ڕۆمەکان ١٠: ١٢
٤	بە کەلتوری بێلایەن بە: تەنیا وەک خۆت وەرە	کۆلۆسی ٣: ١١
٥	دورکەوە لە مێشکی قەڵا	کردارەکان ١: ٨
٦	لە مزگێنی دان بەردەوامبە بۆ ئەوەی لە وەستان دورکەویتەوە	ڕۆمەکان ١: ١٦-١٧
٧	بەربەستەکانی ڕەگەزپەرستی و چینی کۆمەڵایەتی و جەندەر و زمان تێپەڕێنە	١ کۆرنسۆس ٩: ١٩-٢٢
٨	ڕێزبگرە لە باڵادەستی کەلتورە وەرگرەکە	کردارەکان ١٥: ٢٣-٢٩
٩	دورکەوە لە پشت بەستن	ئەفسوس ٤: ١١-١٦
١٠	بیربکەوە لەتواستی بەرهەم هێنانەوە	٢ تیمۆساوس ٢: ٢ و فیلیپی ١: ١٨

سەرچاوە: چاندنی کڵێسا لەناو هەژارانی شار، لاپەرە ٢٥٤

لاهوتی کەلتور و هەژار

سەرچاوە:
گەیوو بۆ دروێنە،
لاپەڕە ١٩٥-٢٠٠

لەسەر " دەسەڵاتدان بە هەژارانی شاری" ی (کارتێکردنی جیهان)

قەشە دکتۆر دۆن ئێڵ داڤیس

لەوەتەی دامەزراندنمانەوە کە زیاتر لە ٤٠ ساڵ (کارتێکردنی جیها) بە پێشبینیکەرانە قسەی کردووە سەبارەت بە هەڵبژاردنی هەژاران لەلایەن خوداوە و پشت گوێ خستنی بێزیانی هەژارانی شاری ناوخۆی ئەمەریکا لەلایەن کڵێسای ئینجیلیەوە و پێویستی بۆ مزگێنی دان و قوتابێتی و چاندنی کڵێسا لەو کۆمەڵگا هەژارە شاریانەی کڵێسا نەگەیشتووە پێیان. ئێمە باوەڕمان وایە کە دەبێت مزگێنی باوەڕپێکراو ئینجیل نیشان بدات کاتێک گەواهی دەدات بە وشەی جاڕدراو و کرداری بەرجەستە. پاش ڕەچاوکردنی ئەمە ئێمە جەختمان کردۆتەسەر ئەوەی لەو کۆمەڵگایانە بژین کە خزمەتیان دەکەین و بایەخ بدەین بە پێویستیەکانی هەموو کەسەکە و هەروەها ئەندامانی هەموو خێزانە شاریەکە. ئێمە داوای ئەم شایەتیەمان کردووە بەو ئامانجەی کۆمەڵگاکان ببینین مەسیح پێیان گەیشتووە و گۆڕیونی کاتێک باوەڕمان هەیە ئەوانەی لەشار دەژین و هەژارن دەتوانن توانایان بدرێتێ بەو ئازادی و تەواوی و دادپەروەریەی (شانشینی خودا) بژین کە لە کڵێسا خۆجێیەکان و بزوتنەوەکانی چاندنی کڵێسای شاری سەرکەوتوودا زیادکراون. هەموو بینین و نوێژ و هەوڵەکانی ئێمە کۆکراوەتەوە لەسەر کۆمەڵەیەکی کۆمەڵایەتی تایبەت کە " هەژارانی شار"ە و پابەندبوونی ئێمە بۆ تواناندان بەوان لەڕێگەی هەموو لایەنەکانی کارەکەمان.

لەکاتێکدا ڕەنگە دەستەواژەی " هەژارانی شار" تێگەیشتنی هەڵەی بۆبکرێت ئا بەهەڵە بەکاربهێنرێت، ئێمە بڕیارمانداوە ئەو دەستەواژەیە بەکاربێنین بەواتای مەرجداری خۆمان کاتێک لەلایەن لاهوتی تایبەت بەکتێبی پیرۆز و کۆمەڵناسی شاریەوە ئاشکراکراوە. ئێمە زاراوەکە بەکاردێنین بۆ دەستنیشانکردنی ئەوانەی خودا دەسەڵاتی داوە بەئێمە خزمەتیان بکەین هەروەها بۆ نوێنەرایەتی کردنی بانگی پێشبینیکەرانەی خودا بۆ جاڕدانی (هەواڵی خودا) لای هەژاران لە هەردوو کڵێسا و کۆمەڵگا بە گشتی.

بەدڵنیاییەوە دەبێت ئەو ڕاستیە ئاشکرابکرێت کە لەوانەیە زاراوەی "هەژارانی شار" بەئاسانی بەهەڵە پەیڕەوبکرێت و بەهەڵە بەکاربهێنرێت. شاری ئەمەریکا بە ئاشکرایانە جۆراوجۆرە و بەقوڵی ئاڵۆزە لە تێکەڵاوی چینی کۆمەڵایەتی و کەلتور و ڕەگەزێتی خۆی. لەناو جۆراوجۆری وا زۆردا دەستەواژەیەکی وەک "هەژارانی شار" ڕەنگە لەیەکەم سەیرکردندا دەرکەوێت زیاد لەپێویست نیشانەیی بێت بۆئەوەی گونجاوبێت وەک ناولێنانێکی پوختەی ئەوانەی ئێمە خزمەتیان دەکەین کاتێک تاڕادەیەک وشک و ئەکادیمییە. بەبێئەوەی بەڕوونی دیاری بکەیت تۆ مەبەستت چییە کاتێک تۆ بەکاری دێنیت ئەوا بەئاسانی دەبێت بە وەسفکردنێکی ناهەقانە کە مەیلی دەبێت بۆ بهێزکردنی وێنەباوەکان کاتێک هانی گشتیکردنەکان دەدات دەربارەی نیشتەجێبووانی شار کە یا زۆر تەمومژاوین یا زۆر گشتین تا سودبەخش بن.

لەوەش زیاتر ڕەنگە تەنانەت هەندێک کەس پێشنیار بکات زمانی وەها بەکاردێت بۆ کارتێکردنی هەژێنی خۆی، بۆ "جیرۆکی سۆز وروژێن" کە بەفراوانی بەکاردێت بۆ هێنانەدەرەوەی وەڵامی بەخشەر بەبێ دابینکردنی زانیاری ڕوون لەسەر کۆمەڵگا یا کۆمەڵەیەکی دیاریکراو. مشتومڕ دەکرێت کە زمانی وەک "هەژارانی شار" هانی گشگیرکردنی زیاد لە پێویست دەدات کاتێک بەکارهێنانی زاراوەی وەها بۆ وەسفکردنی

دەوروبەر
بەهاکان/ بینین
ئامادەکردن
بەگەڕخستن
پێکەوەنان
پەروەردە
گواستنەوە
خشتە/ ڕێگەپێدانی دامەزراندن

سەرچاوە:
گەیوو بۆ دروێنە، لاپەڕە ١٩٥-٢٠٠

هەزاران، تەنانەت ملیۆنەها کۆمەڵگا و کەلتوری هەمەچەشن، سووککردن و بیرکردنەوەی کەمتەرخەم و بەگشتی بچوککردنەوەیە بۆ خەڵکی شار. کەسانی تر پێشنیاردەکەن زاراوەی وەها وەک "هەژارانی شار" دەبێت زاراوەی تر شوێنی بگرێت کە زیاتر هەستیارن بۆ خەڵکی شار کاتێک پێشنیاری دەستەواژەی جێگرەوە دەکەن وەک "بێبەری کراوەکان" یا "ستەملێکراوەکان بەشێوەی ئابوری." ڕەنگە تەنانەت هەندێ کەس پێشنیار بکات کە بەکارهێنانی هەر زمانێک کە جیاوازیەکی دیاریکراو دووپات دەکاتەوە لەنێوان نیشتەجێ بووانی شار لەسەر بنەمای چینی کۆمەڵایەتی نەگونجاوە و بەناپێویستی دووبەرەکی دروستدەکات لەناو ئەوانەی مەسیح لەپێناویان مرد.

لەکاتێکدا ئەمانەو مشتومڕە پەیوەندیدارەکان هەندێک ڕەواییان هەیە بەتایبەتی بۆ ئەوانەی دەستەواژە بەکاردێنن وەک ئەمە لە ڕەفتارێکی بێ هەستانەو بێ بیرکردنەوانە، هیچیان نە بە جیا و نە پێکەوە بەکارهێنانی یاسایی ئەو زاراوەیە بێ شایستە ناکات. بۆ زیاتر لە چوار دەیەیە وەک ڕێکخراوێکی نیشتمانی مزگێنی (کارتێکردنی جیهان) بەبوێرانە دانیشتوانی ئامنج بۆ خراوە سەری خۆی دەستنیشان کردووە وەک ئەوانەی لە شاردا نیشتەجێن و بەشێوەی ئابوری کۆمەڵایەتی هەژارن. ئێمە زمانی "هەژارانی شار" بەکاردێنین لەم ڕوانگەیەوە کاتێک ئاشکراکراوە لەلایەن زانستی دیمۆگرافیا لەشار و فێرکردن لەلایەن نوسراوەپیرۆزەکانەوە سەبارەت بە پابەندبوونی خودا بە هەژاران.

هەژاری لە ویلایەتە یەکگرتووەکان بەردەوامە لە بەرزبوونەوە. لەو داتایەی کۆکراوەتەوە لە کۆتاییەکانی ساڵی ٢٠١٠ ڕێژەی هەژاری لە زیادکردندا بووە بۆ لەسەدا ١٥.١ لە ساڵی ٢٠١٠ کە لەسەدا ١٤.٣ بووە لەساڵی ٢٠٠٩ و لەسەدا ١٣.٢ بووە لەساڵی ٢٠٠٨.
بەگوێرەی دەستەی ڕاوێژکارانی (پەیمانگای شار) ٤٦.٢ ملیۆن کەسی هەژار هەبووە لە ساڵی ٢٠١٠ بەبەراورد لەگەڵ ٤٣.٢ ملیۆن لەساڵی ٢٠٠٩ بەو هەڵسەنگێنەرەی دەرئەکەوت بەرزتر لەوەی هەبوو لەوەتەی ساڵی ١٩٩٣ (پەیمانگای شار، پڕۆژەی گەڕاندنەوە بۆباری ئاسایی و بێکاری ، ١٣ ئەیلول ٢٠١١). بازاری ئیشی سست و بێکاری زۆر و ڕێژەی بەرزبووی هەژاری بەکتوپڕی و سەرسوڕهێنەری کاریکردە سەر کۆمەڵگا شاریەکان، کە بەتەواوی هەزاران خێزان داهات و دەست گەیشتنیان نەبووە بۆ سەرچاوەی بنەڕەتی بۆ ئەوەی بژین و بمێننەوە. (کارتێکردنی جیهان) بەکراوەیی و بێ تەریق بوونەوە سەرنج دەخاتە سەر کات و بایەخی خۆی بۆ مزگێنی دان و پۆشتەکردن و تواناداان بەوانەی لەکۆمەڵگای توندوتیژ و تاوان و خیزانی هەڵوەشاو و هیوابڕاوی گشتین کە هەژاری و نائومێدی دەیهێنێ.

ئێمە زاراوەی "هەژارانی شار" بەکارناهێنین تەنیا بۆئەوەی بەڕوونی ئەو دانیشتوانە دەستنیشان بکات کە ئێمە مێژووییانە بۆی بانگ کراوین. هەروەها ئێمە ئەو زاراوەیە بەکاردێنین لەبەر واتای پێشبینیکەری هەژارەکان لە نوسراوی پیرۆزدا. دەیان دەق لە (پەیمانی کۆن و نوێ) دیدگایەکی هاوتا ئاشکرادەکەن سەبارەت بە خودا و ئەوانەی هەژارن. ئەوانە نیشانی دەدەن کە خودا هەمیشە لێپرسراوێتیەکی هەبووە بۆ ئەوانەی ەزیان نیە یا سەرچاوەیان نیە یا پارەیان نیە یا پێویستیەکانی ژیانیان نیە. ئەو ستاندەرەی خودا داویەتی بە گەلی پەیمانی خۆی سەبارەت بە هەژاران پابەندبوونی خۆی ئاشکرادەکات بۆ بێدەرەتانەکان و هەموو ئەو کۆمەڵەو چینانەی پەیوەندیان بەوانەوە هەیە. ئەوە ڕوونە کە (پەیمانی کۆن) ژمارەیەکی کۆمەڵەکان لەخۆدەگرێت کە زۆر نزیکن لە هەژارانەوە کە پێکدێن لە هەتیوو و بێوەژن و کۆیلەو ستەملێکراو (بۆ نمونە دواوتار ١٥ و روث و ئەشعیا ١). ئەوانەی قۆزتنەوەیان دەکرد و قازانجی هەلپەرستانەیان دەکرد لە کەسانی بێ بەرگە

دەوروبەر
بەهاکان/ بینین
ئامادەکردن
بەگەڕخستن
پێکەوەنان
پەروەردە
گواستنەوە
خشتە/ ڕێگەپێدانی دامەزراندن

سەرچاوە:
گەیوو بۆ دروێنە،
لاپەڕە ١٩٥-٢٠٠

بەهۆی هەژاری و لاوازیبیانەوە حوکم دەدران و هانی بەزەیی و نەرم و نیانی دەدرا چونکە ستاندەری جیهانی خەڵکی خودا لە لەبەر خاتری هەژارانە. (یاسا)کە فەرمانی زۆری دابین کرد سەبارەت بە مامەڵەکردنی دادوەرانە و میهرەبانی هەژاران و دەست کورتان و داخوازی بۆ دابینکردنی خواردن بۆ برسی و بێدەرەتانەکان و بۆ مامەڵەکردنی میهرەبانی هەژاران (دواوتار ١٥: ١١)

(پەیمانی نوێ) دڵی خودا ئاشکرا دەکات بۆ هەژاران کە ڕوون بووە بە بەرجەستەکردنی عیسا. عیسا لە دەستپێکی ووتارەکەیدا جاڕیدا کە ئەو بە (ڕۆحی خودا) پیرۆزکراوە بۆ جاڕدانی (هەواڵی خۆشی شانشین)ەکە بۆ هەژاران (لوقا ٤: ١٨ و ٦: ٢٠) هەروەها ناسنامەی مەسیحی خۆی دووپاتکردەوە بۆ یوحەننای لەئاو هەڵکێش کاتێک ووتاری بۆ هەژاران دەگوت لەگەڵ چاککردنەوە و پەرجووەکان (لوقا ٧: ١٨-٢٣). یازدان دادپەروەری زاکایەسی بۆ هەژاران ڕایگەیاند وەک نیشانەیەکی ڕزگاری ئەو (لوقا ١٩: ٨-١٠) ، هەروەها ڕێک و ڕەوان خۆی ناساند لەگەڵ ئەوانەی نەخۆش بوون و لە بەندیخانە بوون و نامۆ بوون و برسی و تینوو و ڕووت بوون (مەتتا ٢٥: ٣١-٤٥). هەموو لایەنێکی ژیان و قەشەگەری عیسا بەیەک دەگەیشت لەگەڵ پێویستیەکانی ئەوانەی سەرچاوەو پارەیان نەبوو و بۆیە دەتوانران بەئاسانی بقۆزرێنەوە و ستەمیان لێبکرێت و قازانجی هەلپەرستانەیان لێ بکرێت.

لە کردارەکان و نوسینەکانی (نێردراوان)دا هەروەها ئێمە وتەی ڕوون دەبینین سەبارەت بە هەڵبژاردن و بایەخدانی خودا بەوانەی بەشێوەی ئابوری هەژارن. یەعقوب ٢: ٥ دەڵێت خودا هەژارانی هەڵبژارد لەم جیهانە دەوڵەمەند بن لە باوەڕ و ببن بەمیراتگری ئەو (شانشین)ەی ئەو بەڵێنی دا بەوانەی کە ئەویان خۆش دەوێت. پۆڵس بە کۆرنسۆسەکانی گوت کە خودا شتە گەوجەکانی جیهانی هەڵبژارد وا لەشتە ژیرەکان بکەن شەرم بیان گرێت و شتە لاوازەکانی جیهان وا لە شتە بەهێزەکان بکەن شەرم بیان گرێت و شتە نزمەکان و ڕسواکانی ئەم جیهانە ئەو شتانە پوچەڵ بکەنەوە بۆئەوەی هیچ یەکێک نەتوانێت خۆهەڵکێشان بکات لە ئامادەبوونی ئەودا (١ کۆرنسۆس ١: ٢٧-٢٩). ئەم دەقە و دەقەکانی تر دیمەنی ئێمە بۆ هەژاران ئەستوور دەکات تەنیا لەبەر ئەوەی شمەک و کارگوزاری و سەرچاوەیان نیە: لەوەش زیاتر هەژاران ئەوانەن کە پێویستیان هەیە وایان لێ دەکات بێ بەرگە بن لە کاریگەری پێویستیەکەیاندا و قۆزینەوەی جیهان، هەروەها ئەوەندە پەرۆشن تا بەتەنیا پشت ببەستن بە هێزی خودا.

بە بەکارهێنانی زاراوەی "هەژارانی شار" ئێمە ڕوونی دەکەینەوە کە دانیشتوانی ئامانج بۆ سەر کراو کە ڕێبەری بڕیارەکان و چالاکی خزمەتکردنی قەشەگەرییەکەی ئێمە بۆ ئەوکەسانەی ناتوانن بڕۆن بۆ کڵێسا، دەکات، هەروەها بە کراوەیی و بێ تەریق بوونەوە گەواهی دەدەن بۆ دیدگای کتێبی پیرۆز لە پابەندبوون و هەڵبژاردەی خودا بۆ خەڵکی بێ بەرگە و دەست کورت و مەترسی لێ کراو لەناو کۆمەڵگاکەماندا. ژمارەی نیشتەجێ بووانی شاری لە ژمارەی دانیشتوانەکانی تر زیاترە ئەمڕۆ و شارەکانیشمان بوون بە موگناتیس بۆ کۆچ کردنی گەورەی خەڵکانی شار بۆ باشترکردنی ئابووری. ئێمە باوەڕمان وایە کە " تواناداان بە هەژارانی شار" لەڕووی مزگێنییەوە ستراتیجی هەیە و لەڕووی پێشبینییەوە بەهێزە. لە ڕووی مزگێنییەوە دەستەواژەکە ستراتیجی هەیە چونکە ئەوە بە ڕاستی واتای ئەوەیە ژمارەیەکی زۆری خەڵک ئینجیلی مەسیح پێیان ناگات و لە شارەکانی ئێمە نیشتەجێن. لەڕووی پێشبینییەوە ئەوە بەهێزە چونکە ئەوە بانگی بوێر و بێ تەریق بوونەوەی ئێمە ئاشکرا دەکات بۆ شوێن کەوتنی عیسا و ڕێزی ئێمە بۆ هەژارترین هەژار

دەوروبەر
بەهاکان/ بینین
ئامادەکردن
بەگەڕخستن
پێکەوەنان
پەروەردە
گواستنەوە
خشتە/ ڕێگەپێدانی دامەزراندن

سەرچاوە:
گەیوو بۆ دروێنە،
لاپەڕە ١٩٥-٢٠٠

ئاشکرا دەکات و ئەو باوەڕەی ئێمە ئاشکرادەکات کە خودا بانگی هەژاران دەکات ببن بە ئەندامی کڵێساکەی ئەو و باوەڕبەخۆ بوونی ئێمە ئاشکرا دەکات کە هەژارانی شار شوێنێکی گرنگیان هەیە بۆ پەروەردەکردنی ئەو ڕابەرانەی دەگەنە شارەکانی ئێمە و ئەودیو سنوور.

سوودی زاراوەی ” هەژارانی شار“ و هاوسێ و هاوڕێ و بەخشەر و شەریکی نوێژی (کارتێکردنی جیهان) چییە؟ پێش هەموو شتێک ئێمە زاراوەکەمان بەکارهێناوە بەڕوونی و بە وریاییەوە بۆ ئەوەی یارمەتی هەریەکێک بدات لەناو بریکاری مزگێنیەکەماندا بەووردی ئەوانە بناسێت کە خودا بانگی ئێمەی کردووە بگەین پێیان. ئێمە ئەو خێزان و تاکەکەسانەمان خۆش دەوێت کە ئێمە لە شارەکەدا خزمەتیان دەکەین و نابێت هەرگیز زمان بەکاربێنین (ئەم دەستەواژەیە یا هەرچییەکی تر) بۆ شوورەیی دان یا قۆزتنەوەی پەیوەندیەکەمان لەگەڵیاندا. ئێمە ئەم زاراوەیە بەکارناهێنین وەک وەسفکردنێکی ناهەقانەی وێنەباوەکان و هەندێک سیفەتی سووک و ناشرین بۆ ئەوەی سنووردابنێت بۆ توانای شاراوەیی کۆمەڵگاکان لەوشوێنانەی ئێمە دەژین و کاردەکەین. زیاتر ئێمە دەستەواژەکە لە بابەتەکانماندا بەکاردێنین بۆ ئەوەی بە ڕوونی و ڕاستگۆیانە بیگەیەنین و بە هاندەرانە مشتومڕبکەین لەسەر پێشینەی ئەم ڕووبەرەی بۆماوەیەکی زۆرە پشتگوێ خراوە لە مزگێنی ئینجیلیدا. لەسەرەتادا ئێمە بەبێ شەرم کردن ژیان و سەرچاوەکانی خۆمان پابەند کرد بۆ دروستکردنی قوتابی و چاندنی کڵێسا لەناو هەژارانی شاریی ئەمەریکا. ئەمە سەرکارییەک و چالاکی دووری بانگی تاکەکەسی و کۆمەڵەی ئێمەیە وەک مزگێنیدەرانی مەسیح.
خوانەکات هیچ کەس لەئێمە زمانی وەها بەکاربێنێت بۆ لەکەدارکردنی خودی ئەو کەسانەی مەسیح لپێناویان مرد و ئەو کەسانەی ئێمە بۆیان بانگ دەکرێین هەروەها ئەوکەسانەی کە ئێمە باوەڕمان وایە گرنگترین شتن بۆ مزگێنی ئایندە لەئەمەریکا و لەودیو سنووریشەوە! قسەکردن بەڕوونی سەبارەت بە بانگ کردنی ئێمە ئەرکی خۆمانە، کە هەرگیز شوورەیی کردن و سووککردنی هیچ لەو کەسانە لەخۆ ناگرێت کە ئێمە بانگ دەکرێین بۆیان. لەپێناوی مزگێنی خۆمان و بەخشەرانی خۆمان و ئەوانەی ئێمە خزمەتیان دەکەین دەبێت ئێمە ڕوون وئاشکرابین سەبارەت بەو دانیشتوانەی ئێمە ئامانجمان خستۆتەسەر و بەهەمان شێوە دەبێت ئێمە هەرگیز شوورەییان نەکەین و سووکیان نەکەین لەبەکارهێنانی هەرپەیوەندییەکی خۆماندا بۆ هیچ کاتێک.

لەبەرئەوە ” تواناادان بە هەژارانی شاری“ وەک زمانی پەیڕەوکراوی خۆمان نە دروشمێکە و نە دروشمێکی دڵگیریشە. زیاتر بۆئێمە ئەوە ئیش دەکات وەک وێنەیەکی بینینی تاکی ئێمە کە بریتییە لە مزگێنی تەواوکاری کاری ئێمە وەک قەشەگەرییەکی نێو مەزهەبی لە شارەکەدا. ئێمە باوەڕمان وایە کە تواناادان نە دابین کردنی پێویستیەکانە کە تەنیا مامەڵەدەکات لەگەڵ ستراکتورە بنچینەییەکانی هەژاری و نە پارێزەرانی زاڵی هەژارانن کاتێک بۆ هەتا هەتا وایان لێ بکەن پشت بەستوو بن بە خێر و خزمەتی ئێمە. وەک مزگێنیدەرانی مەسیح ئێمە باوەڕمان وایە هەژاران وەک هەموو کەسێکی تر دەتوانرێت بکڕدرێنەوە و بگۆڕدرێن و بخرێنە بەردەست تا ببن بە گەلی خودا لەناو کۆمەڵگای خۆیاندا. کاتێک خودا ویستی تواناابدات بە گەلی خۆی ئەو (ڕۆحی پیرۆز)ی خۆی نارد بۆ سەر کۆمەڵەی نێردراوان و کۆمەڵگایەکی پێک هێنا کە بە ژیانی خودا و (وشە)ی ژیان ڕایسپارد. وەڵامی خودا بۆ هەژاری و پشتگوێ خستنی سستمیانە بریتی بوو لە پێکهێنانی گەلێک کە خودی ژیانی ئەو

دەوروبەر
بەهاکان/ بینین
ئامادەکردن
بەگەڕخستن
پێکەوەنان
پەروەردە
گواستنەوە
خشتە/ ڕێگەپێدانی دامەزراندن

(شانشین)ەی بەرجەستەکرد کە ئازادی و تەواوی و دادپەروەری تیا نیشتەجێیە. ئەم کۆمەڵگایانە بە مزگێنیەک ڕاسپێردراون بۆ کۆکردنەوەی هەڵبژێردراوەکان لەناو هەژارترین و ڕووخاوترین خەڵک لەسەر زەوی و لەڕێگەی هێزی (ڕۆح) و کۆمەڵگای مەسیحی دەبینن (شانشین)ەکە دێت بۆ زەوی بە پەیوەندی نوێی میوانداری و بەخشندەیی و ڕاستی ڕێک لەو شوێنەی لێی دەژین. هەموو کڵێسایەکی ئیشکەری تەندروست بنکەیەکی دووری (شانشینی خودا)یە و دەتوانێت ببێت بەو شوێنەی کە گۆڕانی ڕاست لێی ڕوودەدات. هیچ شتێک "توانا نادات" بە هەژاران وەک ئەنجومەنێکی بچوکی باوەڕداران کە گوێ ڕایەڵی (یەزدانێتی مەسیحن)!

بە پڕچەک بوون بەم دیدگایە ئێمە بەیەک دڵ باوەڕمان وایە کە هیچ ڕێکخراوێک لەمێژووی جیهاندا ناتوانێت شکۆداری و بەهای هەژاران بناسێت وەک (کڵێسای عیسای مەسیح). پاش ڕەچاوکردنی ئەم قەناعەتە (کارتێکردنی جیهان) کۆشش دەکات بۆ چاندنی زۆرترین کڵێسا بە خێراترین شێوە لەناو ئەو کەلتورە جۆراوجۆرانەی کە هەژارانی شاری نوێنەرایەتی دەکات لە هەموو شارەکانمان و لەودیو سنووریشەوە. ئێمە قایل بووین کە هیچ ڕێکخراوێکی تری کۆمەڵایەتی پشتگیری خودا و سەرۆکایەتی مەسیح و هێزی (ڕۆح)ی نیە وەک کڵێسیەکی خۆجێیی ئیشکەری تەندروست. هەروەها هیچ شتێک توانا نادات بە کۆمەڵگایەک وەک کارئاسانکردنی بزوتنەوەکانی چاندنی کڵێسا لەناو هەژارانی شاری کە لەوێ ژیان و هێزی (ئینجیلی مەسیح) دەتوانێت بگات و تەواوی کۆمەڵگاکان بگۆڕێت وەک بنکەی دووری (شانشین)ەکە. هەموو ئەوەی ئێە ئەنجامی دەدەین بە مزگێنی و بە دادپەروەری (لە خێوەتگەکانمان و قوتابخانەکانمان و بازرگانییەکانمان و کلینیکی دان و پزیشکییەکانمان و کارەکەمان لە بەندیخانەکان و گرتووخانەکان و لەهەمووی گرنگتر هەوڵەکانمان بۆ گەشەپێدانی ڕابەرایەتیکردن و چاندنی مزگێنی) بەشداری دەکات لەم کاری توانا پێدانە. زیاتر لەوەی تەنیا پێویستیەکان دابین بکەین یا وەک پارێزەرانی هەژاران خزمەت بکەین ئێمە باوەڕمان وایە (ڕۆحی خودا) دەتوانی ئەوان بەرێتەوە و ڕابەران پەروەردەبکات و توانایانبداتێ ڕابەرایەتی بکەن و بیانخاتە بەردەست لە کرێکاریەوە لەناو خودی کۆمەڵگاکەیان بۆ باڵوێزی مەسیح. زیاتر لەوەی ببن بە وەرگری بایەخ ئێمە باوەڕمان وایە ئەوان دەتوانن وەبەرهێنان وەرگرن تا ببن بە ڕابەرانی خزمەتکاری خودا و بگۆڕی کۆمەڵگاکەیان و هاو کرێکار لە کاری (شانشینی خودا).

سەرئەنجام لەکاتێکدا لەوانەیە دەستەواژەی " تواناندان بە هەژارانی شاری" بەهەڵە بەکاربهێنرێت و بەهەڵە پەیڕەوبکرێت ئێمە لە (کارتێکردنی جیهان) بەیەک دڵ ئامێز بۆ دەستەواژەکە دەگرین نەک تەنیا لەبەر ئەوەی ئەوە دانیشتوانی ئامانج بۆسەرکراوی مزگێنیەکەمان ڕووندەکاتەوە بەڵکو هەروەها لەبەر ئەوەی ئەوە بە ڕوون و ئاشکرا بانگ کردنی پێشبینیکەرانەی ئێمە ڕادەگەیەنێت بۆ نوێنەرایەتی کردنی پابەندبوونی نەگۆڕی خودا بەرامبەر ئەو کەسانەی زۆرترین بێ بەرگەن و کەمترین سەرچاوەیان هەیە لەناوماندا. با ئێمە ڕێگە بە بەرەنگارییەکەی عیسا بدەین کە سەدان ساڵ لەمەوبەر دراوە تا بەردەوام ببێت بە نمونەو بینینی قەشەگەری ئەمڕۆ کاتێک ئێمە دەگەڕێین بۆ هێنانەدی (ڕاسپاردە مەزنەکە) لەناو هەژارانی شاریی جیهان:

سەرچاوە:
گەیوو بۆ دروێنە،
لاپەڕە ١٩٥-٢٠٠

دەوروبەر
بەهاکان/ بینین
ئامادەکردن
بەگەڕخستن
پێکەوەنان
پەروەردە
گواستنەوە
خشتە/ ڕێگەپێدانی دامەزراندن

سەرچاوە:
گەیوو بۆ درویَنە،
لاپەرە ١٩٥-٢٠٠

ئینجا پاشا بەوانەی لای ڕاستیەوەن دەفەرمووێ: " وەرن ئەی ئەوانەی باوکم بەرەکەتی پێدان، ببنە میراتگری ئەو شانشینە کەلە دامەزراندنی جیهانەوە بۆتان ئامادەکراوە، چونکە برسی بووم و نانتان دام، تینوو بووم ئاوتان دامێ، نامۆ بووم شوێنتان کردمەوە. ڕووت بووم جلتان لەبەرکردم، نەخۆش بووم سەرتان لێدام، زیندانی بووم هاتنە لام." ئەوسا ڕاستودروستان وەڵام دەدەنەوە: " گەورەم کەی تۆمان بەبرسێتی بینیوە و نانمان داویتێ، یان تینوو و ئاومان داویتێ؟ کەی تۆمان بەنامۆیی بینیوە و شوێنمان کردوویتەوە، یان بە ڕووتی و جلمان لەبەرکردوویت؟ کەی تۆمان بەنەخۆشی یان زیندانی بینیوە و هاتووین بۆلات؟" ئینجا پاشا وەڵامیان دەداتەوە: " ڕاستیتان پێ دەڵێم، هەرچییەکتان بۆ یەکێک لەم برا بچووکانەم کردووە، بۆ منتان کردووە."

مەتتا ٢٥: ٣٤- - ٤٠

دەوروبەر
بەهاکان/ بینین
ئامادەکردن
بەگەڕخستن
پێکەوەنان
پەروەردە
گواستنەوە
خشتە/ ڕێگەپێدانی دامەزراندن

جیاکەرەوەی ئێمە

پێش خستنی (شانشین)ەکە لەناو هەژارانی شاری

سەرچاوە:
نامیلکەی قەشەی باڵای ئینجیلی،
لاپەرە ١٩٥-٢٠٢

خودا هەژارانی هەڵبژاردووە

پێویست ناکات کەس لاپەرەی زۆری (پەیمانی نوێ) بخوێنێتەوە بۆ ئەوەی ئاشکرای بکات لەکوێ کڵێسا سەرەتاکە ئەو بیرۆکەیەی دەست کەوتووە کە هەژاران بەتایبەتی هەڵبژێردراون لەلایەن خوداوە بۆ وەرگرتنی ئینجیل و بڵاوکردنەوەی لەسەرانسەری جیهان. عیسا خۆی بە ئاشکرا ڕایگەیاند کە ئەو بە مەبەستەوە وتاری ئینجیل دەدات بە هەژاران (لوقا ٤: ١٨، لوقا ٦: ٢٠) و تەنانەت پێشنیاری کرد ئەم کردارە یارمەتی نیشاندانی ئەوەی دا ئەو بەڕاستی (مەسایا) یە (مەتتا ١١: ٢-٦).

وشەی "هەڵبژارد" و "هەڵبژێردرا" لە کتێبی یەعقوبی ٢ و ١ کۆرنسۆسی ١ لە وشەی یۆنانی (ئێکلێگۆمای)ەوە دێت کە واتای "چاکەکردن لەگەڵ هاوڵاتی هەڵبژێردراو....ئەوە پێکدێت لە پەسەندکردن و هەڵبژاردن لەناو بژاردەی زۆردا." لە دەوروبەری تردا ئەوە بەکاردێت بۆ وەسفکردنی بژاردەی "هەڵبژاردن" کە لەلایەن خوداوە (مەرقوس ١٣: ٢٠) و هەڵبژاردنی قوتابیەکان لەلایەن عیساوە (لوقا ٦: ١٣).

کاتێک بنەما لەسەر فێرکردنەکانی عیسا دادەنرێت، دۆزینەوەی وتەی زۆر ڕوون نا ئاسایی نییە لە (نامەکاندا) دەربارەی بژاردە و چاوەڕوان بوونی خودا لەوانەی هێزیان نیە و سەرچاوەیان نیە و پارەیان نیە. بۆ نموونە، یەعقوب فێردەکات:

> خوشک و برا خۆشەویستەکانم، گوێ بگرن: ئایا خودا هەژارانی ئەم جیهانەی هەڵنەبژاردووە لەباوەڕ دەوڵەمەند بن و میراتگری شانشین بن کە بەڵێنی داوە بیدات بەوانەی خۆشیان دەوێت؟
>
> "یەعقوب ٢: ٥"

بە هەمان شێوە پۆڵس دەنوسێت:

> بەڵام خودا ئەوانەی هەڵبژارد کە بەلای جیهانەوە گێلن، تاکو داناکان شەرمەزاربن، لاوازەکانیب هەڵبژارد تاکو بەهێزەکان شەرمەزاربن. خودا پایەنزمەکانی جیهان و ڕق لێبووەو ئەوانەی هەڵبژارد کە هیچ نەبوون، تاکو ئەوانە لەناو ببات کە خۆیان بەشت دەزانن، تاکو هیچ مرۆڤێک لەبەردەم خودا شانازی نەکات.
>
> ١ کۆرنسۆس ١: ٢٧-٢٩

ئەم بیرۆکانە بیرۆکەیەکی سەرەکی نوێ نین لەلایەن نوسەرانی (پەیمانی نوێ) وە پێشکەش کرابن. لەبری ئەوە ئەوان بە ڕاستگۆیانە ڕەنگدانەوەی فێرکردنەکانی (پەیمانی کۆن)نن دەربارەی ئەوەی چۆن خودا پەیوەندی هەیە بە هەژارانەوە. یەک توێژەر فێرکردنی (پەیمانی کۆن) دەربارەی هەژاران کورت دەکاتەوە بۆ سێ بنەما.

١- خودا خەمێکی تایبەتی هەیە بۆ هەژاران.

٢- دەبێت گەلی خودا خەمی هاوشێوە نیشان بدات (بۆ هەژاران).

٣- هەژاران زۆرجار بە ڕاست و خواناس دەناسێنرێن.

دۆگلاس جەی موو، جەیمس، زنجیرەی لێدوانی تیندێل بۆ (پەیمانی کۆن)، جێن. ئێد. لیۆن مۆریس. لایسێستەر، خورێنی مەزن- ئینگلتەرا، ئێم ئای: ئای ڤی پی – ئێردمانس، ١٩٨٥. لاپەرە ٥٣-٥٤

سەرچاوە: نامیلکەی قەشەی باڵای ئینجیلی، لاپەڕە ١٩٥-٢٠٢

هەژاران کێن؟

> لەفێرکردنەکەی عیسادا سامانی مادە بە بەدکار ڕەچاوناکرێت بەڵکو بە مەترسیدار. هەژاران بەزۆری نیشاندەدرێن لە دەوڵەمەند دڵخۆش تر بن، چونکە بۆ ئەوان ئاسانترە بۆچوونێکی سەربەخۆیان هەبێت لەسەر خودا.
>
> ئار. ئی. نیکسن. " هەژاری." فەرهەنگی ڕوونکردنەوەی وێنەیی کتێبی پیرۆز. نوسەران جەی. دی. دۆگلاس و کەسانی تر. لایسێستەر، ئینگلتەرا، ئای.ڤی.پی.، ١٩٨٠. لاپەڕە ١٢٥٥.

بۆ تێگەیشتن لە بژاردەی هەژاران لەلایەن خوداوە ئەوە گرنگە تێبگەیت "هەژاران" کێن. ئەو ڕێگایەی کە نوسرای پیرۆز زاراوەی "هەژاران" بەکاردێنێت هاوشێوەیە و جیاوازیشە لەو ڕێگایەی ئێمە بەزۆری بەکاری دێنین.

١- وشە یۆنانییەکەی لە (پەیمانی نوێ) بەکارهێنراوە بەشێوەی سەرەکی هەمان شتە وەک وشە ئینگلیزییەکەی ئێمە " هەژار". ئەوە وەسفی یەکێک دەکات کە بەشێوەی ئابووری بێ بەری دەکرێت، یەکێک کە پارە یا سەرچاوەی بێ سەروزیادی نیە. بەهەرحاڵ کاتێک ئەم وشەیە لەلایەن نوسەرانی (پەیمانی نوێ) وە بەکاردەهێنرێت لەوە دەچێت ئەوان پشت ببەستن بە تێگەیشتنی وشەی " هەژار" لەلایەن (پەیمانی کۆن)ەوە. بەم شێوەیە لە (پەیمانی نوێ)دا هەژاران بریتین لە " ئەوانەی پارەی بێ سەروزیادیان نیە" (تێگەیشتنی یۆنانی) لەگەڵ " شتێکی تر" (تێگەیشتنی عیبری).

٢- ئەم "شتێکی تر"ە تێگەیشتنێک بوو بەدرێژایی زەمانە گەشەی پێدرا لە نوسراوە پیرۆزە عیبرییەکاندا. لە (پەیمانی کۆن)دا " هەژاران" ئەوانەن کە ئەوەندە بێ هێز و ناسەربەخۆن کە بێ بەرگەن بۆ ئەوەی بەهەڵە بەکاربهێنرێن لەلایەن ئەوانەی کارتێکردنیان هەیە لەناو کۆمەڵگادا. جەخت کردنەکە لەسەر ئەوەیە ئەوان لە دیوە هەڵەکەی پەیوەندین لەگەڵ ئەوانەی لە هێزدان. لەبەر ئەوە لە (پەیمانی کۆن) هەژاران واتای ئەو خەڵکانە بووە کە سێ تایبەتمەندێتیان هەبووە:

أ. ئەوان ئەو پارە و سەرچاوانەیان نیە کە پێویستیان پێیەتی.

ب. ئەوان بۆ سوود وئامانجی نابەجێ بەکاردەهێنرێن لەلایەن ئەوانەی پارەو سەرچاوەیان هەیە، و

ت. ئەنجامەکەی ئەوەیە دەبێت ئەوان بە بێ فیزی ڕووبکەنە خودا وەک تەنیا سەرچاوەی پرێزگاریکردنیان.

٣- لەبەر ئەوە، لە بۆچوونی لاهوتیەوە ئێمە دەتوانین بڵێین کە کتێبی پیرۆز پێناسەی "هەژاران" دەکات وەک:

سەرچاوە: نامیلکەی قەشەی باڵای ئینجیلی، لاپەڕە ١٩٥-٢٠٢

ئەوانەن کە پێویستیەکانیان ئەوەندە پەرۆشیان دەکات تا بەتەنیا پشت ببەستن بە خودا.

> باوترینی ئەم وشانە [بۆ هەژاران] کە 'ny و خزمە نوێیەکەشی 'nw وە مەودایەکی فراوانتری هەیە زیاتر لەوەی بەسادەیی نیشانەی باری ئابووری کۆمەڵایەتی بێت....'ny ئاماژەدەکات بۆ یەکێک ئەوەندە بێ هێزو ناسەربەخۆیە کە بێ بەرگە دەبێت بۆ بەکارهێنان بۆسوودی نابەچی لەلایەن ئەوانەی بنکەی هێزیان هەیە. بەم شێوەیە جەختەکە زیاتر دەکەوێتە سەر پەیوەندییەکی ئابووری کۆمەڵایەتی وەک لەسەر سامانی مادەی وەها. بەڵام هێشتا ئەم پەیوەندییە بێ هێزو و ناسەربەخۆیە بۆتە هۆی ئەوەی یەکێک پشت ببەستێت بە خودا بۆ پێویستییەکان و پاکانەکردنەکەی خۆی. ئەم پێگە بێ فیزییەی هەژاران کە دوورە لە بانگەشەی ناڕاست لەبەردەم خودا، ڕەنگدانەوەی لایەنی ئاینییە و زۆر جار لە زەبوورەکان دەردەکەوێت....بەڵام لایەنی ئاینی هەرگیز بەدەرنیە لە ئابووری کۆمەڵایەتی. هەردوو توخمەکە تەواوکاری 'ny ین.....بەکورتی هەژاران لە یەهودێتیدا ئاماژەی کردووە بۆ ئەوانەی لە پێویستی پەرۆشدان (توخمی ئابووری کۆمەڵایەتی) کە بێ چارەییان ئەوانی بردووە بۆ پەیوەندی ناسەربەخۆ لەگەڵ خودا (توخمی ئاینی) بۆ دابین کردنی پێویستیەکانیان و پاکانەکردنەکەیان.
>
> ڕۆبێرت ئەی. گوێلچ. وتاری سەر شاخی واکۆ:
> کتێبەکانی وشە، ١٩٨٢. لاپەڕە ٦٨-٦٩.

ئەم تێگەیشتنە یارمەتی ئێمە دەدات هەست بکەین چۆن لوقا فێرکردنی عیسا تۆماردەکات وەک "خۆزگە دەخوازرێت بە ئێوە، ئەی هەژاران، چونکە شانشینی خودا بۆ ئێوەیە" (لوقا ٦: ٢٠) و لەکاتێکدا مەتتا تۆماردەکات "خۆزگە دەخوازرێت بەوانەی کە بەڕۆح هەژارن، چونکە شانشینی ئاسمان بۆ ئەوانە" (مەتتا ٥: ٣). لەهەردوو گێڕانەوەکە مەبەستەکە هەمان شتە: خۆزگە دەخوازرێت بەوانەی ئەوەندە پەرۆشن بۆئەوەی بەتەنیا پشت بەخودا ببەستن. تەنیا ئەو خەڵکانەی ئامادەن دان بنێن بە بێ چارەیی خۆیان دەتوانن ئەم یارمەتییە لە خوداوە وەرگرن. وەک کلارێنس جۆردان ئاماژەی پێ دەکات:

> کاتێک یەکێک دەڵێت ' من پێویستم بەوە نیە بە شت هەژاربم، من بە ڕۆح هەژارم' هەروەها یەکێکی تر دەڵێت ' من پێویستم بەوە نیە بە ڕۆح هەژار بم، من بە شت هەژارم' هەردوولا پاکانە بۆخۆیان دەکەن کاتێک بە یەکبوونی دەڵێن 'من پێویستم پێی نیە. بەو هاوارکردنە لەسەر لێوەکانی، هیچ مرۆڤێک ناتوانێت تۆبە بکات.
>
> کلارێنس جۆردان. وتاری سەر شاخی، ڕێڤ ئێد
> ڤالی فۆرج: چاپخانەی کویلولیا جەتسن، ١٩٨٠ لاپەڕە ٢٠.

بەئاشکرا ئەو خەڵکەی هەژار نیە دەتوانێت بێتە ئەم کاتی تەواو پەرۆشییە تا بەتەنیا پشت ببەستێت بە خودا. (کتێبی پیرۆز نمونەی زۆر تۆمار دەکات، وەک زاکایەس یا یوسفی ئاریماتیا تا ئەمە دیار نیشان بدات.) هەروەها ئەوە ڕوونە کە لەوانەیە خەڵکێکی زۆر ڕەتی بکاتەوە دان بە پێویستی خۆی بنێت لەبەردەم خودا. بەهەرحاڵ عیسا و نێردراوان هەمیشە

ئەزمونەکانی ژیان چین شانبەشانی هەژاری کە زۆرجار یارمەتی خەڵک دەدات هەست بە پێویستی پەرۆشی خۆی بکات بۆ خودا؟

ئەوە فێردەکەن کە ئەوە تەنانەت گرانترە بۆ دەوڵەمەندەکان دان بە پێویستی خۆیان بنێن بە خودا (مەتتا ١٩: ٢٤ و مەرقۆس ١٠: ٢٣ و یەعقوب ٢: ٦-٧) و دەبێت چاوەڕێ لەهەژاران بکرێت بە باوەڕەوە وەڵام بدەنەوە. ئەم باوەڕبەخۆبوونە لە بژاردەی هەژاران لەلایەن خوداوە ئەوەندە قووڵە کە یەک توێژەر دەتوانێت بڵێت " لە (پەیمانی نوێ)دا هەژاران شوێنی ئیسرائیل دەگرنەوە وەک جێی سەرنجی ئینجیل" (سی ئێم ئێن سەگدێن، " هەژاری و سامان" فەرهەنگی نوێی لاهوت ، نوسەران سینکلێیەر بی فەرگەسن، لەگەڵ کەسانی تر. [داونەرز گرەوڤ: چاپەمەنی ئینتەر ڤارسیتی، ١٩٨٨]، لاپەڕە ٥٢٤).

سەرچاوە: *ناميلکەی قەشەی باڵای ئینجیلی*، لاپەڕە ١٩٥-٢٠٢

چوار وەڵامی بنەڕەتی

> بۆ ئەوەی بە گوێ ڕایەڵ بوونی ڕیشەیی بە عیسای مەسیح بژیت واتای ئەوەیە بە هەژاران و چەوساوەکان بناسرێیتەوە. ئەگەر ئەوە لە (پەیمانی نوێ) ڕوون نەبێت ئەوا هیچ شتێک ڕوون نییە.
>
> جیم والیس. ئەجێندا بۆ خەڵکی تایبەت بە کتێبی پیرۆز.
> نیو یۆرک: هارپەر و ڕۆو، ١٩٧٦، لاپەڕە ٩٤.

کاتێک ئێمە ئەوە دەناسینەوە کە نوسراوەپیرۆزەکان مامەڵە لەگەڵ هەژاران دەکەن وەک کۆمەڵەیەک کە گرنگی لاهوتییان هەیە، ئەوە زۆر لە ئێمەدەکات ڕەچاوی ئەوە بکەین وەڵامی ئێمە چی دەبێت. وەک مەسیحی و موژدەبەر بەلایەنی کەمەوە چوار وەڵام هەیە کە دەبێت ئێمە ئەنجامی بدەین.

١- ڕێزگرتن

هەڵبژاردنی هەژاران لەلایەن خوداوە بەشێوەی بنەڕەتی بەرەنگاری ئەو ڕێگا ئاساییە دەبێتەوە کە خەڵک وەڵامی هەژارانی پێ دەداتەوە. لەناو کۆمەڵگادا خەڵک لە هەژاران دووردەکەوێتەوە و بێز لەڕێگاکانیان دەکاتەوە و چاوەڕێی شتی کەمن لێیان لەهەر ڕووبەرێکدا بێت. بەدڵنیاییەوە ئەوانە نابینرێن وەک ئەو شوێنە سروشتییەی ڕابەرانی لێ دەدۆزرێتەوە.

بەهەرحاڵ خودا خۆی لەگەڵ هەژاران دەناسێتەوە. نوسراوە پیرۆزەکان دەڵێن چەوساندنەوەی هەژاران بریتییە لە نیشاندانی سووک سەیرکردنی خودی خودا (پەندەکان ١٤: ٣١). ناسنامەی خودا لەگەڵ هەژاران و بژاردەی هەژاران لەلایەن خوداوە (یەعقوب ٢: ٥) دەبێت جیاوازییەکی قوڵ دروست بکات بۆ هەموو یەکێک کە دان بەوەدا دەنێت مەسیح یەزدانە. بەسادەیی دەری ببڕە:

- ئەگەر ئێمە ڕێز لەخودا بگرین ئەوا ئێمە ڕێز لەهەژاران دەگرین.
- ئەگەر ئێمە گوێ ڕایەڵی خودا بین ئەوا ئێمە لەگەڵ هەژاران دەیناسینەوە.
- ئەگەر ئێمە باوەڕ بە خودا بهێنین ئەوا ئێمە هەژاران دەبینین وەک ڕابەرانی شاراوەی کڵێسای ئەو.

سەرچاوە: نامیلکەی قەشەی باڵای ئینجیلی، لاپەڕە ۱۹۵-۲۰۲

بەخەمەوە خەڵکێکی زۆر سەیری ئەوانە دەکەن کە هەژارن بەشێوەی سەرەکی وەک ئامانجی خێرخوازی سەیریان دەکەن. خەڵکی وەها سەیری هەژاران دەکەن تەنیا وەک ئەوانەی کە پێویستیان بە یارمەتی ئەوان هەیە. لەکاتێکدا بەدڵنیاییەوە یارمەتیدانی هەژاران ڕاستە (سەیری خاڵی دوو بکە لەخوارەوە)، یارمەتی دانی وەها ناسەربەخۆیی و لەکیس دانی شکۆداری دروست دەکات ئەگەر ئەوە بە چەسپاوی جووت نەکرێت لەگەڵ ڕێزگرتنی قووڵی هەژاران وەک ئەوانەی کە خودا هەڵیبژاردوون. ئێمە باوەڕمان وایە ئەوە قوربانی نییە بەڵام زیاتر مافێکی تایبەتە و خۆشییەکە کاتێک بانگ بکرێیت بۆ دروست کردنی قوتابی لەناو هەژارانی شاری کە کڵێسا پێیان نەگەیشتووە.

٢- خۆشەویستی و میهرەبانی و دادپەروەری

مەسیحییەکان بانگ دەکرێن بە خۆشەویستی و میهرەبانی و دادپەروەری وەڵامی کەسانی تر بدەنەوە. ئەم وەڵامە بۆ هەژاران هەمان وەڵامە کە مەسیحییەکان دەیدەن بە هەموو خەڵک لەهەموو شوێنێک. ئەوەی ناوازەی دەکات ئەوەیە سستمی جیهانی ڕێگری دەکات لە پەیڕەوکردنی ئەم نیگەرانییە بۆ هەژاران. پسپۆڕی لاهوتی ثۆماس سی ئۆدێن دەڵێت:

> هەرچەندە خێرخوازی مەسیحی بۆ هەموو کەسێکە، بەڵام هەژاران خەمی تایبەتی مەسیحن، بەتەواوی چونکە ئەوان دەست کورت ترینن.
>
> ثۆماس سی ئۆدێن. لاهوتی قەشەیەتی. بنچینەییەکانی قەشەگەری. سانفرانسیسکۆ: هارپەر و ڕۆو، ١٩٨٣. لاپەڕە ٢٦٨.

خودا جەخت دەکاتەوە لەسەر وەڵامی ئێمە بۆ هەژاران نەک بەجیاکاری لەنێوان چاکەکردنەکاندا چونکە بەپێچەوانەوە ئەوان پشت گوێ دەخرێن.

> یەکێک لەو ڕێگایانەی سانت فرانسیس وەسفی پەیوەندی خۆی پێ کرد لەگەڵ هەژاران (هەروەها کەسانی تر) لەڕێگەی وشەی "کۆرتێسیا" وە بوو. ئێمە وشەی ' کێرتەسی' بەکاردێنین بۆ ئەوەی واتای ڕەفتاری هەبێت. لە بنەڕەتدا ئەوە واتای ئەو ڕەوشت و ئاکاری ڕەفتارەی دەبەخشی کە چاوەڕێی لێ دەکرا یەکێک هەبێت کە لە کۆشکی پادشایی خزمەتی دەکرد....سەبارەت بە سانت فرانسیس .....(کۆرتێسیا) ڕێگایەک بوو بۆ بینین و کردارکردن بەرامبەر کەسانی تر.
>
> لۆرینس کەنینگهام. سانت فرانسیسی ئاسیسی. سانت فرانسیسکۆ: هارپەر و ڕۆو، ١٩٨١.

نوسراوە پیرۆزەکان هەمیشە جەخت دەخاتە سەر لێپرسراوێتی گەلی خودا بۆ هاوبەشیکردن لەگەڵ هەژاران و یارمەتیدانیان بۆ ئەوەی دەربازبن لە کارتێکردنی هاڕەی هەژاریی. (وشە)ی خودا لێپرسراوێتی دەخاتە سەر ئێمە بۆ ئەوەی بۆ دادپەروەری هەژاران کاربکەین. کارکردن بۆ شالۆم (ئاشتی و پڕی و زۆری و تەواوی) واتای ئەوەیە ئێمە هەرگیز قایل نابین هەژاران جێ بێڵین بۆ هەژاریتی خۆیان لەکاتێکدا هەموو یەکێک لەئێمە ئەو ئامرازانەی هەیە بۆ هێنانە کایەی گۆڕان.

سەرچاوە: ناميلکەی قەشەی باڵای ئينجيلی، لاپەڕە ١٩٥-٢٠٢

٣- وتاری ئينجيل بڵێ

لەکۆی هەموو وەڵامەکانی ئێمە بۆ هەژاران هيچيان گرنگتر نين لە وتاروتنی ئينجيل. ئەوە بەتەواوی ئەوەيە کە عيسا خودی خۆی ئەنجامی دا. هيچ شتێک ئەوەندە زۆر شۆڕشگێڕانە نييە بۆ ئازادکردنی هەژاران وەک هێنانی ئەوان بۆناو پەيوەندی لەگەڵ خودا لەڕێگای مەسيحەوە.

هيچ پرۆژەيەک يا پرۆگرامێک ناتوانێت ئەوە بەدیبگێنێت کە ڕزگاری بەدی دەهێنێت بۆ هەژاران. بۆ هاتن بە دان پيا نان بە عيسا وەک يەزدان و ڕزگارکەر، هەژاران ئەزمونێکی ڕيشەيی دەبينن لەڕێگای بەدەستهێنانی ناسنامەيەکی نوێی تەواو.

- ئەوان دەگوازنەوە لە بنی ستراکتوری کۆمەڵايەتييەوە بۆ منداڵی لەخۆگری پادشای پادشاکان.
- چاکە و پارێزگاريکردن و سەرچاوەکانی خودا دەهێنرێنە بەردەست لەڕێگەی مەسيحەوە.
- ئەوان دەسەڵاتيان پێ دەدرێت بەسەر گوناحە و دۆزەخ و مردن و هەموو شتێکی بەدکار کە داوای لەناوبردنيان دەکات.
- ئەوان دەخرێنە ناو کۆمەڵگايەکی نوێوە (کڵێسا) کە يەکسانی و ڕێزگرتن و خۆشەويستی و هاوبەشی کردن و هاوڕێيەتی و هەل پێشکەش دەکات بۆ مەشقکردنی بەهرەو بانگکردنەکەيان لەلايەن خوداوە.

ڕزگاری واتای ئەوەيە ئامادەيی خودايی زيندوو چالاکە لەناو هەژاران کاتێک ئازادی و تەواوی و دادپەروەری دەهێنێت. ئەوە واتای ئەوەيە ئەوان ئێستا بەشێکن لە "قەشەيەتی شاهانەيی" و "ئەندامانی نەتەوەی پيرۆز" کە تيايدا ئەوان خزمەت دەکەن وەک "باڵوێزانی مەسيح" کاتێک هيواو و ئاشبوونەوە ڕادەگەيەنن بۆ ئەوانەی لە چاوەدوريانن کە هێشتا ئەزموونی ڕزگاريیان نەبينيوە.

٤- چاوەڕێی شتی گەورە بکە

ڕەنگە وتەيکی سەرسامکەرتر نەبێت کە لە لێوەکانی عيساوە دێت وەک ئەو وشەيەی ئەو دەيدات بە قوتابيەکانی خۆی لە يوحەننا ١٤: ١٢-١٤:

> ڕاستی ڕاستيتان پێ دەڵێم: ئەوەی باوەڕم پێ بهێنێت، ئەو کارانە دەکات کە من دەيکەم، لەمانەش گەورەتر دەکات، چونکە بۆلای باوک دەچم. هەرچييەک بەناوی منەوە داوا بکەن دەيکەم، تاکو باوک لەکوڕەکەدا شکۆداربێت. ئەگەر شتێکتان بەناوی منەوە داواکرد دەيکەم.

سەرچاوە:
نامیلکەی قەشەی
باڵای ئینجیلی،
لاپەرە ۱۹۵-۲۰۲

تکاکردنی مرۆڤێکی هەژار قبوڵکراو و کارتێکەرە بۆ خودا

قەشەی هێرماس. کتێبی ۳ ئانتی نیسین فاذەرس
جلدی ۲. نوسەرەکان ئەی ڕۆبێرتس و ئای دۆناڵدسن پیبۆدی:
هێندریکسن. ۱۹۹٥ لاپەرە ۳۲.

بە ڕووکەش بیرۆکەی بەدەستهێنانی شتی گەورەتر لەوەی عیسا لە گەمژەیی دەچێت. بەڵام هێشتا لە چەند ساڵێکی کەمدا (کتێبی کردارەکان) تۆماری ئاخاوتنی زیاتر دەکات لەوەی ڕوویداوە لەناو ژیان و قەشەگەری عیسادا.

دوو بنەما هۆکاری ئەم وتە سەرسوڕ هێنەیە. یەکەم عیسا گوتی قوتابێتی ئەو قوتابییانە زۆردەکات کە لەودەچن (لوقا ٦: ٤٠). دووەم، کاتێک عیسا گەڕایەوە بۆلای باوک و (ڕۆحی پیرۆز)ی نارد (یوحەننا ١٤: ١٦ و کردارەکان ٢: ٣٨) ئەو هێزی خۆی خستە بەردەست هەموو ئەوانەی لەسەرئاستی جیهان باوەڕیان پێی هەیە (یوحەننا ١٤: ١٤).

ئەوە ئاسانە ئەگەر چاوەڕێی شتی کەم بکەیت لە هەژاران چونکە ئەوان سەرچاوەیان نییە. بەهەرحاڵ کاتێک نوسراوی پیرۆز بیرکردنەوەکانمان بەرزەفتدەکات (انضبات) ئەوا داینەمیکێکی نوێ سەرهەڵدەدات. ئێمە چاوەڕێ دەکەین نوێژکەرانی هەژارانی شاری کاری زیاتر گەورەتر بکەن لەوەی عیسا ئەنجامی دا لەسەر زەوی چونکە ئەوان دەچنە ناو پەیوەندیەکی قوتابیکردنەوە لەگەڵ عیسا ئەوەی بەخۆڕایی (ڕۆحی پیرۆز)ی خۆی دەدات پێیان.

کاتێک ئێمە کڵێسا دەچێنین دەبێت ئێمە :

- **هانی هەژاران بدەین باوەڕبهێنن بەو بانگکردن و بەهرەو توانایانەی کە خودا پێی داون** (بەهەردوو تاکەکەسی و کۆمەڵی). دەبێت ئێمە باوەڕمان هەبێت بەوەی خودا چی دەکات لەڕێگەی ئەوانەوە تەنانەت پێش ئەوەی ئەوان خۆیان باوەڕی پێ بکەن.
- **ستاندەری بەرز دابنێ.** تەنیا ئامانج بۆ هەر مەسیحییەک ئەوەیە ئەو وەک عیسای لێ بێت. هەژاری هەرگیز پۆزش نییە بۆ پشتگوێ خستنی فەرمانەکانی خودا یا وازهێنان لەو بەرپرسیارێتییەی ئەو دەیدات بەهەر باوەڕدارێک.
- **خەڵک فێربکە پشتببەستێت بە عیسا، نەک ئێمە.** سەرچاوەکانی مزگێنی سنوردارن. سەرچاوەکانی خودا بێ سنورن.
- **سۆزێکی بەتین بخە مێشکەوە بۆ زۆرکردن** (مزگێنی دان و بەدواداچوون و قوتابێتی و چاندنی کڵێسا). " ئێوە منتان هەڵنەبژارد، دەستنیشانم کردن تاکو بڕۆن بەرهەم بهێنن و بەرهەمەکەتان بمێنێت، تاکو هەرچییەک بەناوی منەوە لەباوک داوابکەن دەتانداتێ." (یوحەننا ١٥: ١٦)

سەرچاوە: ناميلكەی قەشەی باڵای ئینجیلی، لاپەڕە ۱۹۵-۲۰۲

یەک مزگێنیدەری دێرین ئەوەی لە هەردوو لە شارەکانی ویلایەتە یەکگرتووەکان و بەرازیل خزمەتی کرد، وەسفی کڵێسا سەرکەوتووەکان دەکات لەناو هەژارانی شاری بەم شێوەیە:

> کڵێساکان....کە شێوازناسی ” ئێمە یارمەتی تۆ دەدەین لەپێویستیەکانتدا“ بەکارهێنا چینی کۆمەڵایەتی کارکەر و نزمیان نەبردەوە. خەڵک یارمەتی درا بەڵام ئاراستەی ڕۆحی ژیانیان نەگۆڕا.....[لەکاتێکدا] ئەو کڵێسانەی سەرچاوەی مادە و داراییان نەبوو و پڕبوون لە خەڵکی هەژار، لەلایەن وتارخوێنانی کەم خوێنەوار و نا پسپۆڕەوە ڕابەرایەتی دەکران، هەروەها داواکردنی گرانیشیان دەخستە سەر خەڵک. ئەندامانی نوێ چاوەڕێیان لێ دەکرا دەیەک بەخشەری ڕاستگۆ بن و ئەو جل و بەرگە لەبەر بکەن کە دەگونجا لەگەڵ کۆدی توندی جل و بەرگ و کتێبی پیرۆز هەڵگرن بۆ کڵێسا و بڕێکی زۆری کاتیش تەرخان بکەن بۆ خزمەتەکانی خواپەرستی و خزمەتەکانی چاک بوونەوە و کۆبوونەوەکانی نوێژی ماڵ و کۆبوونەوەکانی شەقام و سەردانەکانی چالاکی خزمەتکردنی ئەوکەسانەی ناتوانن بڕۆن بۆ کڵێسا. ئەو کڵێسانەی زۆرترین بەخشینیان کرد و چاوەڕێی کەمترین بوون گەشەیان نەکرد، بەڵام ئەوانەی کەمترین قازانجی مادەیان بەخشی و زۆرترین داواکردنیان هەبوو بەخێراترین شێوە گەشەیان کرد. ئەوان داوای گۆڕینی گوناحەیان دەکرد و وتاریان دەخوێند کە مەسیح هێزی هەیە وای لێ بکات ڕووبدات و ئەم هێزەش دەتوانرێت وەربگیرێت لەڕێگەی باوەڕ و نوێژەوە.
>
> چارلس دی ئوکێن. ” قوتابیکردنی کرێکارە سپی پێستەکانی هێزی بازوو و خێزانەکانیان.“ قوتابیکردنی شارەکە: شێوازێکی گشتگیر بۆ مزگێنی شاری، چاپی دووەم، نوسەر ڕۆجەر ئێس گرین وەی. خوڕێنی مەزن: خانەی بەیکەر بوک، ۱۹۹۲ لاپەڕە ۱۸۰.

ئێمە هەردوو خوداو هەژاران شکۆداردەکەین کاتێک ئێمە ڕێزی تەواو لەهەژاران دەگرین تا باوەڕبکەن کە ئەوان ئیش دەکەن وەک قوتابی تەواو پێگەیشتووی عیسای مەسیح.

کارلێککردنی چینی کۆمەڵایەتی و کەلتور و نەژاد

قەوارەی کارتێکردنی جیهان

نیشاندەرە سەرەکییە کەلتورییەکان:

- لەکوێ دەژین
- لەکوێ کاردەکەن
- لەکوێ فێربوون

نیشاندەرە کەلتورییەکانی تر:

١- خزمایەتی و هاوڕێیەتی
٢- بەخێوکردن
٣- بەهاو داب نەریت
٤- خووەکانی زمان
٥- زەمینەی ئابوری کۆمەڵایەتی
٦- پەروەردە
٧- نەریتی کۆمەڵایەتی

سەرچاوە: چاندنی کڵێسا لەناو هەژارانی شار، جلّ

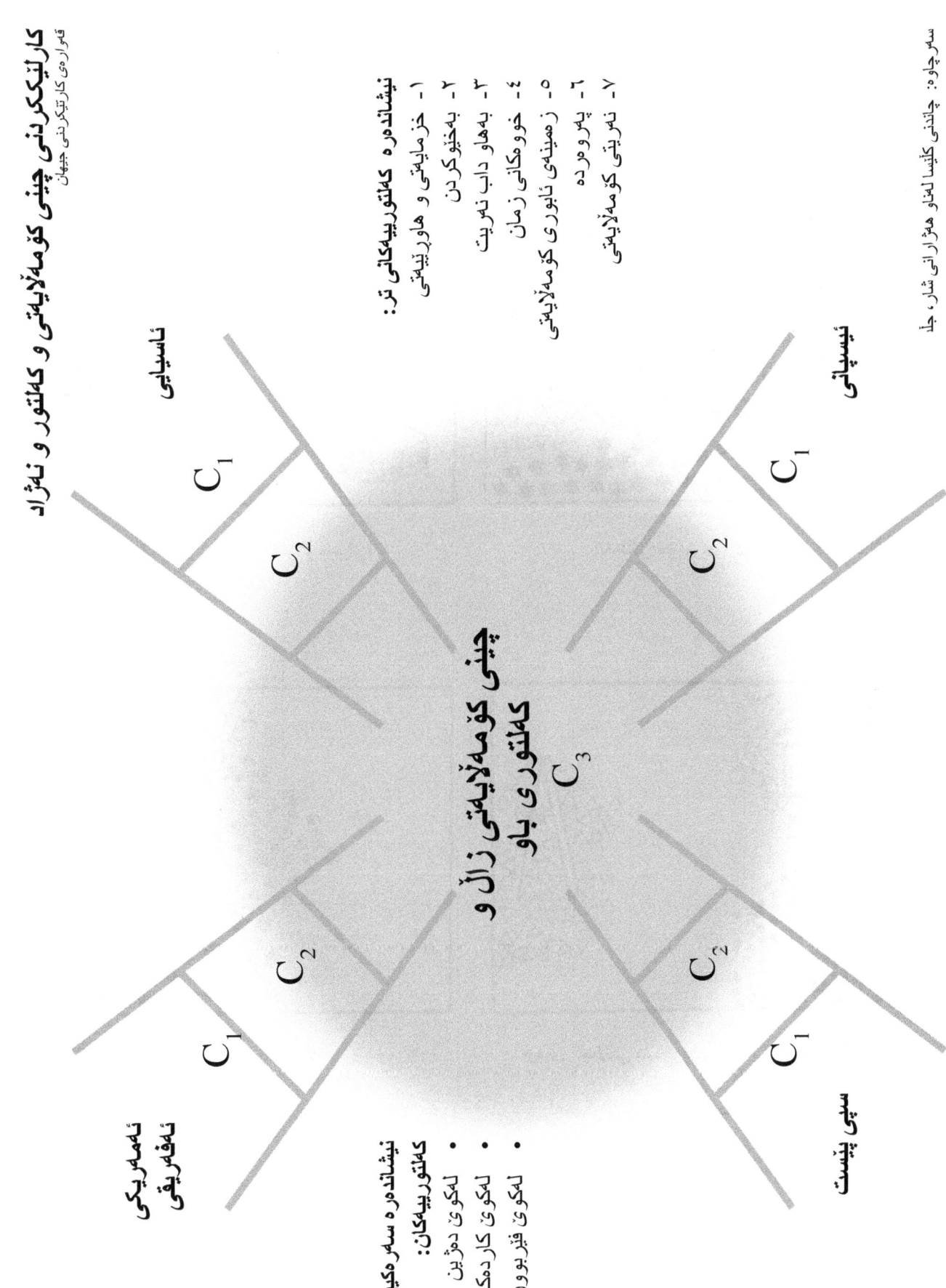

ئامانج خستنەسەر ئەو کۆمەڵانەی کڵێسا پێیان نەگەیشتووە لەو گەڕەکانەی کڵێسای لێیە

بەرمەکانی مزگێنی

کۆمەڵەی نوێژکەرانی هاو توخمی زۆر

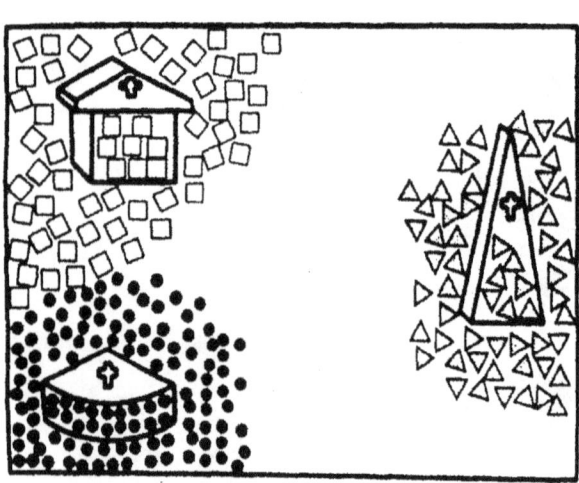

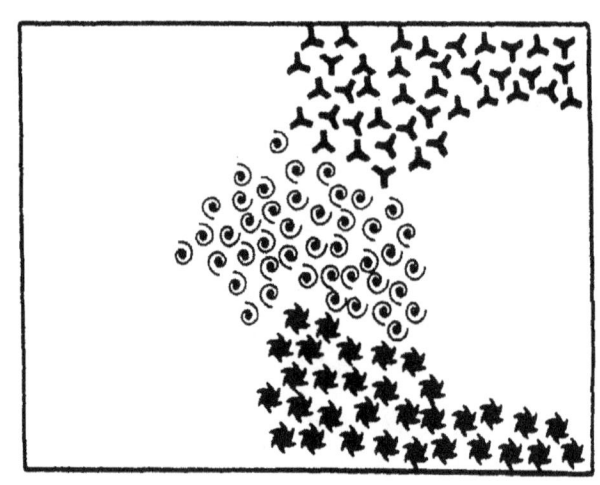

خەڵکی جۆراوجۆری زۆر!

" ئەوەندە زۆر نزیک و بەڵام هێشتا زۆر دوور":
ئەو هاوسێیانەی کڵێسا پێیان ناگات
و کاریان تێنەکراوە.

مەودای "چالاکی ئاسایی خزمەترکردنی ئەو کەسانەی
ناتوانن بڕۆن بۆ کڵێسا":
لەخۆگرتن و کۆبوونەوە بەگوێرەی کەلتور.

سەرچاوە: چاندنی کڵێساکان لەناو هەژارانی شار، جلدی ١، لاپەڕ ٢٥٦.

سەرچاوە:
چاندنی کڵێساکان لەناو
هەژارانی شارەکە: جڵدی ٢،
لاپەڕە ١١٤-١١٨

تۆڕی سی ئا فوو – پێکەوەنانی جەنگاوەرانی خودا

بەرەو ستراتیجییەک بۆ بردنەوەی شارەکە

> خوشک و برا خۆشەویستەکانم، گوێ بگرن: ئایا خودا هەژارانی ئەم جیهانەی هەڵنەبژاردووە لە باوەڕ دەوڵەمەند بن و میراتگری شانشین بن کەبەڵێنی داوە بیدات بەوانەی خۆشیان دەوێت؟
>
> یەعقوب ٢: ٥

ئەگەر تۆ مەسیحییەکی شاری بیت ئەوا تۆ کەوتوویتە ناو مەیدانێکی جەنگی گەورەوە، کە ناکۆکییەکی تاکە و بەشێکە لە شەڕێکی گەورەتر، کاتێک هەمووشتێکی دروستکراوەکان لە سەنگی مەحەک دەبن. هێزە بەرهەڵستکەرەکان ڕێک وپێکخراوو پابەندن و لەکۆتاییشدا تەنیا یەک براوە هەیە. باوەڕ بکەیت یا نا، تێبگەیت یا پشت گوێی بخەیت تۆ هێشتا ڕۆڵت هەیە لەیەکێک لە گەورەترین کێشمەکێشمە ڕۆحییەکان لە مێژووی ئادەمیزاد دا. بە سەدان ملیۆن ڕۆح لە مەیدانی یاریدا دبێت هەریەکە لەئێمە بریاربدەین ئێمە لە پاڵ کێدا شەڕدەکەین لەمەدا، کە هەڵمەتی وەختی ئێمەیە.

ئەم بیرۆکەی شەڕی ڕۆحییە لە سەرانسەری نوسراوە پیرۆزەکاندا دیارە، کە چیرۆکی پابەندبوونی خودا دەگێڕێتەوە بۆ ڕزگارکردنی دروستکراوەکان لە زۆرداری شەیتان، بۆ ڕزگارکردنی ئادەمیزاد لە سزا و هێزی گوناحە و بۆ بانگ کردنی خەڵک لە نەتەوەکان ئەوانەی سەر بەون لەڕێگای مەسیحەوە کە (کوڕ)ی خۆیەتی. خودای ئێمە پیاوی شەڕە (کۆچ ڕەو ١٥: ١-٤)، یەزدانێکی مەزنە کە بەڵێنی دا (کوڕ)ی خۆی بنێرێت ئەوەی دەبێت بە (پاڵەوان) بۆ ئادەمیزاد و هەموو دروستکراوەکان کاتێک هەموو شتێک بۆ خودی خۆی ڕێک دەخاتەوە و فەرمانڕەوایی خۆی دادەمەزرێنێت لەسەر زەوی.

ئێمە دەزانین کە عیسای ناسیرە ئەم پاڵەوانە بەڵێن لەسەر دراوە بوو، ئەوەی لەڕێگای بەرجەستەبوونی خودایی و مردنی و زیندووبونەوەی و گەشتکردنی بۆ ئاسمان و کۆبوونەوەی و گەڕانەوەی ئەو فەرمانڕەوایی خودا دەهێنێتە دی، هەروەها بەسەر شارە تاریکەکانی وەختی ئێمەش دا. ئەم لاهوتە بنەڕەتییەی تایبەت بە کتێبی پیرۆز، ئەم باوەڕە زۆرجار ئاماژەی پێ دەکرێت وەک (داب و نەریتە مەزنەکە)، هەروەها سۆزی بەتین و پرۆژەی بەردەوامی (پەیمانگای قەشەگەری شاری) بریتییە لەگەڕاندنەوە و ڕەوان بێژی و بەرجەستەکردنی چیرۆکی ڕاستەقینەی خودا بۆ کڕینەوە و گەڕاندنەوەی ئەو جیهانەی کە لە دروستکراوەکانەوە درێژدەبێتەوە بۆ هێنانە بەرهەمی هەموو شتەکان. ئەمە گرنگترین شتە بۆ تێگەیشتنی ئەوەی خودا چی دەکات لە جیهاندا و ناوەندییە بۆ زانینی ئەوەی ئێمە چۆن دەبێت ئەمرۆ بژین وەک قوتابیانی مەسیح لە شاردا.

کتێبی پیرۆز (چیرۆکی) بریاری خودامان پێدەڵێت بۆ گەڕاندنەوەی فەرمانڕەوایی شانشینەکەی خۆی کە بەچەسپاوی بنەمای گرتووە لەسەر ڕاستگۆیی پەیمان و نەرم و نیانی خۆشەویستی خۆی. خودای یەزدان بریاریداوە درستکراوەکانی خۆی بگەڕێنێتەوە و گەلی خۆی لە کۆی ئادەمیزاد ڕزگاربکات. هەمان نوسراوە پیرۆزەکان کە مەبەستی شانشینی

سەرچاوە:
چاندنی کڵێساکان لەناو هەزارانی شارەکە: جڵدی ٢،
لاپەرە ١١٤-١١٨

خودا ئاشکرادەکات لەرێگای پەیمانەکان بۆ (باوکان) بەوردەکارییەوە مێژووی ئیسرائیل و کەسایەتی و کاری عیسای مەسیح و کڵێساکەی دادەنێت.

لەدوای هاتنی (رۆحی پیرۆز)ەوە ئەم (چیرۆک)ی دەربازکردن و گەراندنەوەیە لە مێشکدا پارێزراوە بۆماوەیەکی زۆر و ئاهەنگی بۆ گێردراوە و پاسەوانی کراوە لەلایەن کڵێساوە بەدرێژایی سەردەمەکان و لەرێگای گەلی خوداوە کە لەژیان و باوەری ئەواندا (چیرۆک) کەکە بەردەوام دەگێردرێتەوە و نمایشدەکرێت و گوزارشت دەکرێت. لەهەموو لایەنەکانی ژیانی خۆمان پێکەوە (لاهوت و خوپەرستی ئێمە و رۆحێتی و قوتابێتی ئێمە و خزمەت و مزگێنی ئێمە) (چیرۆک)ی شکۆمەندی و نیعمەتی خودا بەرجەستەدەکرێت لەناو ئێمەدا وەک شایەت حاڵ بۆ جیهان. ئێمە ئەکتەرین لە درامای خودا، درامایەک کە نمایش دەکرێت لە شەقامەکان و گەرەکەکانی شارەکەانی ناوەوەی ئەمەریکا.

رووبەرووبونەوەی پێویستییەکی گەورە: شارەکانی ناوەوەی ئەمەریکا
لەیەکەم سەیرکردندا شارەکانی ئەمەریکا (هەروەها جیهان) دەردەکەوێت لە گرفتدا بن، تەنانەت نەخراونەتە ناو درامای خوداشەوە. توندوتیژی و تاوان و خێزانی هەڵوەشاو و نائومێدی لە شەقامەکان و گەرەکەکانیان دەبینرێن بەهیوایەکی کەمی گۆران یا دەربازکردن. تەنانەت مەسیحی زۆر وازیان هێناوە کاتێک ئاڵای سپی وازهێنانیان هەڵکردووە بەسەر شارەکانی جیهان کاتێک رادەستیان کردوون بۆ جڵەوی دوژمن. گومان و نائومێدی ماوە درێژ دەربارەی ئەوەی خودا دەتوانێت چی بکات لە ناو شارەکاندا وای لە باوەردارانی زۆرکردووە شارەکان بخەنە دەست جڵەوی دوژمن کاتێک بە کردەکی نیشتەجێبووانی ناو شارەکانیان رادەستی هێزە تاریکەکان کردووە کە ئازاری کەسانی بێ بەرگە و پشت گوێ خراو دەدەن و بەناپاکی بەکاریان دێنن.

بەڵام هێشتا عیسا رایگەیاند کە دەرگاکانی دۆزەخ سەرناکەوێت بەسەر کڵێساکەی ئەو دا (مەتتا ١٦: ١٨). شارەکانی ئێمە دەتوانن ببرێنەوە و چاکبکرێنەوە و بگۆردرێن (هەموو ئەوەی ئێمە پێویستمانە ئەوەیە برایان و خوشکان یەک بگرن بە مەبەستی هاوبەش لەپێناو مەسیحدا)!

نوێترین پێویستی بۆ شارە توندوتیژەکانی ئەمەریکا و جیهان روون و ئاشکرایە. دەبێت ئێمە هەموو مەسیحییەکی خواناسی شاری بدۆزینەوە تا خۆبەخش بن بۆ (رۆح) بە رێگایەکی نوێ. وەک جەنگاوەرانی (رۆحی پیرۆز) دەبێت هەموو یەکێک لەئێمە قوتابیانی شاری ئامادەبکات بۆ ناو کۆمەڵگایەکی نیشتیمانی و برایەتییەک و خوشکایەتییەکی هاوبەش کە هاوبەشی هەمان پەرۆشی دەکەن و ئەزمون و خەونەکان کاتێک ئەوان نوێنەرایەتی مەسیح دەکەن لەشارەکاندا کە لێی دەژین! دەبێت هەموو یەکێک ئامادەبکرێت و پۆشتەبکرێت و بڵاوەپێ بکرێت بۆ خزمەتکردن. بەهەرحاڵ هیچ کەس گەنج یا پیر ناتوانێت بە تەمبەڵی دانیشێت لە پەراوێزدا لەماوەی ئەم جەنگە قورس و وشکە دا. ئەمە کاتەکەیە بۆ کڵێسا شارییەکان و مەسیحییە شارییەکان و رابەرانی شاری بۆ ئەوەی هەوڵەکانیان بکەن بە دووئەوەندە لەشەرەکەدا و بۆ هەموو یەکێک بەبێ گوێدان بە پایەو شوێنیان لە کڵێسا دا و بۆئەوەی رایبگەیەنن لە ئەرکدان بۆ پێشخستنی (شانشینی خودا). ئەمە ساتی ژیانی ئێمەیە بۆئەوەی بەئاشکرا پشتگیری خودا بکەین!

تۆڕی سی ئا فوو ئامرازێکی کردەکییە بۆ تواناداان بە قوتابیانی شاری بۆ ئەوەی پێکەوە پشتگیری مەسیح بکەن لەشاردا!

سەرچاوە:
چاندنی کڵێساکان لەناو هەژارانی شارەکە: جڵدی ۲،
لاپەڕە ۱۱٤-۱۱۸

پێکهێنانی سوپایەکی مەزن: تۆڕی سی ئا فوو

ئێمە مێرولەی سی ئا فوو مان پەیڕەوکردووە وەک نمونەی ئێمە بۆ تۆڕەکە. نوسەری کتێبی (پەندەکان) باسی ژیری و بلیمەتی مێرولەکانی کرد ئەوانەی کاتێک پێکەوە کاردەکەن دەتوانن شتی مەزن بۆخۆیان بهێننە دی. ئەی تەمبەڵ، ''بڕۆ لای مێروله> بڕوانە ڕێگاکانی و ببە بەدانا. بێ ئەوەی پێشەوا و کوێخاو فەرمانڕەوای هەبێت، بەڵام لەهاویندا نانی خۆی ئامبار دەکات و لەکاتی دروێنەدا خۆراکی خۆی کۆدەکاتەوە'' (پەندەکان ٦: ٦-٨).
هەرچەندە بچوک و بێ بەرگەیە وەک بوونەوەری تاک، بەڵام ئەوان دەبن بە سوپایەکی بەهێز و ترسێنەر کاتێک ئەوان وەک یەک دەبن بە هاوپەیمان!

تۆڕی سە یا فوو کۆمەڵەیەکی نیشتیمانی (هەموو ئەندامانی کۆمەڵگای ئاینی)یە کە بنمای داناوە لەناو قەشەگەری و ڕێکخراوەکان و کڵێسا خۆجێیەکان ئەوانەی بە دیاریکراوی دیزاین کراون بۆ ناسینەوە و پۆشتەکردن و خستنەبەردەستی ڕابەرانی خزمەتکاری شاریی لێهاتووی ڕۆحی بۆ ئەوەی بگەن بە هەژارترین کۆمەڵگاکە کڵێسا پێیان نەگەیشتووە و بیانگۆڕن لە ئەمەریکای شاری.

ئەم مزگێنییەی تۆڕی سە ئا فوو بۆ دامەزراندنی تۆڕێکی کاریگەر و سەرکەوتووی ئافرەتان و پیاوانی مەسیحی شارییە ئەوانەی ئامانجیان بریتییە لە هاندانی یەکتر بۆ هەڵگرتنی بەرپرسیارێتی بۆ ژیان و لەش ساغی یەکتر و بۆ هاوسەرگیری و خێزانەکانیا و بۆ کڵێساکان و کۆمەڵەی نوێژکەرانیان و بۆ کۆمەڵگاکانیان بۆ پێشخستنی (شانشینی مەسیح) لە شاردا.

حەزی ئێمە بریتییە لە تواناداان بە مەسیحییە شارییەکان بۆ هاوڕێیەتی کردن و ئامۆژگاری کردنی یەکتری لەپێناو پۆشتەکردنی یەکتر بۆ مزگێنی دان بەو هاوڕێ و ئەندامانی خێزانانەمان کە ناچن بۆ کڵێسا و بۆ بەدوادا چون و قوتابیکردنی مەسیحییە نوێیەکان بۆئەوەی بە ژیانی مەسیحی بژین و بۆئەوەی وەک سەرکار و خزمەتکار خزمەت بکەن لە کڵێسا مەسیحییەکانمان بەڕیز وەک بنکەی دووری (شانشین)ەکە لەوشوێنەی خودا دایناون.
هەروەها ئێمە هیوادارین پێکەوە هاوکارییکەین بۆ ئەوەی ئەو کرێکارانی لێهاتووی ڕۆحیانە بناسێنەوە و ڕاهێنانیان پێبکەین و بیانخەینە بەردەست کە دەتوانن کڵێسا بچێنن و یارمەتی گەشەکردنی بزوتنەوەکانی چاندنی کڵێسا بدەن کە ئامانج دەخەنەسەر ئەو گەڕەکە شارییانەی ئەمەریکا کە کڵێسا پێیان نەگەیشتووە.

بۆچی ناوی سی ئا فوو

ناوی ئەم هاوکارییە خۆش و نوێیەی مەسیحییە شارییەکان وەرگیراوە لە نمونەی کۆمەڵگای مێرولەی سی ئا فووی ئەفەریقییەوە کە لەلایەن کەناڵی (دیسکەڤەریی)یەوە ستایش کراوە وەک دڕندەترین و بەهێزترین کۆمەڵگای کۆمەڵایەتی جیهان. نمونەیەکی بەهێزی دروستکەرانی کۆمەڵگا کە هێلانەکانیان دەتوانن بیست و دوو ملیۆن ئەندام لەخۆ بگرن کە ئەوان دەکات بە گەورەترین کۆمەڵگای کۆمەڵایەتی جیهان و بەئاسانی بە بەرهەم هێنترین و داهێنەرترین و دەرکەوتووترین کۆمەڵە. سی ئا فووەکان بچوکن و بێ بەرگەن و پەستکەرن و بەئاسانی دەستیان بەسەردا دەگیرێت ئەگەر تۆ پەلامەری یەکێکیان بدەیت یا بگەڕێیت بۆ تێکشکاندنی یەکێکیان بە دابڕاوی و بەتەنیا وەک تاکێکی ڕووت.

سەرچاوە:
چاندنی کڵێساکان لەناو هەژارانی شارەکە: جلدی ٢،
لاپەڕە ١١٤-١١٨

بەهەرحاڵ کاتێک ئەوان پێکەوە یەک دەگرن بە یەکبوونێکی هاوبەش بە مەبەستێکی تاکی مانەوە و بەهێزکردنی کۆمەڵگاکە ئەوان بە ڕاستی نابەزێنرێن کاتێک هەموو جۆرە ئاژەڵێک هەڵدەوەشێنن لە بزنەوە بۆ گامێش هەروەها (وەک هەندێ جار ڕاگەیەندراوە) تەنانەت فیل لەدوای خۆیانەوە. بلیمەتی و پیشەسازی ئەوان (هەروەها دڕندەیی ڕەها) بەباشی زانراوە لەناو ئەوانەی لێکۆڵینەوەی هەموو بوونەوەرەکانی شانشینی مێروو دەکەن. ئەوانە هێمایەکی گونجاوی ئەو توانا شاراوەیەن کە ئافرەت و پیاوی مەسیحی شاری هەیانە ئەگەر تەنیا ئەوان یەک بگرن لەپێناوی توانا پێدان و پۆشتەکردن و چاکسازی و هاندانی دوولایی. پێشخستنی (شانشینی خودا) لە شارەکانی ناوەوەی ئەمەریکا بەو مەسیحییە شارییانە دەپارێزرێت کە دەناسرێنەوە و هاندەدرێن و ڕاهێنانیان پێ دەکرێت و دەرخرێنە بەردەست بۆ مەسیح!

وەرە پاڵ بزوتنەوەکە:
ڕەچاوی پێکهێنانی هەموو ئەندامانی تۆڕی سی ئا فوو بکە
بە هۆی ئەوەی شتی زۆر دەچێتە سەنگی مەحەکەوە کاتێک بانگی مەسیح وەڵامدەدرێتەوە لەلایەن مەسیحییەکانەوە بۆ پێشبینی کردن و نیشاندانی کرینەوە لە شارەکانی ئەمەریکا، نوێژی دڵی من ئەوەیە تۆ بتوانیت ڕەچاوی پێکهێنانی هەموو ئەندامانی سی ئا فوو بکەیت لە کڵێسا یا ڕێکخراوە مەسیحییە خۆجێیەکەت. لە هەرکوێیەک دوو قوتابی یا زیاتر کۆبوونەوە بەناوی مەسیح ئەوا لەوێ ئەو لە نێوانیاندایە (مەتتا ١٨: ٢٠). من قایلم کە ئەگەر ئێمە قوتابیانی شاریی عیسا کۆبکەینەوە بۆ ڕێز و شکۆمەندی مەسیح و بۆ مزگێنی پێدان و گۆڕینی گەڕەکەکانمان ئەوا خودای بەهێز سەردانمان دەکات. خودا لە دەوروبەری مێژوویی زۆردا نیشانیداوە کە ئەگەر گەلی خۆی بە ڕاستی ئەو ڕەجاوبکەن و دڵی خۆیان بۆ جوڵەیەکی نوێی خودا ئامادەبکەن ئەوا ئەو دەتوانێت ژیانەوە و نوێبوونەوە و گۆڕانی ڕیشەیی بهێنێ بۆ شارەکە.

بە سەرسوڕ هێنەرانە هەموو ئەوەی یەزدان داوای دەکات بۆ بینینی ڕوودانی ئەم گۆڕانە ئەوەیە گەلی خۆی خۆی ئامادەبکات بۆ سەردانی ئەو و مەبەست و بانگکردنی هاوبەشی کراوی خۆی بێتە بیر لە ئینجیلدا. کێ دەزانێت (باوک) چی بەدی دێنێت لەڕێگای ملیۆنەها قوتابی شاری کە لە هەنوکەدا بە بێ بەکارهێنراو و پشت گوێ خراو وەستاون لە شاردا؟ خودا دەتوانێت چی بکات ئەگەر مەسیحی شاریی ئاسایی یەکگرتوو بن و کۆبکرێنەوە لەژێر مەبەستێکی هاوبەش بۆ بینینی عیسا بە ستایشکراوی لەهەموو گەڕەکێکی شاری لە ئەمەریکا؟ ئێمە دەتوانین لەسەر لێواری ژیانەوەی ڕاستەقینە بین. نوکی ڕمی ئەو ژیانەوەیە قوتابیانی شاری کۆدەکاتەوە و دەبێتە پاڵنەریان و دەیانگۆڕێت کاتێک پێکەوە پاڵپشتی مەسیح دەکەن لەشاردا.

وەرە پاڵ تۆڕی سی ئا فوو لەپێناو بردنەوەی ونبووەکان و دروستکردنی قوتابی
چالاکییەکانی سی ئا فوو بە دیاریکراوی دیزاین کراون بۆ یارمەتیدانی قوتابیانی شاری بۆ ئەوەی پێکەوە پەیوەندیان هەبێت لەناو مەسیحدا لەڕێگای هاوڕێیەتی و گەواهی دان و نوێژ و خزمەت. هەموو ئەندامانی تۆڕەکەی تۆ دەبن بە شوێنێکی بەهێز و ناوەند بۆ هێنانی ئەو

سەرچاوە:
چاندنی کڵێساکان لەناو هەژارانی شارەکە: جڵدی ٢،
لاپەرە ١١٤-١١٨

ڕۆحانەی دەگەڕێن و بۆ ناسینەوەی ڕابەرانی دەرکەوتووی خزمەتکار و بۆ پۆشتەکردنی قوتابیانی برسی بۆ قەشەگەری کاریگەر و بۆ مزگێنی دان بە ونبووەکان و دروستکردنی قوتابی لەناو کۆمەڵگاکانیان کە لێی دەژین.

وەرە پاڵ تۆڕی سی ئا فوو لەپێناو بەهێزکردنی کڵێسا خۆجێیەکەت
سی ئا فوو بە دڵسۆزی و قەناعەتێکی قوڵەوە دروست کراوە بۆ کڵێسا خۆجێیەکان لەژێر دەسەڵاتی قەشە خۆجێیەکان. لەڕێگای هەموو ئەندامانی تۆڕەکەتەوە تۆ مەکۆیەک دروست دەکەیت بۆئەوەی یارمەتی تۆ بدات بۆ ناسینەوە و پۆشتەکردنی کۆمەڵەی ڕابەرانی خۆت لە ناو کۆمەڵەی نوێژکەرانی خۆتدا. هەموو ئەندامانی تۆڕەکەت توانایان دەداتێ پێکەوەنان لەگەڵ یەکتر بکەن و هاوڕێیەتی یەکتر بکەن و بەرەنگاری یەکتر ببن بۆ نیشاندانی خۆشەویستی خۆیان بۆ مەسیح لەڕێگای پڕۆژەکانی خزمەتەوە.

وەرە پاڵ تۆڕی سی ئا فوو بۆ ئەوەی بە خۆشەویستی مەسیح بەر گەڕەکەکەت بکەویت
چونکە ئێمە دووپاتی دەکەینەوە کە ئێمە لە مەسیحدا دروست بووین بۆ کاری باش (ئەفسوس ٢: ٨-١٠)، هەموو ئەندامانی تۆڕی سی ئا فوو پڕۆژەکانی قەشەگەری هەڵدەبژێرن بۆ ئەوەی خزمەت بکەن و بایەخ بەکەسانی تر بدەن لە ناوەوە و دەرەوەی کڵێسا کە دەبێتە ئەنجامی گۆڕانی ڕاستەقینە لە کۆمەڵگاکانی ئێمەدا.

با ئێمە کە شارەکەمان خۆش دەوێت بە هەموو ئەو دڵمانەوە دووپاتی بکەینەوە کە خودا سوپایەک لەو قوتابی شارییانە پەروەردە دەکات کە ئەو ئامادەیان دەکات بۆ ئەوەی ئامادەبن بۆ پێشخستنی شانشینەکەی ئەو و بەهێزکردنی کڵێساکەی ئەو. ئەمانە بێگومان ئافرەت و پیاوی ئاسایی دەبن ئەوانەی یەزدان و خێزانەکانیان خۆش دەوێت و ئەوانەی کڵێسا و (وشە) یان خۆش دەوێت و ئەوانەی بەخۆشییەوە چاوەڕێی گەڕانەوەی مەسیح دەکەن. خودا خەڵکی ئاسایی بەکاردێنێت ئەوانەی بە (ڕۆحی پیرۆز) پڕبوون بۆ کۆکردنەوەی سوپایەک تا ستایشی ئەو ڕابگەیەنن. ئایا تۆ نایەیتە پاڵ ئێمە و نوێنەرایەتی (شانشینی عیسا) ناکەیت بە ڕێزەوە لە گەڕەکەکەی خۆت کە لێی دەژیت؟ هەموو شتێک لە سەنگی مەحەکە کاتێک تۆ دێیتە پاڵ ئەم دروشمە. خوایە یەزدان ڕابەرایەتی تۆ بکات کاتێک تۆ ڕەچاوی ڕۆڵ گێرانی خۆت دەکەیت لە دراما مەزنە گەردوونیەکەی یەزدانمان!

داب و نەریتی مەزن و لاهوتی تایبەت بە یاسای باوەڕ

چیرۆکی خودا: ڕەگە پیرۆزەکانی ئێمە

قەشە دکتۆر دۆن ئێڵ داڤیس

سەرەتاو کۆتایی	مەسیحی سەرکەوتوو	ڕۆحی پیرۆز، وەرە	(وشە)ی تۆ ڕاستییە	درکاندنە مەزنەکە	ژیانی ئەو لەناو ئێمەدا	شێوازی ژیان	لەدایک بوونەوە بۆ خزمەتکردن
خودای یەزدان سەرچاوەیە و ئیدامەدەرە و کۆتایی هەموو شتێکە لەئاسمان و زەوی. هەموو شتەکان پێکهێنراون و بوونیان هەیە لەپێناو شکۆمەندی هەتا هەتایی ئەو کە خودای سیانەیی لە یەکە، (باوک) و (کوڕ) و (ڕۆحی پیرۆز)، ڕۆمەکان ١١: ٣٦.							
درامای ئاشکراکردنی خودای سیانەیی لە یەک ئاشکراکردنی خودی خودا لە دروستکراوەکان و ئیسرائیل و مەسیحدا				بەشداریکردنی کڵێسا لە درامای ئاشکراکردنی خودا پاکی شایەت حاڵی نێردراوەیی بۆ مەسیح و شانشینەکەی			
بناغەی بابەتییانە: خۆشەویستی سەروەری خودا ***چیرۆکی خودا دەربارەی کاری ڕزگاری خۆی لەناو مەسیحدا***				**پراکتیزەی بکەری: ڕزگاری بەهۆی نیعمەت لەڕێگای باوەڕەوە** ***وەڵامی خۆشی کردراو بۆ کاری ڕزگارکردنی خودا لەناو مەسیحدا***			
نوسەری چیرۆکەکە	پاڵەوانی چیرۆکەکە	لێکدەرەوەی چیرۆکەکە	گەواهی چیرۆکەکە	خەڵکی چیرۆکەکە	نمایشکردنەوەی چیرۆکەکە	بەرجەستەکردنی چیرۆکەکە	بەردەوام بوونی چیرۆکەکە
باوک وەک **دەرهێنەر**	عیسا وەک **ئەکتەری ڕابەر**	ڕۆح وەک **گێڕەرەوە**	نوسراوی پیرۆز **وەک نوسراو**	وەک پیاو چاکان، **درکێنەران**	وەک خواپەرستن، **ڕابەرانی ئاینی**	وەک شوێنکەوتووان **نیشتەجێبوانی کاتی**	وەک خزمەتکاران **باڵوێزان**
دیمەنی جیهانی مەسیحی	ناسنامەی کۆمەڵەیی	ئەزموونی ڕۆحی	دەسەڵاتی تایبەت بە کتێبی پیرۆز	لاهوتی ئۆرثۆدۆکس	خودا پەرستی قەشەیەتی	قوتابێتی تایبەت بە کۆمەڵەی نوێژکەران	شایەت حاڵی شانشین
بینینی خوا ناسی و خودای سیانەیی	بناغەی مەسیح ناوەند کراو	کۆمەڵگای ڕۆح تێدابوو و پڕبوو	شایەت حاڵی نێردراوەیی و یاسای کڵێسایی	دووپاتکردنەوەی یاسای کۆنی باوەڕ	کۆبوونەوەی هەفتانە لە ئەنجومەنی مەسیحی	پێکهاتنی ڕۆحی بەردەوام و کۆمەڵەیی	بریکارە چالاکەکانی فەرمانڕەوای خودا
ئامادەیی شاهانەیی	نوێنەرایەتیکردنی تایبەت بە مەسیح	ئاسوودەیی خودایی	گەواهیدانی هاندراو	گێڕانەوەی ڕاست	باشتر بوونی خۆش	لەناودابوونی ڕاستگۆ	سەرنج ڕاکێشانی هیوابەخش
دروست کەر دروستکەری ڕاستی گەردوون	**کورتکردنەوە** هەڵەی چاپ و هێنانەدی پەیمانەکە	**بەخشەرەی ژیان** نوێکردنەوە و پەیڕەوکردن	**هاندانی خودایی** خودا هەناسەی وشەی دا	**درکاندنی باوەڕ** یەکبوون لەگەڵ مەسیح	**گۆرانی و ئاهەنگ** وتنەوەی مێژوویی	**سەرپەرشتی قەشەیەتی** شوانکاری ڕەوە	**یەکێتی ڕوون** خۆشەویستی بۆ پیاوچاکان
خاوەندار ڕێکخەری شاهانەیی دروستکراوەکان	**ئاشکراکەر** بەرجەستەبوونی خودایی (وشە)کە	**مامۆستا** ڕووناک کەری ڕاستییەکە	**مێژووی پیرۆز** تۆماری مێژوویی	**لەناو هەڵکێشان بۆناو مەسیح** کۆنوێژی پیاوچاکان	**ئامۆژگاری و فێرکردنەکان** بڵاوکردنەوەی پێشبینیکەرانە	**ڕۆحێتی هاوبەشی کراو** گەشتی هاوبەش بەناو بەرزەفتکردنی ڕۆحیدا	**میوانداری ڕیشەیی** بەڵگەی حوکمی شانشینی خودا
فەرمانڕەوا کۆنترۆڵکەری بەرمەکەتکراوی هەموو شتەکان	**کڕەرەوە** ئاشتکەرەوەی هەموو شتەکان	**یارمەتیدەر** بەخشین و هێز	**لاهوتی تایبەت بە کتێبی پیرۆز** لێدوانی خودایی	**ڕێسای باوەڕ** یاسای باوەڕی نێردراوان و یاسای باوەڕی نیسین	**نانی ئێوارەی یەزدان** نمایشکردنەوەی درامایی	**بەرجەستەکردن** بیرکەوتنەوەی بوونی پێشوو و وێنەی کرداری ئاییندە لە ڕێگەی ساڵی کڵێساوە	**بەخشندەیی زیادەڕۆ** کارەباشەکان
پارێزەری پەیمان خاوەن بەڵێنی ڕاستگۆ	**گەڕێنەرەوە** مەسیح، براوە بەسەر هێزی بەدکاری	**ڕێبەر** ئامادەبوون و نیشتەجێی خودایی	**خواردنی ڕۆحی** خواردن بۆ گەشتەکە	**یاسای کڵێسایی ڤینس** بوون لە هەموو شوێنێک. زەمانی کۆن. جیهانێتی	**نیشانەی ڕوودانی ئایندەیی قیامەت** پێشتر/بەڵام هێشتا نا	**قوتابی کردنی کاریگەر** پێکهێنانی ڕۆحی لە ئەنجومەنی باوەڕکردن	**شایەت حاڵی ئینجیلی** دروستکردنی قوتابی لە هەموو کۆمەڵەکانی خەڵک

سەرچاوە: چاندنی *کڵێسا لەناو هەژارانی شار*، جلدی ١، لاپەڕە ١٩٥

ڕووبارێک هەیە

ناسینەوەی جۆگەکانی کۆمەڵگای مەسیحی ڕاستەقینەی بوژێندراوە لەشاردا

قەشە دکتۆر دۆن نێڵ داڤیس

زەبورەکان ٤٦ : ٤ – ڕووبارێک هەیە جۆگەکانی شاری خودا شاد دەکات، ئەوشوێنە پیرۆزەی کە هەرمەرز تێیدا نیشتەجێیە.

زێیەکانی باوەڕی مێژوویی ڕاستەقینەی تایبەت بە کتێبی پیرۆز			
ناسنامەی ناسراوەی تایبەت بە کتێبی پی رۆز	**ڕۆحێتی زیندوو بووەوەی شاری**	**بەستنەوەی دووپاتکراوەی مێژوویی**	**دەسەڵاتی دووبارە سەرنج دراوی شانشین**
کڵێسا یەکە	کڵێسا پیرۆزە	کڵێسا کاتۆلیکییە	کڵێسا نێردراوەییە
بانگ کردنێک بۆ پاکی کتێبی پیرۆز ناسینەوەی نوسراوەپیرۆزەکان وەک بێ وەی پێدەر و بناغەی باوەڕ و پراکتیزەی مەسیحی	**بانگ کردنێک بۆ ئازادی و هێزو پری ڕۆحی پیرۆز** ڕێکردن لەناو پیرۆزی و هێزو و ئازادی ڕۆحی پیرۆز لە جەستەی مەسیحدا	**بانگ کردنێک بۆ بەردەوامێتی و ڕەگە مێژووییەکان** دەرکاندنی بەردەوامێتی و ناسنامەی هاوبەشی مێژوویی باوەڕی ڕاستەقینەی مەسیحی	**بانگ کردنێک بۆ باوەڕی نێردراوەیی** دووپاتکردنەوەی نەریتی نێردراوەیی وەک بنچینەی بەدەسەڵاتی هیوای مەسیحی
بانگ کردنێک بۆ ناسنامەی شانشینی مەسیح دووبارە دۆزینەوەی چیرۆکی مەسیحە بەڵێن لەسەر دراوەکە و شانشینەکەی لە عیسای ناسیرەدا	**بانگ کردنێک وەک نیشتەجێبوانی کاتی و نامۆ بژین وەک گەلی خودا** پێناسەکردنی قوتابێتی ڕاستەقینەی مەسیحی وەک ئەندامێتی ڕاستگۆ لەناو گەلی خودا	**بانگ کردنێک بۆ دووپاتکردن و گوزارشتکردنی کۆنویژی جیهانی پیاوچاکان** گوزارشتکردنی هاوکاری لەگەڵ هەموو باوەڕدارانی تری خۆجێیی و جیهانی	**بانگ کردنێک بۆ دەسەڵاتی نوێنەرایەتی** بەخۆشییەوە ڕادەست بوون بە خزمەتکارانی بەهرەداری خودا لەناو کڵێسا وەک شوانی پلە نزمی باوەڕی ڕاست
بانگ کردنێک بۆ تێگەیشتنی تایبەت بە یاسای باوەڕ ئامێزگرتن بۆ یاسای باوەڕی نیسین وەک ڕێسایەکی هاوبەشی کراوی باوەڕی ئۆرثۆدۆکسی مێژوویی	**بانگ کردنێک بۆ جۆشی فێرکردنی مەسیحی و پیرۆزی و نەریتی قوربانی پیرۆز** ڕێکردن لەناو پیرۆزی و هێزو و ئازادی ڕۆحی پیرۆز لە جەستەی مەسیحدا	**بانگ کردنێک بۆ میوانداری ڕیشەیی و کاری باش** گوزارشتکردنی خۆشەویستی شانشین بۆ هەمووان و بەتایبەتی بۆ ئەوانەی ماڵی باوەڕن	**بانگ کردنێک بۆ شایەت حاڵی پێشبینیکەر و گشتگیر** بڵاوکردنەوەی مەسیح و شانشینەکەی بە وشەو کردار بۆ هاوسێکانمان و هەموو گەلان

* *ئەم پوختەی تیۆرە گونجاندنە و لەسەربنەمای تێگەیشتنی ژیرانەی وتەکەی (بانگی چیکاگۆ)ی مارتی ١٩٧٧ کە توێژەران و مەشقەوەرانی پێشەنگی ئینجیلی کۆبوونەوە بۆ گفتوگۆکردن لەسەر پەیوەندی ڕێبازی ئینجیلی مۆدێرن لەگەڵ باوەڕی مێژوویی مەسیحی.*

سەرچاوە: چاندنی کڵێسا لەناو هەژارانی شار، جلدی ١، لاپەڕە ١٨٢

ناوەندەکانی جێگرەوە بۆ بینینێکی مەسیح ناوەندکراو

ئەو باشی و کاریگەریانەی کە کەلتوری ئێمە دەیکات بەجێگرەوە وەک بەرپرسیارێتی ڕەها

قەشە دکتۆر دۆن نێڵ داڤیس

سەرچاوە: چاندنی کڵێسا لەناو هەژارانی شار، جلدی ١، لاپەڕە ١٩٦

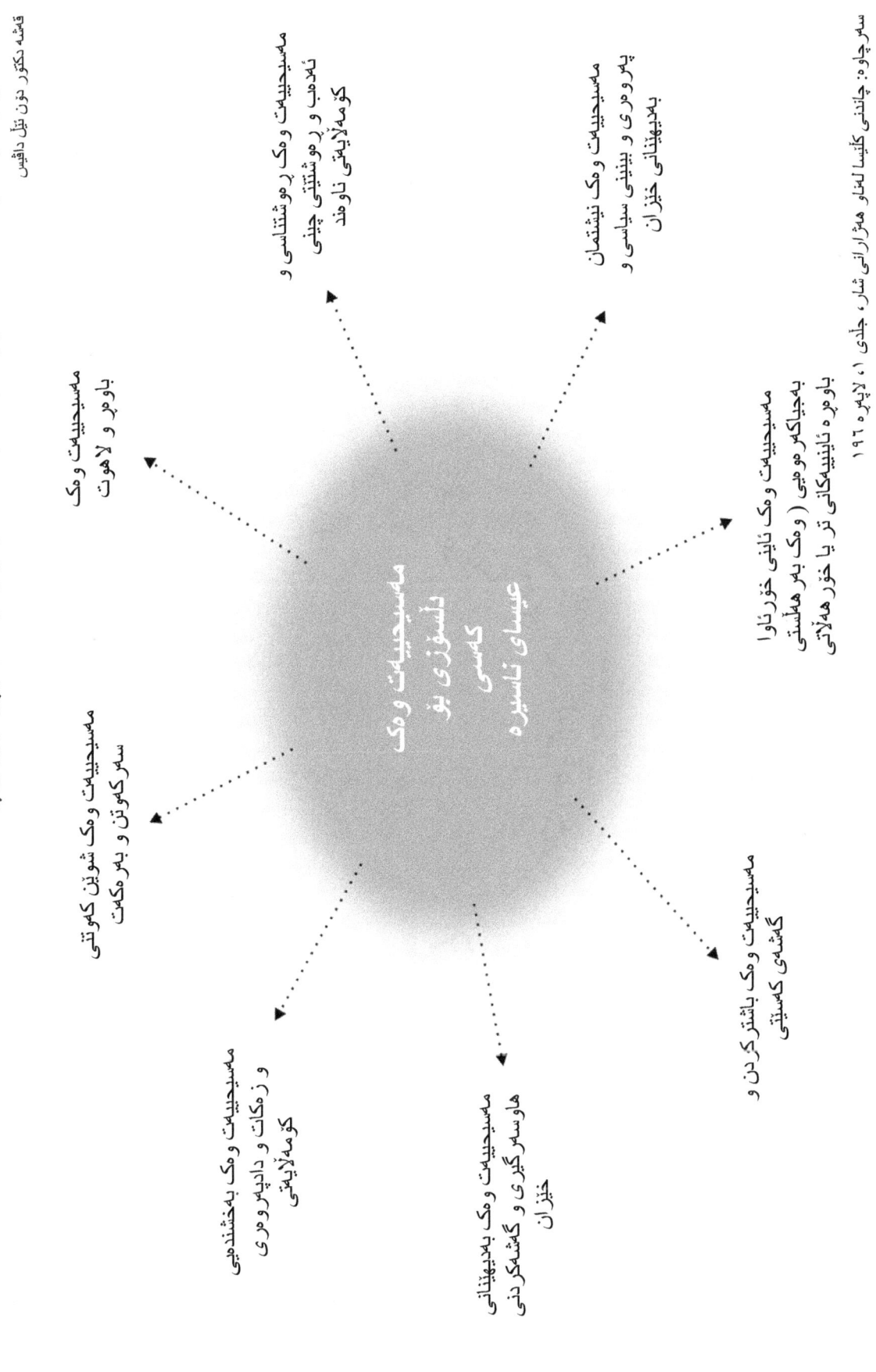

وێنەکە و دراماکە

وێنەو چیرۆک لە گەڕاندنەوەی ئەفسانەی تایبەت بە کتێبی پیرۆز

قەشە دکتۆر دۆن نێل داڤیس

سەرچاوە: چاندنی کڵێسا لەناو هەزارانی شار، جلدی ١ لاپەڕە ١٩٧

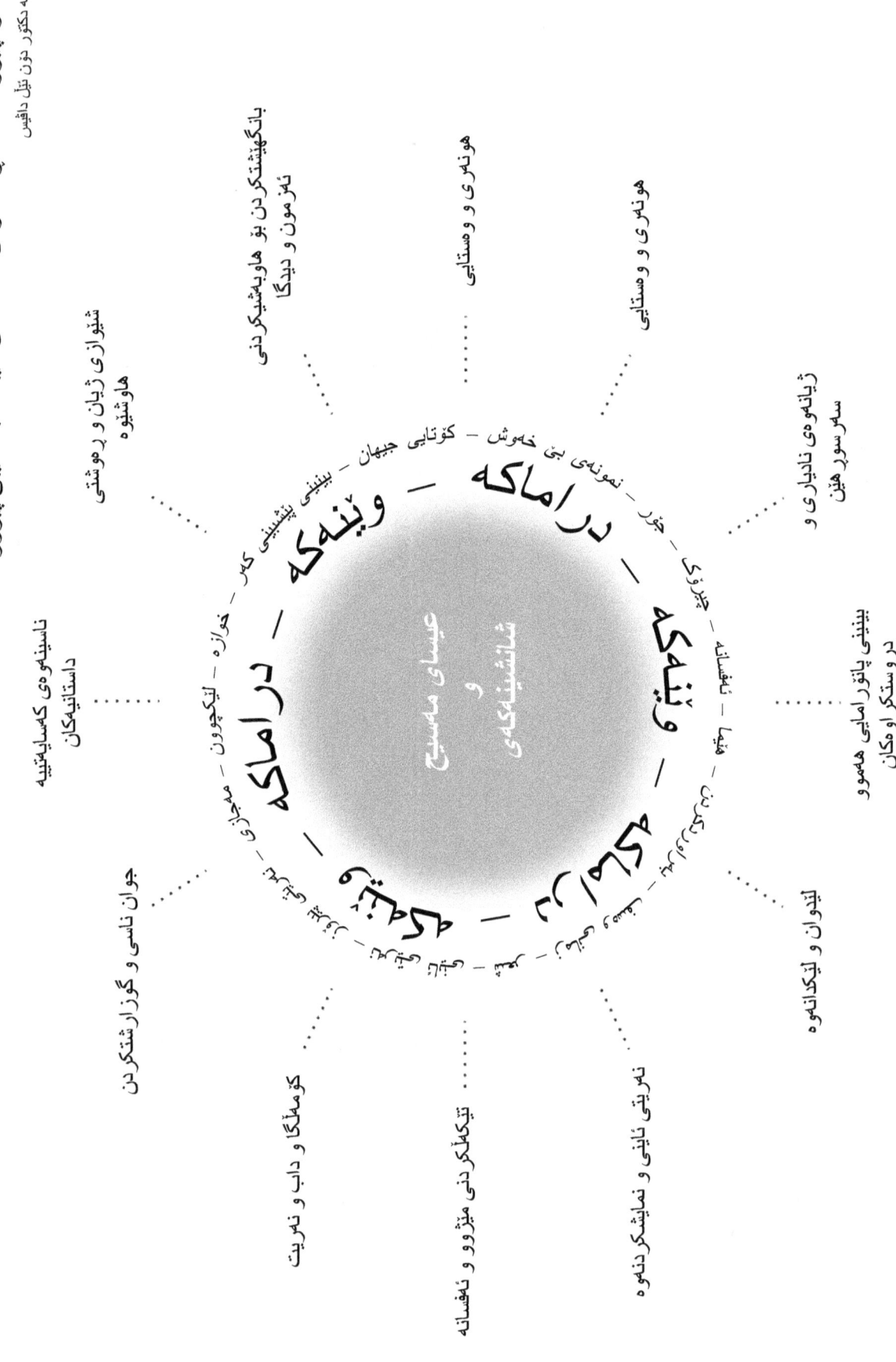

سەرچاوە:
چاندنی کڵێسا لەناو
هەژارانی شار،
جلدی ١ لاپەڕە ٢٧٤

لەپێش زەمانەوە بۆ ئەودیو سنوری زەمانە

پلانی خودا و مێژووی مرۆڤ

دەستکاری کراوە لەلایەن سوزانی دی دیتریچ. مەبەستی ئاشکراکردنی خودا. فیلادێلفیا: چاپەمەنی وێستمنستەر، ١٩٧٦

I. پێش زەمانە (لەئەزەلەوە) ١ کۆرنسۆس ٢: ٧

أ. خودای سیانەیی یەکی هەتا هەتایی
ب. مەبەستی هەتا هەتایی خودا
ت. نادیاری ستەم
ث. میرنشینیەکان و هێزەکان

II. سەرەتای زەمانە (دروستکراوەکان و کەوتن) پەیدابوون ١: ١

أ. وشەی داهێنەر
ب. مرۆڤایەتی
ت. کەوتن
ث. فەرمانڕەوایی مردن و یەکەم نیشانەکانی نیعمەت

III. ئاشکراکردنی زەمانە (پلانی خودا ئاشکرابوو لەڕێگای ئیسرائیلەوە) گالاتیا ٣: ٨

أ. بەڵێن (باوکان)
ب. دەرچوون و پەیمان لە سینا
ت. خاکی بەڵێن لەسەردراو
ث. شارەکەو پەرستگاکەو تەختی پادشاییەکە (پێغەمبەر و کاهین و پادشا)
ج. مەنفا
ح. پاشماوە

IV. پڕی زەمانە (بەرجەستەبوونی خودایی مەسیح) گالاتیا ٤: ٤-٥

أ. پادشا دێت بۆ شانشینەکەی
ب. ڕاستی هەنوکەیی فەرمانڕەواییەکەی
ت. نهێنی شانشینەکە: پێشتر و بەڵام هێشتا نا
ث. پادشا لەخاچ دراوەکە
ج. یەزدانە هەستاوەکە

V. دوا زەمانەکان (دابەزینی ڕۆحی پیرۆز) کردارەکان ٢: ١٦-١٨

أ. لەنێوان زەمانەکان: کڵێسا نمونەی پێشوەختی شانشینەکەیە
ب. کڵێسا وەک بریکاری شانشینەکە
ت. ناکۆکی لەنێوان شانشینەکانی تاریکی و ڕووناکی

VI. هێنانە دی زەمانە (دووەم هاتن) مەتتا ١٣: ٤٠-٤٣

أ. گەڕانەوەی مەسیح
ب. حوکمدان
ت. تەواوبوونی شانشینەکەی

VII. لەودیو سنوری زەمانەوە (ئایندەی هەتاهەتایی) ١ کۆرنسۆس ١٥: ٢٤-٢٨

أ. شانشین ڕادەستی خودای باوک دەکرێت
ب. خودا بەگشتی

لاهوتی (مەسیحی سەرکەوتوو)

بیرۆکەیەکی سەرەکی مەسیح ناوەندکراوی تایبەت بە کتێبی پیرۆز بۆ یەکخستن و نوێکردنەوەی کڵێسای شاری

قەشە دکتۆر دۆن نێل داڤیس

	مەسیحی بەڵێن لەسەردراو	وشەکە کرا بە جەستە	کوڕی مرۆڤ	بەرخی خودا	خزمەتکاری ئەشکەنجە چێژ	داگیرکەری سەرکەوتوو	یەزدانی فەرمان ڕەوا لە ئاسمان	زاواو پادشای ئایندە
سنوری کاری تایبەت بەکتێبی پیرۆز	هیوای ئیسرائیل بۆ یەهوای پیرۆزکراو کە گەلی خۆی دەکڕێتەوە	لەناو کەسی عیسای ناسیرە یەزدان هاتوتە جیهانەوە	وەک پادشای بەڵێن لەسەردراو و کوڕی خودایی مرۆڤ، عیسا شکۆمەندی و ڕزگاری خودا بۆ جیهان ئاشکرادەکات	وەک هەردوو کاهینی باڵاو و بەرخی قوربانی پەسخە، عیسا خۆی پێشکەشی خودا دەکات لەبری ئێمە وەک قوربانییەک بۆ گوناحە	وەک پێشکەش کاری شانشینی خودا، عیسا فەرمانڕەوایی خودا نیشاندەدات لەرێگای وشەکانی و سەرسوڕهێنەکانی و کارەکانی خۆی	بە زیندووبونەوەی ئەو لە مردن و بەرزبوونەوەی ئەو بۆ دەستەڕاستی خودا، عیسا وەک سەرکەوتوو بەسەر هێزی گوناحەو مردن ڕادەگەیەندرێت.	ئێستا فەرمانڕەوایی لەدەستەڕاستی خودا دەکات هەتا دوژمنانی دەکرێن بە کورسی ژێر پێیەکانی ئەو	یەزدانی هەستاوە و بەرزکراوە زوو دەگەڕێتەوە بۆ وەرگرتنی بوکی خۆی (کڵێسا) و تەواوکردنی کارەکەی خۆی
سەرچاوەکانی نوسراوی پیرۆز	ئیشایا۹: ۶-۷ یەرمیا۲۳: ۵-۶ ئیشایا۱۱ :۱-۱۰	یوحەننا ۱: ۱٤-۱۸ متتا ۱: ۲۰-۲۳ فیلیپی ۲: ۶-۸	مەتتا ۲: ۱-۱۱ سەرژمێری ۲٤: ۱۷ لوقا ۱۷: ۲۰-۲۱	۲ کور. ۵: ۱۸-۲۱ ئیشایا ۵۲-۵۳ یوحەننا ۱: ۲۹	مەرقوس ۱: ۱٤-۱۵ مەتتا ۱۲: ۲۵-۳۰ لوقا ۱۷: ۲۰-۲۱	ئەفس. ۱: ۱۶-۲۳ فیلیپی ۲: ۵-۱۱ کۆلۆسی ۱: ۱۵-۲۰	۱ کور. ۱۵: ۲۵ ئەفس.٤: ۱۵-۱۶ کردارە.۲: ۳۲-۳۶	ڕۆم. ۱٤: ۷-۹ ئاشکرا.۵: ۹-۱۳ ۱ سالۆ. ٤: ۱۳-۱۸
مێژووی عیسا	هەبووی پێش بەرجەستەبوونی خودایی، کوڕی تاقانەی خودا لە شکۆمەندیدا	سک پڕی بەو بەرۆح و لەدایک بوونی ئەو لە مریەمەوە	دەرکەوتنی ئەو بۆ مەجوسەکان و جیهان	ئەشکەنجەو و لەخاچدان و مردن و ناشتنی ئەو	فێرکردن و دورخستنەوەی شەیتان لەکەسەکان و پەرجوومکان و کارەبەهێزمکانی ئەو لەناو خەڵکدا	زیندووبونەوەی ئەو بەدەرکەوتنی بۆ شایەت حاڵەکانی و بەرزبوونەوەی ئەو بۆلای باوک	ناردنی ڕۆحی پیرۆز و بەهرەکانی و بەرزبوونەوەی مەسیح بۆ ئاسمان بۆ دەستە ڕاستی باوک	گەڕانەوەی خێرای ئەو لە ئاسمانەوە بۆ زەوی وەک یەزدان و مەسیح: (دووەم هاتن)
وەسف	بەڵێنی تایبەت بە کتێبی پیرۆز بۆ تۆوی ئیبراهیم، پێغەمبەری وەک موسا و کوڕی داود	بە بەرجەستەکردنی خودایی، خودا هاتووە بۆلای ئێمە و عیسا شکۆمەندی خودا بە پڕی بۆ ئادەمیزاد ئاشکرادەکات	لە عیسادا خودا ڕزگاری خۆی نیشانداوە بۆ تەواوی جیهان کە ناجوومکان لەخۆدەگرێت	وەک بەرخی بێ خەوشی خودا، عیسا خۆی پێشکەشی خودا دەکات وەک قوربانییەکی گوناحە لەبری تەواوی جیهان	لە عیسادا شانشینی بەڵێن لەسەردراوی خودا بە بەرچاو هاتوتە سەرزەوی کاتێک ئەو شەیتان دەبەستێت و لەعنەتەکە هەڵدەوشێنێتەوە	بە زیندووبونەوە و بەرزبوونەوەی ئەو، عیسا مردنی تێکشکاند و شەیتانی چەک کرد و لەعنەتەکەشی هەڵوشاندەوە	عیسا جێگیر کراوە لە دەستەڕاستی باوک وەک سەرۆکی کڵێسا و یەکەم لەدایک بووی مردن و یەزدانی باڵا لەئاسمان	کاتێک ئێمە لە کێڵگەی دروێنەی ئەو کاردەکەین لەجیهاندا، ئاوەهاش ئێمە چاوەڕێی هاتنەوەی عیسا و هێنانەدی بەڵێنەکەی ئەوین
ساڵی کڵێسا	**هاتنی مەسیح**	**کریسمس**	**وەرزی دوای غەتتاس و لەناوهەڵکێشان و شێوەگۆڕین**	**هەفتەی پیرۆز ئەشکەنجەی مەسیح**	**ڕۆژووگرتنی گەورە**	**ماوەی دوای قیامەت قیامەت و ڕۆژی بەرزبوونەوە و ڕۆژی پەنجایەمین**	**وەرزی دوای ڕۆژی پەنجایەمین یەکشەممەی سیانەی پیرۆز**	**وەرزی دوای ڕۆژی پەنجایەمین ڕۆژی هەموو پیاوچاکان و فەرمانڕەوای مەسیحی پادشا**
	هاتنی مەسیح	لەدایک بوونی مەسیح	دەرکەوتنی مەسیح	ئەشکەنجەو مردنی مەسیح	قەشەگەری مەسیح	زیندوبونەوەو بەرزبوونەوەی مەسیح	دانیشتنی ئاسمانی مەسیح لەدەستەڕاستی خودا	فەرمانڕەوایی مەسیح
پێکهاتنی ڕۆحی	کاتێک ئێمە چاوەڕێی هاتنی ئەو دەکەین، با ئێمە هیوای مەسیح ڕابگەیەنین و دووپاتی بکەینەوە	ئۆ وشە کرا بە جەستە، با هەموو دڵێک جێگەی نیشتەجێی ئەو بکاتەوە	کوڕی خودایی مرۆڤ، ڕزگاری و شکۆمەندی خۆت نیشانی نەتەوەکان بدە	خوایە ئەوانەی هاوبەشی مردنی یەزدان دەکەن لەگەڵیدا زیندووبینەوە	لە کەسی مەسیحدا هێزی فەرمانڕەوایی خودا هاتوتە زەوی و کڵێسا	با ئێمە بەباوەڕ بەشداری بکەین لە سەرکەوتنی مەسیح بەسەر هێزی گوناحەو شەیتان و مردن	ڕۆحی پیرۆز وەرە نیشتەجێ بە لەناوماندا و توانامان بدەرێ شانشینی خودا پێش بخەین لەجیهاندا	ئێمە دەژین و کاردەکەین بە چاوەڕێکردنی گەڕانەوەی خێرای ئەو کاتێک دەگەڕێین بۆ دڵخۆشکردنی ئەو لەهەموو شتەکاندا

سەرچاوە: چاندنی کڵێسا لەناو هەژارانی شار، جلدی ۱ لاپەرە ۱۹۹

(مەسیحی سەرکەوتوو)

بینینێکی یەکخراو بۆ ژیان و شایەت حاڵی مەسیحی

قەشە دکتۆر دۆن ئێل داڤیس

مەسیحی سەرکەوتوو
وێرانکەری بەدکاری و مردن
گێڕەرەوەی دروستکراوەکان
سەرکەوتوو بەسەر دۆزەخ و
گوناحە تێکشکێنەری شەیتان

بۆ کڵێسا

- کڵێسا درێژکردنەوەی سەرەتایی عیسایە لەجیهاندا
- سامانی قوربانیدراوی مەسیحی هەستاوەو سەرکەوتوو
- لاوس: گەلی خودا
- دروستکراوە نوێیەکانی خودا: ئامادەبوونی ئایندە
- پێگەو بریکاری شانشینی پێشتر/ بەڵام هێشتا نا

بۆ لاهوت و باوەڕ

- وشەی دەسەڵاتداری سەرکەوتنی مەسیح: نەریتە نێردراوەییەکان: نوسراوە پیرۆزەکان
- لاهوت وەک لێدوان لەسەر چیرۆکی مەزنی خودا
- (مەسیحی سەرکەوتوو) وەک سنوری کاری بنەڕەتی لاهوتی بۆ واتا لەجیهاندا
- ڕێبازی نیسین: چیرۆکی نیعمەتی سەرکەوتووی خودا

بۆ ڕۆحییەت

- ئامادەبوون و هێزی ڕۆحی پیرۆز لەناوەندی گەلی خودا
- هاوبەشیکردن بە بەرزەفتکردنەکانی ڕۆح
- کۆبوونەوەکان و کتێبی خوێندنەوە و لیتەرجی و تێبینیەکانی ئێمە لەساڵی کڵێسادا
- ژیان بەژیانی مەسیحی هەستاوە بە کێشی ژیانی ئاسایی خۆمان

بۆ دیارییەکان

- سودو خەڵاتە بەنیعمەتەکانی خودا لە مەسیحی سەرکەوتووەوە
- ئۆفیسەکانی قەشەیی بۆ کڵێسا
- دابەشکردنی سەروەریانەی دیارییەکان لەلایەن ڕۆحی پیرۆزەوە
- سەرکارێتی: دیاری خودایی و هەمەجۆر بۆ باشی گشتی

بۆ خواپەرستی

- گەلی زیندوبوونەوە: ئاهەنگی بێ کۆتایی گەلی خودا
- هاتنەبیر و بەشداریکردن لە ڕووداوی مەسیح لە خواپەرستی خۆماندا
- گوێ بگرە لە (وشە) کەو وەڵامی بدەوە
- نانی ئێوارەی یەزدان لەسەر مێزەکە گۆڕا
- ئامادەبوونی (باوک) لەڕێگای (کوڕە)وە بە ڕۆح

بۆ ژیانەوەی پابەندبوونی کەسی بە مەسیح و مزگێنی

- ژیانەوەی پابەندبوونی کەسی بەمەسیح وەک ڕاگەیاندن و نیشاندانی مەسیحی سەرکەوتوو بۆ جیهان بە بێ شەرم
- ئینجیل وەک هەواڵی خۆشی بەڵێنی شانشین
- ئێمە ڕایدەگەیەنین شانشینی خودا لە کەسی عیسای ناسیرەدا دێت
- ڕاسپاردە مەزنەکە: برۆ بۆ هەموو کۆمەڵەکانی خەڵک کاتێک قوتابی مەسیح و شانشینەکەی ئەو دروست دەکەیت
- مەسیح ڕابگەیەنە وەک یەزدان و مەسیح

بۆ دادپەروەری و میهرەبانی

- گوزارشتە بەخشندەیی و بەنیعمەتەکانی عیسا لەڕێگای کڵێساوە
- کڵێسا خودی ژیانی شانشینەکە نیشاندەدات
- کڵێسا خودی ژیانی شانشینی ئاسمان ڕێک لێرە و ئێستا نیشاندەدات
- چونکە ئێمە بە خۆڕایی وەرمانگرت هەروەها بەخۆڕایی دەیبەخشین (بەبێ هەستی شایستە و شانازی)
- دادپەروەری کاتێک بەڵگەی هەستپێکراوی شانشینەکە دێت

سەرچاوە: *چاندنی کڵێسا لەناو هەژارانی شار*، جلدی ١ لاپەرە ١١٠

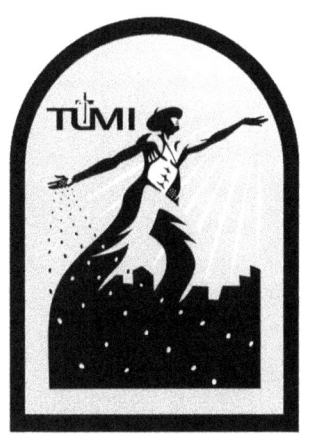

نمونەو ستراتیجییەکانی چاندنی کڵێسا

سەرچاوە:
گەیوو بۆدروێنە،
لاپەڕە ٦٥-٧٤

سیمیناری ٣

بەکارهێنانی ژیری لە قەشەگەریدا

پرۆسەی ئامادەبکە و کاربکە و چاوپیاخشاندنەوە بکە

قەشە دۆن ئاڵسمان

خودا خودایەکی بەمەبەستە

مەتتا ٢٨: ١٩ – کەواتە بڕۆن، هەموو نەتەوەکان بکەنە قوتابی، بەناوی باوک و کوڕ و ڕۆحی پیرۆز لەئاویان هەڵبکێشن.

کردارەکان ١: ٨ – بەڵام کاتێک ڕۆحی پیرۆزتان دێتەسەر، هێز وەردەگرن و بۆ من دەبنە شایەت، لەئۆرشەلیم و هەموو یەهودا و سامیرە، تاکو ئەوپەڕی زەوی.

مەتتا ٢٤: ١٤ – ئەم مزگێنی پاشایەتییەش لەهەموو جیهاندا ڕادەگەیەنرێت، وەک شایەتییەک بۆ هەموو نەتەوەکان، ئینجا کۆتاییەکە دێت.

یوحەننا ١٥: ٨ – باوکم بەمە شکۆدار دەبێت، کەبەرهەمی زۆربهێنن، بەم شێوەیە دەبنە قوتابی من.

چۆن ئێمە دەتوانین مەبەستی خودا بەدی بهێنین؟
بەکارهێنانی ژیری لەقەشەگەریدا

لێکۆڵینەوەی ژیربێژیەکە: ژیری ئەوە هەڵدەبژێرێت کە باشترینە لەنێوان ڕاستییە شیاوەکاندا.

ژیری دۆخێک نییە لە کاروباری جیهانی یا پراکتیکیەوە دووربێت بەڵام لە **بەشیداری پێکردن** دەدۆزرێتەوە.

ئەفسوس ٥: ١٥-١٧ – بۆیە ئاگاداربن چۆن دەژین، نەک وەک نەفام، بەڵکو وەک دانا، کات بقۆزنەوە، چونکە زەمانە بەدکارە. بۆیە گێل مەبن، بەڵکو تێبگەن خواستی مەسیحی باڵادەست چییە.

پەندەکان ٢٤: ٣-٦ – بەدانایی ماڵ بنیاد دەنرێت، بەتێگەیشتنیش دەچەسپێت، بەزانیاریش ژوورەکان پڕدەبن لەهەموو گەنجینەیەکی بەنرخ و جوان. پیاوی دانا بەتوانایە، کەسی زاناهێزی زیاد دەبێت. چونکە بەڕاوێژەوە شەڕدەکەیت، سەرکەوتنیش بەزۆری ئامۆژگارانە.

دەوروبەر
بەهاکان/ بینین
ئامادەکردن
بەگەڕخستن
پێکەوەنان
پەروەردە
گواستنەوە
خشتە/ ڕێگەپێدانی دامەزراندن

سەرچاوە:
گەیوو بۆدروێنە،
لاپەڕە ٦٥-٧٤

سوودەکانی بەکارهێنانی ژیری لە ئەرکەکانی قەشەگەریدا

- بینینی ڕوون یارمەتی هەموو یەکێک دەدات بە ڕوونی ببینێت ***ئەگەر تیمەکە بەباشی کارئەنجام بدات*** یا نا.
- ئاراستەی ڕوون ***شڵەژان تائەوپەڕی کەم دەکاتەوە*** بە بەخشینی هەستی باوەڕبەخۆبوون و هیوا.
- هەموو یەکێک ***تەرخانکردنی ئەرکی خۆی*** دەزانێت.
- خەڵک دەتوانێت بڕیاربدات ئەگەر بیەوێت بمێنێتەوە و ***یارمەتی بەدی هێنانی بینینەکە بدات*** یا بڕواتە سەر شتێکی تر. تۆ خەڵکت ناوێت لەتیمەکەتدا ئەوانەی پشتگیری بینینەکە ناکەن. ئەگەر ئەوان بمێننەوە ئەوا یا ناچالاک دەبن یا گرفت دروست دەکەن.
- چالاکی بەفیڕۆدراو تائەوپەڕی کەمدەکرێتەوە (سەرنجت لەسەر بینین بێت نەک هەڵەکان).
- ژینگەیەک دروست دەکرێت لەوێ تۆ دەتوانیت ***بڵێیت "نا" بۆ ئەو هەلانەی*** بەشدارنابن لە بینینەکە.
- ئەو هەلانەی بەشداریدەکەن لە بینینەکە ***دەتوانرێت*** بەخێرایی ***چاوەڕێی لێ بکرێت*** یا بناسرێتەوە. نەحمیا ئامادە بوو کاتێک هەڵەکە دروست بوو بۆ ڕوونکردنەوەی بینینەکەی خۆی بۆ پادشا.
- گوزارشتی ڕوون و ئاراستەکردن ئازاردان و بێ ورەکردنی سوپاکان تا ئەوپەڕی کەمدەکاتەوە. سەربازان دەمرن لە نەبوونی گوزارشتی ڕوون و ئاراستەکردن.
- ژیری خواستی هەیە لەسەر هاوسەنگییەک لەنێوان ***بینین (باوەڕ) و ڕاستی (بەهەست و وریایی)***.
- ئاراستەی ڕوون هانی خەڵک دەدات و ***ئازادیان دەکات داهێنان بکەن***.
- ئەوە وا لەئامرازەکان دەکات سەرکێش بن (بەرپرسیارێتی بخەنە ئەستۆ)، ***کاتێک کەمکردنەوەی تا ئەوپەڕ دەبێت بە "قوربانی بارودۆخ."***
- دەتوانرێت بنەماکان بەسەر ***ڕووبەری زۆری چالاکییەکانی تیمەکەدا پەیرەوبکرێت***. گەشەدان بە خووی بەکارهێنانی ژیری هەموو چالاکییەکی گەورە یا بچوک کاریگەرتر دەکات.

بەربەستەکانی بەکارهێنانی ژیری لە ئەرکەکانی قەشەگەریدا

"...ئێمە لە پیلانەکانی بێئاگا نین" (٢ کۆرنسۆس ٢: ١١)

- **" ئێمە هەرگیز بەوشێوەیە پێشتر ئەوەمان نەکردووە."** خودا پێویستی بەو داب و نەریتانە نییە کە پێشکەوتنی ئەو دەگرن. تەنیا لەبەرئەوەی بەرێگایەکی دیاریکراو ئەنجام دراوە ئەوە ئاماژە بەوە ناکات کە ئەوە بژاردەیەکی ژیرانەیە. (کردارەکان ١٠)
- **" ئێمە باشین."** سەرکەوتنی تەواو (یا ڕاستەقینە) تۆ ڕادەگرێت بگەیتە بەرەوبوومی گەورەتر (یوحەننا ١٥: ٢).

دەوروبەر
بەهاکان/ بینین
ئامادەکردن
بەگەڕخستن
پێکەوەنان
پەروەردە
گواستنەوە
خشتە/ ڕێگەپێدانی دامەزراندن

سەرچاوە:
گەیوو بۆدروێنە،
لاپەڕە ٦٥-٧٤

- **"ڕێک و پێک بوون ڕێگەنادات بە ڕابەرایەتی کردنی ڕۆحی پیرۆز."** خودا پلانێکی هەبوو و پلانەکەی خۆی لە ڕێگەی ئێمەوە جێبەجێدەکات. نابێت ئێمە شەرم بکەین بە هەبوونی پلانێک و جێبەجێکردنی ئەوپلانە.
- **" ئەوە گرنگ نییە ئێمە چی دەکەین – خودا بەرەکەتی دەکات. ئێمە ڕووبەڕووی دەبینەوە کاتێک ئێمە پێی دەگەین."** کاتێک هەندێک شت هەیە کە باشترە دواتر بەجێ بهێڵدرێت، هەندێ جار ئەم بۆچوونە ڕەنگدانەوەی نەبوونی بەرزەفتکردنە.
- **" ئێمە دەتوانین ئەنجامی بدەین" لەجیاتی " دەبێت ئێمە ئەنجامی بدەین."**
– بنەمای بڕیار بخرێتە سەر سۆز یا کرداری بەکەڵک یا سەرچاوەی بەردەست.
  - ~ سەرنجی ڕوون بخە سەر بینینەکە.
  - ~ بەشداری بەو چالاکییانە بکە کە بەشداردەبن لەو بینینە.
  - ~ شتی باشی زۆر وەبەرهێنان دەکات، بەڵام تەنیا شتێکی کەم بەشداری بینینەکە دەکات.
  - ~ سەرکارێتی لاواز بە هەڵەکان بەرەو پێش بڕوات لەجیاتی ئەوەی بە بینین بەرەو پێشبڕوات.
  - ~ بەژیرییەوە ڕەچاوی دەرهاویشتەکانی بڕیارەکان بکە، نەک ڕەچاوی ئاسانترین ڕێچکەبکەیت.
  - ~ سۆز دەتوانێت بەئاسانی ئێمە هەڵخەڵەتێنێت. " مێشکت ڕوون بێت و کۆنترۆڵی خۆت هەبێت بۆئەوەی تۆ بتوانیت نوێژ بکەیت" (١ پەترۆس ٤: ٧)
  - ~ ئەو ڕێچکەیەی کەمترین بەرەنگاری هەیە زۆرجار دەبێت نرخێک بدات.
  - ~ (بەشداریکردن لە بینین)
- **هیلاکی.** " هیلاکی هەموو ئێمە ترسنۆک دەکات." کاتێک ئێمە هیلاک دەبین، ئێمە زیاتر بەرهەڵستی بیرۆکە و هەموو شتێکی نوێ دەبینەوە کە سوود لەو سەرچاوانە وەردەگرن کە پێشتر کەمن. ئەم بەرهەڵستی کردنە دەتوانێت ببێتە ئەنجامی هەڵە لەکیس چووەکان.
- **ترسی سەرنەکەوتن و ترسی گۆڕان و ترسی لەکیسدانی پشتگیریکەران**
  - ~ مامناوەندی پەسەندە چونکە ئەوە بێ وەییە.
  - ~ مەترسی ئەگەری سەرنەکەوتن یا ڕیسواکردنی کەسی دەهێنێت ("چونکە خودا ڕۆحی ترسی پێمان نەبەخشیوە، بەڵکو ڕۆحی هێزو خۆشەویستی و خۆڕاگری پێ بەخشیوین." ٢ تیمۆساوس ١: ٧)
  - ~ ترس لە گۆڕان سروشتییە، بەڵام ئێمە بەردەوام دەگۆڕدرێین (ڕۆما ١٢: ٢ و ٢ کۆرنسۆس ٣: ١٨).
  - ~ نەرمی (کرانەوە بۆ گۆڕان) گرنگە بۆ مەشقکردنی ژیری (خودا ئەو شتانە دەکات کە ئێمە چاوەڕێی نین).
  - ~ ڕەنگە ژیری بڕیار لەسەر کرداربدات لەئەنجامی مشتومڕ، بەڵام ئەگەر ئەوە بۆ باشترین بەرژەوەندی بینین بێت ئەوا دەبێت تۆ بە بوێرانەو هەستیارانە کرداربکەیت.

دەوروبەر
بەهاکان/ بینین
ئامادەکردن
بەگەڕخستن
پێکەوەنان
پەروەردە
گواستنەوە
خشتە/ ڕێگەپێدانی دامەزراندن

سەرچاوە:
گەیوو بۆدرۆێنە،
لاپەڕە ٦٥-٧٤

- **ئامادەیی بۆئەوەی لە ناکۆکییەکی درێژکراوەبیت**
  - ~ سوپاکان بەردەوام دەبن لە شەڕکردن تەنانەت کاتێک ئەوان دەزانن دەبەزێنرێن.
  - ~ درێژکردنەوەی شڕەکە ڕیسواکردنی بەزاندن کەمدەکاتەوە.
  - ~ تۆ پێویستت بە یارمەتی هەیە بۆئەوەی سەرکەوتوو بیت بەڵام هەروەها بۆئەوەی کاتێک زەرەرەکانت کەمبکاتەوە.
  - ~ " هاندانی خەڵک بۆ ئەوەی بەڵێن بەخۆیان بدەن بۆ مانەوە ڕادست بوونە بە بەزین" (جۆرج بارنا).
- **ئەزموون.** من دەمێکە لێرەم و من دەزانم چی ڕوودەدات. دوانزە ساڵە من لەم کۆمەڵگایەم و من دەزانم ئەمە سەرناگرێت."

ئەو پرۆسەیەی بەربەستەکان و سوودەکان چارەسەردەکات،
هەروەها ئەو پرۆسەیە بەمەبەستە و نوێ و هێشتا گەشەسەندووە:

- بەمەبەست: ئێستا بڕیاربدە پێش ئەوەی کار لەکار بترازێت.
- نوێ و هێشتا گەشەسەندوو: ڕووبەڕووی بەرەوە کاتێک دێت.

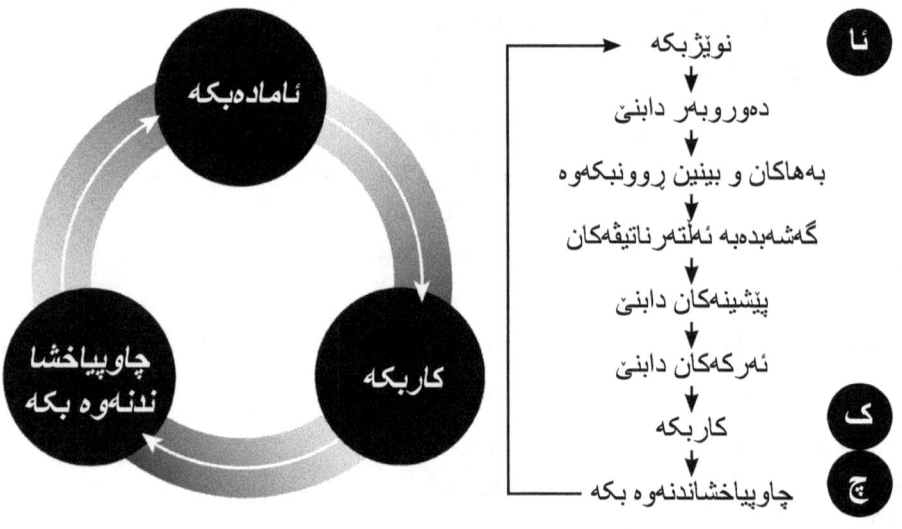

کاربکە
چاوپیاخشاندنەوە بکە

ئا
نوێژبکە
دەوروبەر دابنێ
بەهاکان و بینین ڕوونبکەوە
گەشەبدەبە ئەڵتەرناتیڤەکان
پێشینەکان دابنێ
ئەرکەکان دابنێ
ک
کاربکە
چ
چاوپیاخشاندنەوە بکە

دەوروبەر
بەهاکان/ بینین
ئامادەکردن
بەگەڕخستن
پێکەوەنان
پەروەردە
گواستنەوە
خشتە/ ڕێگەپێدانی دامەزراندن

89 • نمونەو ستراتیجییەکانی چاندنی کڵێسا

سەرچاوە:
گەیوو بۆدرۆێنە،
لاپەرە ٦٥-٧٤

ئامادە بکە و کاربکە و چاپپاخشاندنەوە بکە

ئامادەبکە

- **نوێژبکە** (پلانی ئەو بدۆزەوە)

ئێمە بە پلانێک دەستپێناکەین بەڵکو بە سۆزێکی بەتین دەستپێدەکەین. جوڵە لە سۆزەوە دەڕوات" (ویتلی).

- ***دەوروبەر دابنێ*** (خودا خودای مێژووە.)

بڕیاری باش لە دەوروبەری گونجاو دەردەچێت.

بیرکردنەوەی قوڵت هەبێت. " لەهەمووشتێکدا کەسی وریا بە زانینەوە کرداردەکات، بەڵام کەسی گەمژە گەوجێتی خۆی بەشانازیەوە دەردەخات" (پەندەکان ١٣: ١٦)

- ***بەهاکان و بینین ڕوونبکەوە.***

بەهاکان: ٣-٥ هێزی پاڵنەر بۆ دۆزینەوەی ڕای گشتی (ئابلین پارادۆکس – جەی. هارڤی، ١٩٨٨).

کێ و چی و کەی و چۆن (ڕاسپاردەی مەزن و موسا و یەشوع و نەحمیا).

درک بکە. " ژیری کەسی وریا ئەوەیە درک بەڕێگای خۆی بکات، بەڵام گەوجێتی گەمژەکان هەڵخەڵەتێنەرە" (پەندەکان ١٤: ٨).

- ***گەشە بە ئەڵتەرناتیڤەکان بدە*** (یەکەم و ڕوونترین وەڵام قبووڵ مەکە.)

خەو ببینە و ڕاوێژ وەرگرە

داهێنەربە. " پلانەکان بە ڕاوێژکردن دادەمەزرێن و بە ڕێبەریکردنی ژیرانە شەڕ هەڵگیرسێنە" (پەندەکان ٢٠: ١٨)

- ***پێشینەکان دابنێ*** (تەنیا هەموو ئەڵتەرناتیڤەکان تاقیمەکەوە.)

وریا بە. " کەسی سادە باوەڕ بەهەموو شتێک دەکات، بەڵام کەسی وریا بیرلە هەنگاوەکانی دەکاتەوە... کەسی وریا مەترسی دەبینێت و خۆی دەشارێتەوە، بەڵام کەسی سادە بەردەوام دەبێت و ئەشکەنجەی پێ دەچێژێت" (پەندەکان ١٤: ١٥ و ٢٢: ٣).

- ***تەرخانکردنی ئەرکەکان دابنێ*** (خەڵک جێ مەهێڵە قەبڵاندن بکات دەربارەی وردەکاری تەرخانکردنی ئەرکەکانی خۆی.)

بڕیاردەربە. " ئەو منی تێگەیاند لەهەموو وردەکاریەکانی پلانەکە...بەهێز و ئازابە و کارەکە بکە" (١ کۆرنسۆس ٢٨: ١٩-٢٠).

دەوروبەر
بەهاکان/ بینین
ئامادەکردن
بەگەڕخستن
پێکەوەنان
پەروەردە
گواستنەوە
خشتە/ ڕێگەپێدانی دامەزراندن

سەرچاوە:
گەیوو بۆدرۆیِنە،
لاپەڕە ٦٥-٧٤

کاربکە *(لە قسەکردن بووەستە و دەست بە کرداربکە.)*

- بوێربەو داهێنەربە؛ ئەو سنوورانە دیاریبکە کە تیایدا خەڵک ئازادە دیارییە ڕۆحییەکانی ئەنجامبدات بەبێ داواکردنی مۆڵەت." – بیل ئیسەم
- ناکۆک: شتەکان بەدەگمەن وەک ئەوە دەڕوات کە پلانیان بۆدانراوە.
- جێ بەجێکردنی پلانێکی لاواز باشترە لە جێ بەجێکردنی پلانێکی گەورە بەلاوازی.
- **داهێنەربە.** (مەتتا ٢٥: ١٤-٣٠).
- دوو لەئەندازەبەدەر: ڕەقی و نەبوونی بەرزەفتکردن.

چاوپیاخشانەوەبکە *(وای دامەنێ ئەوەی تۆ ئەنجامت داوە کاریگەربوو.)*

- نیوەی کات بۆ ڕێکخستن دابنێ (بینینی سانبالات و کۆرنیلییەس و جیدیۆن و ماسادۆنی).
- میوەکان بپشکنە (یوحەننا ١٥: ٢)
- "گرنگترین بەشی هەموو مزگێنییەک قسە پێکردنە (استجواب)"
- ***بیرکردنەوەی قوڵت هەبێت.*** " هەژاری و ئابرووچوون دێت بۆ ئەو کەسەی ڕێنمایی پشتگوێ دەخات، بەڵام هەرکەسێک گوێ لە سەرزەنشت بگرێت ڕێزی لێ دەگیرێت...هەرکەسێک ڕێنمایی پشتگوێ بخات ڕقی لەخۆیەتی، بەڵام ئەوەی گوێ لە سەرزەنشت بگرێت زیرەکی بەدەست دەهێنێت" (پەندەکان ١٣: ١٨ و ١٥: ٣٢).
- ئاهەنگ بگێڕە! (ڕێژەی سەرنەکەوتنی ٪٦٥.٤ ی ئێد دێلاهانتیت بێتە بیر)

(ئامادەبکە وکاربکە و چاوپیاخشانەوەبکە) چیە؟

تۆ کاتی زۆر بە ئامادەکردن بەسەر دەبەیت، بەڵام هەڵمەخەڵەتێ. هیچ ڕێسایەک یا پلانێکی باش کڵێسا ناچێنێت و نە پرۆسەیەکی شیکاریش کڵێسا ناچێنێت.

بۆبی باودن لەسەر کۆنترۆڵکردنی تێکەڵە بە ئەنجامدانی شتێک بەو شتانەی لەبەردەستدان: " ڕەنگە تۆ هەموو هەفتەکە کارلەسەر پلانێکی گەمە بکەیت، دواتر چوار یاری بخەیتە گەمەکەوە و هەستبکەیت پلانەکە باش نیە. دەبێت تۆ بتانیت دەستکاری کردن بکەیت. دەبێت تۆ نەرمی دروست بکەیت لەناو ستراتیجییەکان و خەڵکەکەت."

ڕۆبێرت ماک نامارا: " دەبێت یەکەمجار ئێمە بڕیاربدەین سیاسەتی دەرەوەی ئێمە چی دەبێت و ستراتیجییەکی سەربازی ئامادەبکەین بۆ ئەنجامدانی ئەو سیاسەتە، پاشان هێزی سەربازیەکە دروست بکەین بۆئەوەی بەسەرکەوتووانە ئەم ستراتیجانە ئەنجام بدات." (ستراتیجی سەرنەکەوتووی ڤێتنام)

دەوروبەر
بەهاکان/ بینین
ئامادەکردن
بەگەڕخستن
پێکەوەنان
پەروەردە
گواستنەوە
خشتە/ ڕێگەپێدانی دامەزراندن

سەرچاوە:
گەیوو بۆدرۆێنە،
لاپەڕە ٦٥-٧٤

(ئامادەبکە و کاربکەو چاوپیاخشاندنەوە بکە) بریتیە لە	(ئامادەبکە و کاربکە و چاوپیاخشاندنەوە بکە) بریتی نیە لە
گونجاندن	ڕێک وپێکخراو بوون
ژیری (بەژیرییەوە شوێنکەوتنی بینین)	ئامانجەکان
ڕێکخستن	پشکنینی ئەرکەکان
فێربوون	پلاندانان
بەشداریکردن لە بینین	شیکاری ژمێردراو
پشکنینی میوە (یوحەننا ١٥: ٢)	جەخت کردنی لەئەندازەبەدەر لەسەر جڵەو گرتنی خەرجکردن و بودجە
خەوبینین و پیلاندانان	کاری ڕۆتینی ڕاپۆرت و نوسراو
" گونجاندن و خەملاندنی خێرا بۆ ژینگەیەکی ئاڵۆز و خێرا گۆڕاو کەتۆ ناتوانیت کۆنترۆڵی بکەیت" – جۆن بۆید، ئۆ ئۆ دی ئەی لوپ	یەک هێڵی بوون
ئامادەبکە و کاربکە و چاوپیاخشاندنەوە بکە	ئازار بەبێ خەڵات

بەکارهێنانەکان بۆ ئامادەبکە و کاربکەو چاوپیاخشاندنەوە بکە

دووربییەکان: ڕابەرایەتیکردنی کۆراڵ و ڕابەرایەتیکردنی خزمەتێکی خواپەرستی و ڕابەرایەتیکردنی کۆمەڵەیەکی خانە و پلاندانانی قوتابخانەی چاندنی کڵێسا و کۆبوونەوەی پیران و خزمەتەکانی خواپەرستی و بۆنەکانی وەستانی چالاکی و ڕۆیشتن بۆ شوێنێکی ئارام بۆ نوێژکردن و بۆنە ئینجیلییەکان.

(ئامادەبکە و کاربکەو چاوپیاخشاندنەوە بکە) (کارتێکردنی جیهان) نییە: (ئامادەبکە و کاربکەو چاوپیاخشاندنەوەبکە) نوێنەرایەتی بنەماکانی ژیری تایبەت بە کتێبی پیرۆز دەکات.

سەرکەوتن دەدۆزرێتەوە کاتێک:

ئامادەکاری ژیر هەیە

...بەداهێنان جێبەجێدەکرێت لەژێر ڕێبەری (ڕۆحی پیرۆز)دا

هەروەها ...بەوریایی و وردییەوە چاوخشانەوەی بۆدەکرێت.

دەوروبەر
بەهاکان/ بینین
ئامادەکردن
بەگەڕخستن
پێکەوەنان
پەروەردە
گواستنەوە
خشتە/ ڕێگەپێدانی دامەزراندن

سەرچاوە:
گەیوو بۆدروێنە،
لاپەڕە ٦٥-٧٤

(ئامادەبکە و کاربکەو چاوپیاخشاندنەوە بکە): ئامادەبکە

دۆن ئاڵسمان

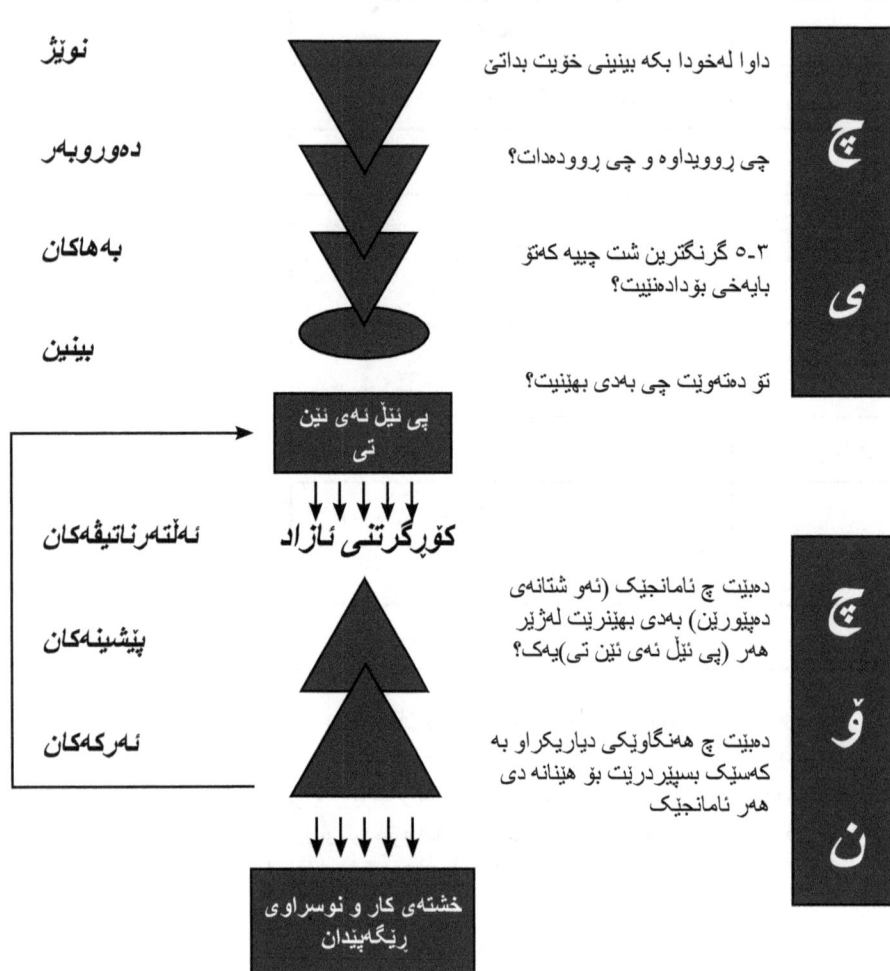

خشتەی کار و نوسراوی ڕێگەپێدان
نوسراوی ڕێگەپێدان

ئەنجامی کۆتایی قۆناغی ئامادەکاری (ئامادەبکە و کاربکە و چاوپیاخشاندنەوەبکە) فۆرمی نوسراوی ڕێگەپێدانە

- تەواوی پلانەکە لەسەر یەک پەڕە کۆدەکاتەوە
- یارمەتی ئەندامانی تیمەکە و ڕابەرانی فرە تیم و خۆبەخشانی شاراوەو لایەنی تری ئارەزوومەند دەدات زانیاری کورتی نیەتەکانی پرۆژەی چاندنی کڵێساکە ببینن
- دەبێت بە ئامرازێک کە بەهۆیەوە دەسەڵات دەدرێت بە تیمەکە کاتێک واژوو دەکرێت لەلایەن دەسەڵاتە گونجاوەکەی چاندنی کڵێسا کە سەرپەرشتیاریدەکات

دەوروبەر
بەهاکان/ بینین
ئامادەکردن
بەگەڕخستن
پێکەوەنان
پەروەردە
گواستنەوە
خشتە/ ڕێگەپێدانی دامەزراندن

سەرچاوە:
گەیوو بۆدرۆینە،
لاپەڕە ٦٥-٧٤

هیچ نوسراوێکی ڕێگەپێدان بێ کۆتا نییە

- بەرواری دیاریکراو بۆ چاوپیاخشانەوەی نوسراوی ڕێگەپێدان
- ڕەنگە چاوپیاخشانەوە بڕیاربدات ئەگەر:

~ ڕێگەبدرێت بە درێژکردنەوەی زیادی کات بۆ بەردەوام بوون لە هەوڵەکە

~ بەرهەمی بێ سەروزیاد نەبێت لە هەوڵەکە و پێویست بکات تیمەکە هەڵبوەشێتەوە

~ پێویست بە گۆڕانی گشتی بکات لە بینینەکە یا ستراکتوری تیمەکە یا ستراتیجییەکان

نوسراوی ڕێگەپێدانەکە تیمەکە دەکات بە نیمچە ئۆتۆنۆمی.

- ڕێگەدەدات بە تیم بینینەکانی خۆی جێبەجێبکات لەچوارچێوەی ڕێنماییە ڕاگەیەندراوەکان بەبێ جڵەوگرتنی هەموو وردەکارییەکی کارکردن.
- وردبینی چڕوپڕی شێوازەرکان و بینینی تیمەکە دروست دەکات

~ لە پێشەکی گەشەپێدانی نوسراوی ڕێگەپێدان

~ لە کۆتایی لەماوەی چاوپیاخشاندنەوەی نوسراوی ڕێگەپێدان

- وردبینی کەمتر لەناوەند دا لەماوەی جێ بەجێکردن

نوسراوی ڕێگەپێدان بەرزترین خاڵی پرۆسەی پلاندانانی ستراتیجییە و تیمەکە پۆشتەدەکات بە ژیری و دەسەلاتەوە بەردەوام بێت.

دەوروبەر
بەهاکان/ بینین
ئامادەکردن
بەگەڕخستن
پێکەوەنان
پەروەردە
گواستنەوە
خشتە/ ڕێگەپێدانی دامەزراندن

سەرچاوە:
گەیوو بۆدروێنە،
لاپەڕە ٦٥-٧٤

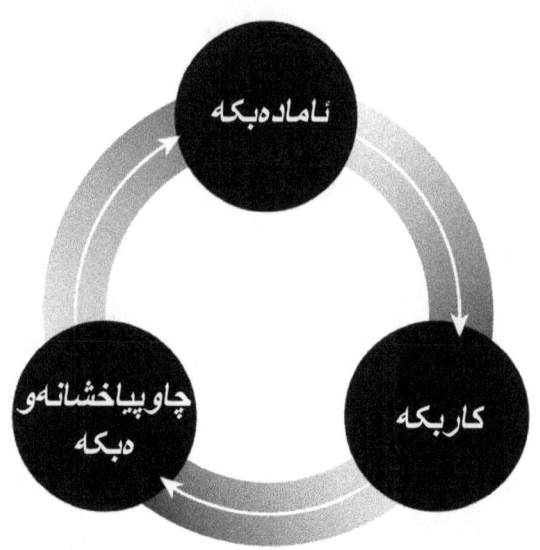

درکی ئەو بینینە بکە خودا هەیەتی

پلانی هێرشکردن ئامادە بکە

ئامادەبوونی تاکتیکی و ڕۆحی • بەشداریکردن لە بینین

دەست بەشەڕکردن بکە دژی دوژمن

بەرەوبوومەکە بپشکنە

پلانی نوێی هێرشکردن ئامادەبکە

- (ئامادەبکە و کاربکەو چاوپیاخشاندنەوەبکە) دەربارەی گونجاندنی ژیرانەو کردنی ڕێکخستنەکانە نەک ڕێکخراو و ئامانج و ئەرکەکان
- ئەوە دربارەی فێربوونە نەک پلاندانان
- ئەوە دەربارەی بینین و پشکنینی میوەیە نەک شیکاری و جەخت کردنی لەئەندازەبەدەر لەسەر جڵەوگرتنی خەرجکردن و بودجە
- ئەوە دەربارەی خەوبینین و پیلاندانانە نەک کاری ڕۆتینی ڕاپۆرت و نوسراو

دەوروبەر
بەهاکان/ بینین
ئامادەکردن
بەگەڕخستن
پێکەوەنان
پەروەردە
گواستنەوە
خشتە/ ڕێگەپێدانی دامەزراندن

سەرچاوە:
چاندنی کڵێسا لەناو هەژارانی شار،
جڵدی ٢
لاپەرە ٢٠٥-٢٠٦

دەستکێشی ئاسنینی پرۆژەی داڤیس

دوانزە مەرجە پیسەکە بۆ دەستپێشخەرییە نوێیەکان

قەشە دکتۆر دۆن ئێل داڤیس

١- ئایا پرۆژەکە گرفتێکی قورس چارەسەردەکات یا پێویستییەکی پەرۆش دابین دەکات یا هەلێکی گرنگ دەقۆزێتەوە کە مژدەبەرانی شاری و کڵێساکان و ڕابەرەکانیان ڕووبەڕووی دەبنەوە؟ چۆن ئاوا؟

٢- ئایا پرۆژەکە خاوەن پشک و سپۆنسەری ڕوونی هەیە ئەوانەی ئامادەن پاڵپشتی پرۆژەکەبکەن هەتا کۆتاییەکەی؟

٣- ئایا ڕێگا هەیە بۆ کۆمەککردنی ئەمە؟ چانسی ڕوودانی ئەم دەستپێشخەرییە چییە کە دەچێتەسەر سەرچاوە دارایی و ڕۆشنبیرییەکانی ئێمە لە ئایندی نزیک و دووردا (بۆنمونە دووئەوەندە کردن یا سێ ئەوەندە کردنی وەبەرهێنانی سەرەتایی ئێمە لە ١٠-١٢ مانگی داهاتوودا)؟

٤- پێکهاتەی تیمی پرۆژەکەی ئێمە چی دەبێت؟ ئایا ئەوان پارە یا ئامرازی تری پێویست و پسپۆڕ و زانین و ئەزمون و هەیە تا بەڕاستی کاربکەن لەسەر ئەم گرفتە یا هەلە؟

٥- کێ بەرپرس دەبێت بۆ دروستکردنی ستراکتۆری زانیاری وردی کاری ئێمە بۆ ئەم پرۆژەیە، واتا، پێناسەکانمان و ئەرکەکانمان و تەرخانکردنی ئەرکەکانمان و بەرواری دیاریکراو و هتد؟ کێ ئەم پرۆژەیە بۆئێمە بەڕێوەدەبات؟

٦- ئایا هۆ هەیە بۆچی ئێمە ناتوانین ئەمە بکەین، تەنانەت ئەگەر ئێمە ویستبێتمان؟ بەواتایەکی تر، ئایا ئەم پرۆژەیە بەسادەیی لەودیو سنووری توانای ناوازەی ئێمەوەیە بۆ هەڵسوڕانی؟ بۆچی و بۆچی نا؟

٧- ئایا ئەندامانی تیمی پرۆژەی ستراتیجی تر هەیە کە ئێمە پێویستمان پێ دەبێت بۆ وەرگرتنیان و قبوڵکردنی بەرپرسیارێتی تێچوونیان بۆ ئەوەی وا بکرێت ئەمە ڕووبدات؟ ئایا ئێمە پابەندبوونی ئەوانمان هەیە و ئایا ئێمە دەتوانین کۆمەکیان بکەین؟

٨- ئایا ئەم پرۆژەیە هێزی ڕاکێشان و هێزای پاڵنەر دابیندەکات بە بەرپرسیارێتی هەنوکەی ئێمە وەک پرۆژەیەکی گرنگی بەسود: واتا، ئایا ئەوە بە گەورەیی هێزی ڕاکێشانی ئێمە پێش دەخات بۆ زۆرکردنی کڵێساکان بەشێوەی فرە کەلتوری لەناو هەژارانی شارداو توانای ئێمە زیاد دەکات بۆ هاندان و دابینکردنی سەرچاوە بە ڕابەرانی شاری بۆ کڵێسای شار لەڕێگای سەتەلایتەکانمان و بەشێوەی دارایی یارمەتی بدرێن؟

٩- تەنانەت ئەگەر ئێمە پارەو کاتیشمان هەبوو بۆ هێنانە دی ئەمە لەئێستادا، ئایا هۆکاری سەرنجڕاکێش بوونی هەیە کە بتوانێت ئەم ئەگەرە زیادبکات بۆ بەرزترین پلەی پێشینەکانمان؟ بەرچاوکردنی بەربەست و سنوری پرسەکانی ئێمە لەئێستادا، ئایا ئێمە دەتوانین شتەکانی تر بخەینە لاوە بۆ ئەوەی لەسەر ئەمە کاربکەین؟ بۆچی؟

١٠-ئایا ئێمە دەتوانین هەموو یا بڕێکی زۆری کۆپی یا بەرهەمی بەرەوبووومەکان لەدەرەوە دابین بکەین بۆ ئەم پڕۆژەیە؟

١١-ئایا ئەم پڕۆژەیە دەتوانێت بەهاو سەرنج بۆ ئێمە زیادبکات کاتێک بتوانێت دەست گەیشتنی بۆ بکرێت و دابەش بکرێت و پێشکەش بکرێت لە وێبگەکە؟ ئایا ئێمە دەتوانین بەرەوبومەکانی ئەوە یەکبخەین بۆناو کەتەلۆگی سەرچاوەکانی ئێمە لەوێ؟

١٢-کارتی بەهاداری هەموو کارتە بەهادارەکان: ئایا ڕابەرانی تۆ دەسەڵات دەدەن بەتۆ بۆ ئەنجامدانی ئەمە؟

سەرچاوە:
چاندنی کڵێسا لەناو هەژارانی شار،
جڵدی ٢
لاپەڕە ٢٠٥-٢٠٦

سەرچاوە:
چاندنی کڵێسا لەناو هەزارانی شار، جلدی ١،
لاپەڕە ٤٠٥-٤١٧

توێژینەوەی کۆمەڵگاکەت

قەشە دکتۆر دۆن نێڵ داڤیس، فراوانکراوە و هەموارکراوە و گونجێندراوە لە (تۆ و کۆمەڵگاکەت، ئەنجومەنی نیشتمانی کڵێساکان)

ئەم پرسیارانەی خوارەوە دیزاینکرا بۆ ئەوەی کڵێسای بنەما کۆمەڵگا یا کۆمەڵەی نوێژکەران یا ڕێکخراوی مزگێنی/خزمەتی مەسیحی بەوریاییەوە لێکۆڵینەوە بکات و زیاتر لە سروشتی وردی پێویستیەکان و تواناشاراوەکانی کۆمەڵگاکەی خۆی کە خاوەنییەتی، فێربێت. ئەم پرسیارانە گشتگیرن بەڵام هیلاککەر نین و مەبەستیشیان بۆ ئەوەیە کاربکەنە سەر مێشکت بۆ ئەوەی بگەڕێت بەناو دۆخ و ئەزموون و پێویستی و بەرپرسیارێتی گرنگی جۆراوجۆر کە سروشتین بۆ ئەو کۆمەڵگایەی تۆ لێی دەژیت و کاردەکەیت و شایەتحاڵی دەدەیت.
دەتوانرێت هەر ڕووبەرێکی فروانی پرسیار بەئاسانی بدرێت بە توێژەرەوەیەک یا یەکەیەکی ئەرک ڕاسپێردراو کە لەم ڕووبەرە دەکۆڵێتەوە و زانیاری پێشکەشدەکات سەبارەت بە دۆخی گشتی کۆمەڵگاکە.

I. چ ڕووبەرێکی شارەکە یا یەکە کارگێڕییەکە وەک کۆمەڵگای ئامانج بۆدانراوی خۆت ڕەچاوی دەکەیت؟

١- کۆمەڵگاکەی تۆ بەچی بانگی خۆی دەکات؟

٢- مەوداو سنورەکانی کۆمەڵەی نوێژکەرانی جوگرافی سروشتی تۆ چین؟

٣- تایبەتمەندییە سەرەکییەکانی کۆمەڵگای تۆ چین؟

٤- داب و نەریت و مێژوو و میراتەکانی چین و چۆن ئەم کۆمەڵگایە هاتە بوونەوە و کێ دایمەزراند و کەی و چۆن؟

٥- دیارترین کارەکتەری چییە – پیشەسازی یا بازرگانی یا کشتوکاڵی یا پەروەردەیی یا ڕابواردنی یا نیشتەجێیی؟

٦- سنورە سروشتییەکان چین کە هێڵی دەرەوەی کۆمەڵگاکەی تۆ نیشاندەدەن، واتا، شەقامە سەرەکییەکان یا ڕێگا دەرەکییە سەرەکییەکان یا هێڵەکانی شەمەندەفەر یا پەرکەکان یا ناوچەی پیشەسازی یا بازرگانی یا ڕووبارەکان یا بڕی زۆری ئاو هتد؟

٧- پەیوەندی ئەو بە کۆمەڵگا هاوسێکانی و شارۆچکە و شارەوە چییە بەگشتی؟

٨- بۆچوون و ڕای قبوڵکراوی گشتی بەرامبەر کۆمەڵگاکەو نیشتەجێیوانی چییە؟ بەچی ناسراوە/ناوبانگی هەیە؟

٩- ئەو یەکەیە چییە کەتۆ ڕەچاوی دەکەیت وەک کۆمەڵگای خۆت (ناوچە یا ڕووبەرێک کە ئەندامی ئەنجومەنی خۆجێیی هەبێت یا گوند یا شارۆچکە یا شار یا یەکەی کارگێڕی)؟ ڕووبەری گشتی و دانیشتوانی چەندە؟

١٠- سروشتی کۆمەڵگاکانی تەنیشتی چین؟ چ شارێکی نزیک کاردەکاتە سەر ژیانی کۆمەڵگاکەت؟ (ئایا ئەوە دێهاتییە یا گوندە یا شارییە یا قەراغ شارە)؟

١١- وەسفی تایبەتمەندی بەدەنی جۆراوجۆر و بار یا تەندروستی باشی کۆمەڵگاکەت دەکەیت؟

سەرچاوە:
چاندنی کڵێسا لەناو
هەژارانی شار، جلدی ١،
لاپەڕە ٤٠٥-٤١٧

II. کێ لە کۆمەڵگاکەی تۆ دەژی؟

١- چەند کەس دەژی لەناو ئەو ڕووبەرەی ئامانجی خراوەتە سەر؟

٢- چڕی دانیشتوانەکەی چییە، واتا، دابەشبوونی ئابوری کۆمەڵایەتی ئەو و ڕەگەزی ئەو و ئاینی ئەو و کەلتوری/نەژادی ئەو و تەمەنی ئەو و جەندەری ئەو و پەروەردەیی ئەو؟

٣- نەژادی و نیشتیمانی و ڕەگەزی و کەلتوری جیاواز چین لە کۆمەڵگاکەی تۆ، هەروەها چۆن ئەوانە لەناویدا دابەش کراون؟ لەچ ڕووبەرێکی کۆمەڵگاکە ئەم خەڵکە جیاوازانە نیشتەجێن؟

٤- بۆماوەی چەند زۆرینەی نیشتەجێبوان لەکۆمەڵگاکەت ژیاون؟

٥- چەند بەخێرایی نیشتەجێبوانی کۆمەڵگاکەت باردەکەن بۆ ڕووبەرەکەی تۆ یا لێی دەردەچن؟

٦- یەکەی خێزانی ئاسایی چەند گەورەیە و چ جۆرە خێزانێک زۆرینەی ماڵەکان پێکدەهێنن لە کۆمەڵگاکە (باوانی تاک یا دوو باوان یا بە منداڵ یا بێ منداڵ، هتد)؟

٧- ڕێژەی مردن و لەدایک بوونی هەنوکە چەندە بۆ کۆمەڵگاکە؟

٨- ڕێژەی هەنوکەی تەڵاق و جیابونەوەی یاسایی و خێزانی هەڵوەشاو ، هتد چەندە؟

٩- هەندێک لە نمونەکانی خزمایەتی دیار چین لەکۆمەڵگاکە؟

١٠- چ ڕێژەیەکی سەدی دانیشتوان ڕەچاودەکرێت بە "ئەڵتەرناتیڤ" یا تەنانەت ڕەچاودەکرێت بە " لەڕێ لادەر" لەلایەن ستاندەری زۆرینەی کەلتورەوە (کۆمەڵگای هاوڕەگەزباز یا هەندێ کۆمەڵگای تایبەتی کەمینە ، هتد)

١١-زۆربەی نیشتەجێبوەکان لەکوێوە هاتون (ئەوان لەکوێ ژیاون بێش ئەوەی باربکەن بۆ گەڕەکەکە)؟

١٢-زۆربەی ئەو خەڵکەی لە کۆمەڵگاکە دەگوازنەوە بۆ کوێ دەڕۆن؟

١٣-چۆن زۆرینەی نیشتەجێبووەکان سەیری خاڵە بەهێزەکان و خاڵە لاوازەکانی کۆمەڵگاکەیان دەکەن؟

١٤-چۆن ئەندامانی کۆمەڵگاکە یەکگرتوون؟

III. کارەکتەری شوێنی نیشتەجێبوون لەناو کۆمەڵگاکە چییە؟

١- چ ڕێژەیەکی سەدی خێزان یا تاکەکەس خاوەنی ماڵەکەیانن یا بەکرێ گرتوویانە؟

٢- تێچونی ئەم ماڵانە چەندە و/یا پارەی کرێی ئاسایی چەندە؟

٣- کێ خاوەنی موڵک و زەوی زۆرینەی کۆمەڵگاکەیە؟

٤- دۆخی گشتی شوێنی نیشتەجێی کرێ لەکۆمەڵگاکە چییە؟

سەرچاوە:
چاندنی کڵێسا لەناو هەزارانی شار، جلدی ١، لاپەرە ٤٠٥-٤١٧

٥- تا چ رادەیەک موڵکەکە بەباشی چاکدەکرێتەوە و ئیدامەی پێ دەدرێت؟ بۆچی؟

٦- چەند نیشتەجێ بووی کۆمەڵگاکە شوێنی نیشتەجێ بووی باشی نییە؟ ژمارەی خەڵکی بێ ماڵ و حاڵ چەندە لەم گەرەکە؟

٧- چەند ئوتێل و خانوی فرە ژووری فرە کرێ و کامپی راکێشراوی ئۆتۆمبیل و دامەزراوەی تر بوونی هەیە بۆ کەسانی گەرۆک و بێ ماڵ و حاڵ؟

٨- چۆن هەلی شوێنی نیشتەجێ لە گەرەکەکەی تۆ بەراورد دەکرێت بە نیشتەجێ لەکۆمەڵگا هاوسێکاندا؟

٩- ئەو تاکەکەسانە کێن کە بەرپرسن لە کارگێڕی شوێنی نیشتەجێی گشتی لەم رووبەرەدا؟ کێ دەڵاڵی موڵک و بریکاری دەڵاڵیی موڵکە لێرە؟

١٠-ژمارەی شوێنی نیشتەجێ و یەکەی حکومی لە رووبەرەکە کێیە؟ ئایا هیچ پرۆژەیەکی شوێنی نیشتەجێی حکومی هەیە؟ ئەگەر وایە، چەند کەس لە ئێستادا لەم ماڵ/ ئەپارتمان/دوپلێکس دەژی؟

١١-پرۆژەکانی ئێستای بیناکردن کە روودەدەن لە کۆمەڵگاکەدا کە توانای شاراوەیان هەیە بۆ گۆڕینی دۆخی هەنوکەی شوێنی نیشتەجێ، چین؟

١٢-چ ئەڵتەرناتیڤێکی داهێنەری شوێنی نیشتەجێ بوونی هەیە بۆ خەڵکی هەژارو دەست کورت لەم رووبەرەدا؟

١٣-بەگوێرەی ئاراستەی گشتی دانیشتوان، کۆمەڵگاکە پێویستی بە چی هەیە بۆئەوەی بەدەستی بێنێت یا بیگۆڕێت پاش رەچاوکردنی پێویستییەکانی شوێنی نیشتەجێی ئایندەی خۆی؟

IV. دۆخ و کارەکتەری ئابوری کۆمەڵگاکە چییە؟

١- مەودای ئابوری خەڵک لە کۆمەڵگاکەمان چییە؟ چ مەودایەکی داهات هەمان رێژەی باجی دەرامەت لەخۆدەگرێت لەناویدا؟

٢- چۆن زۆرینەی نیشتەجێبوانی بژێوی ژیانیان بەدەست دێنن؟

٣- چ رێژەیەکی سەدی دانیشتوانی کارکەری کۆمەڵگاکان دەرۆنە دەرەوەی کۆمەڵگاکە بۆ کارکردن؟

٤- چ رێژەیەکی سەدی نیشتەجێبوانی کۆمەڵگا بێ کارن؟ وەڵامەکەت پۆلێن بکە بەگوێرەی جیاوازیەکانی دانیشتوان لە رەگەز و جەندەر و نەژادی و ئاستی خوێندن و هتد.

٥- ستاندەری بژێوی ژیان چییە لە کۆمەڵگا بەبەراورد لەگەڵ کۆمەڵگا نزیکەکانی تر و شارەکە بەگشتی؟

٦- ئەو هەل و/یا گرفتانە چین کە زۆربەی نیشتەجێبوان بەرەورووی دەبنەوە بۆ دۆزینەوە یا پاراستنی کار؟

٧- ئایا بەژەوەندی بازرگانی بەرز دەبێتەوە؟ بۆچی یا بۆچی نا؟

سەرچاوە:
چاندنی کڵیسا لەناو هەژارانی شار، جڵدی ١، لاپەڕە ٤٠٥-٤١٧

٨- چۆن بازرگانەسەرکێشەکان یا وەبەرهێنەرانی تری دارایی ئەم کۆمەڵگایە دەبینن؟ ئایا بانقەکان هێڵی سوریان داناوە بۆ ئەم ڕووبەرە، یا چ بانقێک پارە پێشکەشی نیشتەجێیوەکانی دەکات بۆ بازرگانی و ماڵ و هەلی دارایی تر؟

٩- پەیوەندی کۆمەڵگاکە چییە بە کۆمەڵگای بازرگانیی گشتییەوە لە شاردا (بۆ نمونە، یانەی کۆمەکی بازرگانی بۆخێر و ژووری بازرگانی و کۆمەڵەکانی بازرگانی و هتد)؟

١٠-کێ ڕابەری سەرەکی ئابوری و بازرگانییە لە کۆمەڵگاکە؟ سامان و گرنگترین بازرگانی ئابوری ئەوان چییە؟

١١-چەند چالاکی نایاسایی (مادەی هۆشبەر و قومار و لەشفرۆشی وهتد) ڕوودەدات لە کۆمەڵگاکە، هەروەها چۆن ئەم چالاکیانە کاردەکەنە سەر کۆمەڵگاکە بەشێوەی دارایی؟

١٢-ئایا هیچ نمونەیەکی ناداتپەروەری زەق هەیە لەناو کۆمەڵگاکە؟ ئەگەر وایە، ئەوانە چۆن سەریان هەڵداوە و چ کۆمەڵەیەک یا ڕووداوێک لێی بەرپرسن؟

١٣-ئایا هیچ کۆمەڵێکی ئابوری بنەما خۆجێیی دەگەڕێت بۆ نوێ کردنەوەی کۆمەڵگاکە؟ ئەوانە کێن و سەرقاڵی چ جۆرە پرۆژەیەکن؟

١٤- چ بازرگانییەکی تایبەت کاری کردۆتە سەر دۆخی ئابوری کۆمەڵگا کە شێوەی نەرێنی، یا چ هەڵێکی تایبەت کاری کردۆتە سەری بەشێوەی ئەرێنی لە ٥ساڵی ڕابردوودا؟

١٥-نیشاندەرە پێشەنگەکانی ئابوری چی نیشاندەدەن بۆ ئابوری ئایندەی کۆمەڵگاکە؟

١٦- چ جۆرە پیشەسازییەک یا بازرگانییەک بوونی هەیە لەناو کۆمەڵگاکە یا بەسنوری کۆمەڵگاکەوەیە (بۆنمونە کۆگاکانی بەقاڵی و کۆگاکانی خواردن و شتومەک و خواردنی خێرا و ئۆفیس و مۆڵ و حکومەت و بیناکردن و هتد)؟ خاوەنکاری سەرەکی و بازرگانی سەرەکی و پیشەسازی سەرەکی لەناو کۆمەڵگاکە چییە؟

V. جۆری ئەو پەروەردەیەی بۆ کۆمەڵگاکەی تۆ دابیندەکرێت چییە؟

١- چەند نیشتەجێ لەناو سنوری کۆمەڵگاکەی تۆ لەتەمەنی قوتابخانەن؟

٢- بڕی ئاسایی خوێندنی قوتابخانە کە زۆربەی پێگەیشتوان هەیانە لەکۆمەڵگاکە چەندە؟ لەکوێ زۆربەی نیشتەجێبوانی کۆمەڵگاکە خوێندویانە؟

٣- ڕێژەی خوێندەواری بۆ پێگەیشتوان لەکۆمەڵگاکە چەندە؟

٤- قوتابخانە سەرەکییەکان چین لە ڕووبەرەکە (بۆ نمونە، پێش قوتابخانە و قوتابخانەی بازرگانی یا پیشەیی و کۆلیج و پەیمانگا و هتد)؟

سەرچاوە:
چاندنی کڵێسا لەناو هەژارانی شار، جلدی ١،
لاپەڕە ٤٠٥-٤١٧

٥- پەیمانگا جۆراوجۆرەکانی پەروەردەیی لە ڕووبەرەکەدا تەمەنیان چەندە و لە چ دۆخێکدان؟

٦- چ ستاندەرێکی مامۆستا بەکاردەهێنرێت لەئاستە جۆراوجۆرەکاندا لێرە، هەروەها چ جۆرە بیناو کارگوزاری و کەلوپەل و هتد لەپەیمانگاکاندا لەناو ئەم کۆمەڵگایە دابیندەکرێت؟

٧- چۆن قوتابیانی پۆلە جۆراوجۆرەکان پلەیان هەیە بەشێوەی ئەکادیمی لەگەڵ کۆمەڵگا هاوسێکان و لە شارو شارۆچکە بەگشتی و بەشێوەی نیشتیمانی؟

٨- پەیوەندی ژمارەیی نێوان مامۆستا و قوتابی هەنوکە لە قوتابخانەکان لەئێستادا چەندە؟ ئاستی توانای پسپۆڕی و ئەزمون بۆ کەسانی کارگێڕی ئاسایی لە پەیمانگا جۆراوجۆرەکانی پەروەردەیی چییە؟

٩- گرنگترین تاکە کەسەکان کە بەرپرسن لە کارگێڕی قوتابخانەکان لەسەر ئاستی جۆراوجۆر لەکۆمەڵگاکەدا کێن؟ کێ ئەندامانی دەستەی قوتابخانەیە و دواین نمایشیان چی بووە؟

١٠-ڕێژەی وازهێنان لە قوتابخانە/خۆ دزینەوە لەقوتابخانە بۆ قوتابخانە جۆراوجۆرەکان چەندە؟

١١-کارەکتەری گشتی قوتابخانەکان چییە، واتا، بێ وەیی و پاکژی و ڕێکخراو و پشتگیری ئەوان؟ باشترین/خراپترین قوتابخانە لە کۆمەڵگاکە چییە؟

١٢-چ ڕێکخراوێکی مامۆستا یا مامۆستاو باوان بوونی هەیە کە کاردەکاتەسەر جۆرێتی ئەو پەروەردەیەی لە قوتابخانەکان دابین دەکرێن؟

١٣-تا چ ڕادەیەک مافی یەکسان کراوەیە بۆ هەموو قوتابیان و پێگەیشتوانی ڕووبەرەکە؟

١٤-چەند دەرچوانی قوتابخانەی ئامادەیی کۆمەڵگاکان دەچن بۆ کۆلیج؟ ئەوان لە چ جۆرە کۆلیجێک یا پەیمانگایەکی پێش کەوتوو ئامادەدەبن؟

١٥-چ هەلێک بوونی هەیە بۆ کۆرسی خوێندنی کورتی دوای سستمی پەروەردەیی یا خوێندنی ئەو قوتابیانەی دەرەنگ تێدەگەن بۆ پێگەیشتوان و خەڵکانی گەنج پاش ئەوەی ئەوان قوتابخانەی ئامادەیی جێ دەهێڵن؟

VI. چۆن کۆمەڵگاکە ڕێکخراوە و حوکمکراوە بەشێوەی سیاسی؟

١- چەند کەس لە کۆمەڵگاکە لەتەمەنی دەنگدانە؟ چ ڕێژەیەکی سەدی کۆمەڵگاکە بەشێوەی نمونەیی بەشداریدەکات لە دەنگدان و ڕیفراندۆمی نیشتمانی و خۆجێیی.

٢- چۆن کۆمەڵگاکە بەشێوەی سیاسی ڕێکدەخرێت؟ ئەو ناوچە یا قەزا یا بەشانە چین کە دامەزراون؟

٣- کۆمەڵگاکە چەند شوێنی نوێنەرایەتی هەیە لە ئەنجومەنی شار و حکومەتی ویلایەت و دەستەی سیاسی نیشتمانی؟ کێ بەرپرسە لە دانانی ئەم قەزایانە؟

سەرچاوە:
چاندنی کڵێسا لەناو
هەژارانی شار، جلدی ١،
لاپەڕە ٤٠٥-٤١٧

٤- ئەو بەرپسە هەنوکەییانە کێن کە نوێنەرایەتی کۆمەڵگاکە دەکەن بەشێوەی خۆجێیی (ئەندامی ئەنجومەنی خۆجێیی یا ئەندامی ئەنجومەنی شار یا نوێنەری ویلایەت یا سیناتۆری ویلایەت یا کەسانی کۆنگرێسی یا سیناتۆر)؟ ئەوان چۆن بەشدارن/ زانیاری زۆریان هەیە لە پێویستییەکان و تواناشاراوەکانی کۆمەڵگا؟

٥- ڕابەرە مەدەنییەکانی کۆمەڵگا کێن؟

٦- ئەو ڕێکخراو و دامەزراوانە چین کە پەیوەندیان هەیە بە بەرهەڵستیکردنی نادادپەروەری و نایەکسانی لەناو کۆمەڵگاکە؟ گرنگترین ڕێکخراوی پاڵپشتیکردن چییە لە ناو کۆمەڵگاکە و کێ ڕابەرەکەیەتی؟

٧- لیژنە یا کۆمەڵی سەرەکی کرداری سیاسی چییە لەناو کۆمەڵگاکە؟ کێ بەرپرسی ئەم کۆمەڵانەیە و ئەجندەی سیاسی ئەوان چییە بۆ کۆمەڵگاکە؟

٨- چەند شت یا سەچاوەی شار (دۆلار و میلاک و پرۆژە و باشترکردنی شاری و سیانەکردنی شەقام و کارگوزاری گشتی و هتد) تەرخانکراوە بۆ ئەم کۆمەڵگایە و چۆن ئەو سەرچاوەتەرخانکراوانە خەرجکراون و دابەشکراون لەناویدا؟ بەرپرسانی پەیوەندیەکان کێن کە خزمەت دەکەن وەک "ناوەندگیر" کە بەرپرسی ئەم دابەشکردنەن؟

٩- ئەندامێتی سەرەکی سیاسی نیشتەجێبوەکان لەناو کۆمەڵگاکە چییە؟ مێژووی سیاسی ئەندامێتی کۆمەڵگاکە بەگشتی چییە؟

VII. چۆن کۆمەڵگاکە دادپەروەری دەبەخشێت لەڕێگای یاساو دادگاوە؟

١- چۆن زۆربەی نیشتەجێبوان وەسفی جێبەجێکردنی پێگەی یاسا و کارگێڕی دادپەروەری دەکەن لەکۆمەڵگاکەدا؟

٢- کێ ڕابەری هەنوکەی کارگێڕی دادپەروەریە لە کۆمەڵگاکە (سەرۆکی پۆلیس و داواکاری گشتی و هتد)؟

٣- چ دادگایەک کەوتۆتە ناو کۆمەڵگاکە؟ کێ دادوەر حاکمی سەرەکییە لەناو کۆمەڵگاکە؟ تۆماری ئەوان چییە سەبارەت بە پارێزگاریکردنی کۆمەڵگاکە و جێبەجێکردنی یاسا بۆ سودی کۆمەڵگاکە؟

٤- نوێترین ئامار چییە سەبارەت بە ژمارە و جۆری ئەو تاوانانەی ئەنجامدراوە لەناو کۆمەڵگاکە، هەروەها/یا تاوانی نەوجەوانان؟

٥- ژمارەی نیشتەجێبوان چەندە کە لەهەنوکەدا دەستگیرکراون لە بەندیخانە یا گرتووخانەی شار و ویلایەت و فیدراڵی؟

٦- چ دابینکردنێک دانراوە بۆ چارەسەرکردن و گێڕانەوەی دۆخی ئاسایی تاوانباران؟ چ ئاستێکی دابینکردن کراوە سەبارەت بە خێزانی تاوانباران لەماوەی دەستگیرکردنی تاوانباران؟

سەرچاوە:
چاندنی کڵێسا لەناو هەژارانی شار، جلدی ١،
لاپەڕە ٤٠٥-٤١٧

٧- چ ئاستێک و ستاندەرێکی نوێنەرایەتی یاسایی دابین کراوە بۆ نیشتەجێبوانی کۆمەڵگاکەو پێشکەشیان کراوە؟ کێ گرنگترین پارێزەرە لە کۆمەڵگاکە؟

٨- چەند ئەفسەری جێبەجێ کردنی یاسای شار و پۆلیس دامەزراون بۆ کۆمەڵگاکە بۆ خزمەتکردنی و پارێزگاریکردنی؟

٩- پەیوەندی هەنوکەی فەرمانگەی پۆلیس بە نیشتەجێبووانی ناو کۆمەڵگاکەوە چییە؟ چ هەنگاوێک نراوە بۆ بەهێزکردنی پەیوەندییەکانی پۆلیس و کۆمەڵگا؟

١٠-تا چ ڕادەیەک دادگاکان پارێزگاری کردووە لە مافی مەدەنی و ئازادی خەڵک لە کۆمەڵگاکە؟

VIII. دۆخی خزمەتگوزارییەکانی دابینکردنی تەندروستی و تەندروستی کۆمەڵگاکە چییە؟

١- چۆن دامەزراوەخۆجێیەکانی دابینکردنی تەندروستی تایبەتمەندێتی دەدەن بە باری گشتی تەندروستی کۆمەڵگاکەی تۆ؟

٢- کێ بەزۆری نەخۆش دەکەوێت لەکۆمەڵگاکە، هەروەها بۆچی؟

٣- ڕێژەی مردن و لەدایکبوون چەندە بۆ هەر هەزارکەسێک؟ چۆن ئەم ژمارەیە بەراورد دەکرێت بە کۆمەڵگا هاوسێکان و شاری هاوسێ و نەتەوەی هاوسێ؟

٤- ئەو کلینیک و نەخۆشخانەو دامەزراوە پزیشکیانە چین لە کۆمەڵگاکە؟ ژمارەی هەنوکەی دکتۆرە گشتییەکان و دکتۆری دان و دکتۆری پسپۆڕ و کارمەندی تری پزیشکی بۆ هەر کەسێک چەندە؟

٥- کێ گرنگترین دکتۆری گشتییە و دابینکەری بایەخی تەندروستییە لەکۆمەڵگاکەدا؟

٦- نرخ و جۆری بایەخ چۆنە لەم نەخۆشخانەو کلینیکە جۆراوجۆرانە لەکۆمەڵگاکەدا؟

٧- چۆن کۆمەڵگاکە کارمەندی بۆ دادەنرێت لەبواری ئۆتۆمبێلی فریاکەوتن و کارمەندەکانی و پارێزگاری فەرمانگەی ئاگر کوژێنەوە؟ بەواتایەکی تر چەند لەم یەکانە دانراون بۆ کۆمەڵگاکە؟ چۆن ژمارەکان لەکۆمەڵگاکەدا بەراورد دەکرێت لەگەڵ ئەو کارگوزاریانەی لە لایەن کۆمەڵگاکانی ترەوە یا شارەکەوە بەگشتی بەکاردەهێنرێن؟

٨- کێ سەرۆکی ئاگر کوژانەوەیە لە کۆمەڵگاکە، هەروەها کێ گرنگترین بەرپرسی ڕێگەفرتنی ئاگرە لە کۆمەڵگاکە؟

٩- چ دابینکردنێک کراوە لە کۆمەڵگاکەدا بۆ دانیشتوانی بێ بەرگەی خۆی، واتا، پیر و کەم ئەندام و هەژارو دەست کورت و کەم ئەندام لەزیرەکیدا و نەخۆشی دەروونی و هتد؟ ئایا ئەم دانیشتوانانە دەست گەیشتنیان هەیە بەم دابینکردنانە؟

سەرچاوە:
چاندنی کڵێسا لەناو هەژارانی شار، جڵدی ١، لاپەڕە ٤٠٥-٤١٧

١٠- کۆمەڵگاکە چ جۆرە خزمەتگوزارییەک دابین دەکات بۆ ئەوانەی یا بوون بە قوربانی مامەڵەکردنی خراپ (بۆ نمونە منداڵان و ئافرەتانی لێدراو) یا ئەوانەی کێشمەکێشمیان هەیە لەگەڵ ئالودەبوون (بۆ نمونە، ئالودەبوونی مەی خواردنەوە و مادەی هۆشبەر)؟ ناوەندەکانی گێرانەوەی ئەم ئالوودەبووانە بۆ ژیانی ئاسایی یا ماڵەکانی سەپەرشتیاری کۆمەڵگا چین بۆ ئەوانەی پێویستیان بە بایەخی وەها هەیە؟

١١- هەنوکە چی ئەنجام دەدرێت لەبواری منداڵبوونی زۆڵ و ئەو پرسانەی دەوری پلاندانان و بایەخی خێزانیان داوە لەکۆمەڵگادا؟

١٢- چ تەرخانکردنێک کراوە بۆ کەمکردنەوەی ژمارەی ئەو خەڵکەی پارێزراونین لە نەخۆشیی گوازراوەکان بەزۆری نەخۆشییە سێکسییەکان و ڤایرۆسی ئایدز؟

١٣- کۆمەڵگاکە ڕووبەڕووی چ (ئەگەر هەبێت) پێویستییەک یا گرفتێکی پزیشکی تایبەت دەبێتەوە؟ کێ دانراوە بۆ بەرپرسیارێتی هێورکردنەوەی ئەم گرفتانە، هەروەها ڕێژەی هەنوکەی سەرکەوتنی ئێستایان چەندە لەئەنجامدانی وا؟

١٤- چ جۆرە پرۆگرامێک بوونی هەیە بۆ پەروەردەکردنی خەڵکی گشتی سەبارەت بە بێ وەیی و پرسەکانی تەندروستی لەکۆمەڵگادا؟

IX. چۆن خەڵک شت بۆ خۆشی دەکات و کاتی خۆشی بەسەردەبات لەکۆمەڵگاکە؟

١- چ دامەزراوەیەک یا شوێنێک یا جێگایەکی خۆشی بەسەربردن بوونی هەیە لە کۆمەڵگاکە (پارک و باخچەی ئاژەڵان و مۆڵی پیادە و دامەزراوەی ڕاهێنانی بەدەنی و شوێنی موزیک و یانەو مەلەوانگەی گشتی و بۆڵینگ و دامەزراوە وەرزشییەکان و هتد)؟ گرنگترین ناوەندی شاری یاری بازرگانی لە کۆمەڵگاکە چییە؟

٢- کێ زوو زوو دەچێت بۆ ئەم شوێنە جۆراو جۆرانە؟ ئایا ئەندامانی دیاریکراوی کۆمەڵگاکە مەیلیان هەیە زوو زوو سەردانی تەنیا ئەو شوێنانە بکەن کە ئارەزوویانە؟

٣- چ شوێنێکی خۆشی بردنەسەر یا کۆمەڵە شەرت نییە گشتی بێت یا بەستراوەتەوە بە گرفت یا چالاکی تاوانی نەوجەوانان لەکۆمەڵگاکە؟

٤- کۆمەڵگاکە چ پێویستییەکی هەیە لەبواری دابینکردنی دڵخۆشکردن لەچوارچێوەی دۆخی ڕەوشتی باشدا بۆ نیشتەجێبووانی بەتایبەتی گەنجەکانی؟

٥- ئایا هەموو ئەندامانی کۆمەڵگاکە دەستیان دەگات بە شوێنەکانی خۆشی بردنەسەری ڕەوشتی باش؟

٦- ئایا هەل و هەمەجۆری تەواو هەیە بۆ یاریکردن و کاتی خۆش بۆ هەموو کۆمەڵی تەمەنەکان لەناو کۆمەڵگا؟

٧- دۆخ و بەردەست بوونی پارکەکان و شوێنە گشتییەکان لەکۆمەڵگاکەدا چۆنە؟

سەرچاوە:
چاندنی کڵیسا لەناو هەژارانی شار، جلدی ١، لاپەرە ٤٠٥-٤١٧

٨- چ ڕێکخراوێک/چالاکییەکی کۆمەڵایەتی بوونی هەیە کە ڕێکخرابێت وەک کۆمەڵی ئافرەتان یا پیاوان و کۆمەڵی گەنجان ئەو کۆمەڵانەی ڕێکخراون لەسەر بنەمای تەمەن یا خولیا یا ئارەزووی هاوشێوەی تر؟

٩- گرنگترین چالاکی چییە کە هەرزەکار و منداڵان بەشداری تیا دەکەن لەماوەی کاتی بەردەستی خۆیان؟

١٠- کۆمەڵگاکە ساڵانە بەشداری لە چ جۆرە فیستیڤاڵێک یا کۆبوونەوەیەکی داب و نەریتی یا ڕێپێوانێک یا ئاهەنگێک دەکات؟

١١- چ کۆمەڵێکی موزیک و تیپ و دراما و شانۆگەری یا کۆمەڵی کەلتوری (شاعیر و پەیکەرتاش و هونەرمەند) بوونیان هەیە و بەباشی لەناو کۆمەڵگادا ناسراون؟

١٢- چ جۆرە یەکێتییەکی وەرزشی بوونی هەیە بۆ بەشداریکردنی کۆمەڵگا؟

١٣- چ جۆرە چالاکییەک و سەرچاوەیەک لەبەردەست دایە بۆ کۆمەڵگاکە لەناو ناوەندە جۆراوجۆرەکانی کۆمەڵگا (یانەی کوڕان یا کچان و دیدەوانی کوڕان یا دیدەوانی کچان و کۆمەڵەی مەسیحی پیاوانی گەنج و هتد)؟

X. گرنگترین ناوەندی میدیای بنکەدانراو لەناو کۆمەڵگاکە چییە؟

١- گرنگترین دەنگی میدیای کۆمەڵگای کە ئامادەیە (ڕۆژنامە و نامەی هەواڵ و وێسگەی ڕادیۆ و وێسگەی تەلەفزیۆن و ناوەندەکانی چاپ و پەخش کردن و هتد)؟ کێ خاوەنی ئەمانەیە و ژمارەی گوێگران و بڵاوکردنەوەیان چەندە؟

٢- کێ گرنگترین کەسە کە لەلایەن میدیاوە ڕاوێژی لەگەڵ دەکرێت وەک قسەکەری کۆمەڵگاکە؟

٣- گرنگترین ڕێکخراو یا تاکە کەس یا دامەزراوە لەناو کۆمەڵگاکە چییە کە دەنگ دەدات بە ڕاو بۆچوون و پێگەکانی خۆی؟

٤- چۆن میدیا وێنەی کۆمەڵگاکە نیشان دەدات – میدیاکە نیەتی سەرنجدان لەسەر چ پرسێک و بیرۆکەیەکی سەرەکی و چیرۆکێک و کەسایەتییەک هەیە لە شیکاری ئەو بۆ کۆمەڵگاکە؟

٥- کۆمەڵگاکە سەرپشک دەکرێت لە چ جۆرە پرۆگرام دانانێکی کۆمەڵگا لە ڕادیۆ و تەلەفزیۆن؟

٦- ئەو ڕاپۆرت نووس یا ڕۆژنامەوانانە کێن کە دادەنرێن بۆ مامەڵەکردن لەگەڵ ئەو پرسانەی پەیوەندییان بە پێویستییەکان و ژیانی کۆمەڵگاکەوە هەیە؟

٧- چ نامەیەکی هەواڵ یا ڕۆژنامەی کۆمەڵگای گەڕەک بنکە دانراو چارەسەی نیگەرانی تایبەتی ئەندامانی کۆمەڵگاکە دەکات؟ کێ خاوەنیانە؟ ئەوانە چەند جار چاپ و پەخش دەکرێن و کارمەندانیان چەند زۆرن؟

سەرچاوە:
چاندنی کڵێسا لەناو *هەژارانی شار*، جڵدی ١،
لاپەڕە ٤٠٥-٤١٧

XI. چۆن کۆمەڵگاکە چارەسەری پێویستییە تایبەتەکانی نیشتەجێبووەکانی دەکات؟

١- لەئێستادا بێ بەرگەترین دانیشتوان لەکۆمەڵگاکەدا چییە؟

٢- چ ئاستێکی هۆشیاری بوونی هەیە سەبارەت بەم دانیشتوانە لەناو نیشتەجێبووەکانی و ڕابەرەکانی و دابینکەرانی بایەخی تەندروست و هتد؟

٣- گرنگترین نوسینگە و ئەنجومەن و بریکار لە کۆمەڵگاکە چییە کە دامەزرابێت بۆ مامەڵەکردن لەگەڵ ئەو خەڵکانەی لە قەیراندان (ئایا دارایی یا یاسایی یا پزیشکی یا هتد)؟

٤- چ جۆرە گرفتێک یا پێویستییەک دەبێتەهۆی زۆرترین گرفت و نیگەرانی بۆ نیشتەجێبووان لەناو کۆمەڵگاکە؟

٥- چ ڕێکخراوێکی بنکە کۆمەڵگا بوونی هەیە کە ئامانج دەخاتەسەر پێویستییە تایبەتەکانی هەندێ کۆمەڵی دانیشتوانی دیاریکراو کاتێک کێشمەکێشمیان هەیە لەگەڵ هەندێ گرفت یا پرسی دیاریکراو (بۆ نمونە، مەیخۆرەکان و نەناسراو و کۆمەڵە خۆبەخشەکان و فێرکردنی بەرهەڵستی خراپ بەکارهێنانی مادەهۆشبەرەکان و هتد)؟

٦- چ جۆرە تۆڕێک بوونی هەیە کە توانا دەدات بە کۆمەڵگاکە یا یارمەتی کۆمەڵگاکە و خەڵکەکەی دەدات یارمەتی ئەو بریکارانە بدەن کە هەمەئاهەنگی دەکەن لەگەڵ چالاکییە یارمەتیدەرەکانیان؟

٧- ئەو دەبریکارە گشتییەی بەزۆری بەکاردەهێنرێن چین کە مامەڵە لەگەڵ نیشتەجێبووان و گرفت و پێویستییە تایبەتەکانیان دەکەن؟ ژمارەی تەلەفۆن و ناونیشانی بریکارەکان چین و کێ لەناویاندا بەرپرسە؟

٨- کڵێسا چ ڕۆڵێکی گێراوە بۆ مامەڵەکردن لەگەڵ هەندێ نیگەرانی پەلەی کۆمەڵگاکە یا کۆمەڵی نوێژکەرانی؟ چ کڵێسایەک یا ڕابەرێکی کڵێسا پرۆگرامی تایبەتی هەیە کە دیزاینکرابێت بۆ دابینکردنی پێویستییەکانی ئەوانەی زۆرترین بێ بەرگەن لەناو کۆمەڵگاکەدا؟

٩- چ جۆرە پارەیەک یا بەخششی خوێندن یا بەخشش یا بەخششی قوتابی دەرچوو یا بەخششی قوتابخانە یا کۆلیج یا پارەی دابینکراو لەبەردەستە لەسەر ئاستی خۆجێیی یا وڵات یا نیشتمانی بۆ چارەسەرکردنی هەندێ لە گرفتەکانی کۆمەڵگا؟

١٠-کێ بەرپرسە لە پێدان یا تەرخانکردنی ئەم سەرچاوە کۆمەکانە؟

XII. باری کۆمەڵە کەمینەکان چییە لەناو کۆمەڵگاکەدا؟

١- چ خێزانێک یا کۆمەڵێکی ڕەگەزی و نەژادی و نیشتمانی و کەلتوری لە ناو کۆمەڵگاکە نوێنەرایەتی دەکرێت؟

٢- لە چ بەشێکی کۆمەڵگاکە ئەم کۆمەڵانە نیشتەجێن؟

٣- ئەو پەیوەندیە یا میراتی ڕابردووە چی بووە کە کۆمەڵگاکە هەیبووە لەگەڵ کۆمەڵە کەمینەکاندا لە ڕابردوودا؟ مێژووی کۆمەڵگاکە چییە سەبارەت بە بایەخی ئەو بۆ کۆمەڵە کەمینەکان؟

سەرچاوە:
چاندنی کڵێسا لەناو هەژارانی شار، جلدی ١، لاپەڕە ٤٠٥-٤١٧

٤- دەرکەوتووترین درکی کۆمەڵە جۆراوجۆرەکانی کەمینەکان چییە بەرامبەر کۆمەڵگاکەیان و ژیانی خۆیان لەناویدا؟

٥- ئایا ویستی خراپ هەیە لەنێوان کەلتوری زۆرینەو کەمینەکان لەناو کۆمەڵگادا؟ ئەگەر وایە، چۆن ئەم ویستە خراپە گوزارشت کراوە؟

٦- چ بەڵگەیەکی نادادپەروەری و یا جیاکردنەوەی ڕەگەزی یا ئاینی و یا مامەڵەکردنی خراپ و یا مامەڵەکردنی نادادپەروەرانە دەدۆزرێتەوە لە ژیانی کۆمەڵگاکەدا (بۆنمونە، لە قوتابخانە و نەخۆشخانە و شوێنەکانی خۆشی بەسەربردن و هتد)؟

٧- ئایا هەلی یەکسان بوونی هەیە بۆ شوێنی نیشتەجێکردن و پارێزگاری پۆلیس و کار و ڕابەرایەتی کردن لەناو پۆستەکانی کۆمەڵگا؟

٨- بۆ چ کڵێسایەک یا ڕێکخراوێک یا ناوەندێکی کۆمەڵگا کەمینەکان لەناو کۆمەڵگاکەدا زوو زوو دەڕۆن و کۆدەبنەوە؟

٩- چۆن میدیا وێنەی دانیشتوانی کەمینە نیشاندەدات لەناو کۆمەڵگاکەدا؟

XIII. گوزارشت و کارەکتەری ئاینی لەناو کۆمەڵگاکە چییە؟

١- چۆن کۆمەڵگاکە ناسنامەی ئاینی خۆی دەهێنێتە بەرچاو؟

٢- لایەنگری سەرەکی ئاینیچییە لەناو کۆمەڵگاکە(بۆ نمونە(مەسیحییەت و یەهودی و ئیسلام و بوزی و تاۆیزم و هتد)؟ چەند کەس سەر بە هەر لایەنگرییەکە، بۆ ماوەی چەندە داب و نەریتەکە ئامادەیی هەبووە لەناو کۆمەڵگاکەدا و کێ ڕابەرانی هەر داب و نەریتێکە لەناو کۆمەڵگاکە؟

٣- چ ڕێژەیەکی سەدی کۆمەڵگاکە بەڕێک و پێکی ئامادەی ڕووداوی ئاینی دەبێت لەسەر بنەمای ڕۆژانە یا هەفتانە یا مانگانە یا ساڵانە؟

٤- دەرکەوتووترین کۆمەڵی ئاینی لەناو کۆمەڵگاکە چییە؟

٥- چ جۆر و ژمارەی کڵێسای مەسیحی (کاثۆلیکی یا پرۆتستانی یا ئۆرثۆدۆکسی) بوونی هەیە لە ڕووبەرەکەدا؟

٦- چۆن ڕەفتارەی تایەفەیی یا تیرەیی کاردەکاتە سەر نیشتەجێبووانی کۆمەڵگاکە (واتا، شایەت حاڵانی جێهۆڤا و مۆرمۆنەکان و ئیسلامە ڕەشەکان و هتد)؟

٧- چۆن کۆمەڵگاکە ئاهەنگی فیستیڤاڵ و ڕووداو و پشووی سەرەکی ئاینی دەگێرێت؟

٨- کێ گرنگترین کەسایەتی ئاینییە لەکۆمەڵگاکە؟ سروشتی پەیوەندی و ئاخاوتن لەناویاندا چییە؟

٩- چ جۆرە چالاکییەکی گەیشتنی ئاینی بۆ شوێنە دوورەکان و مزگێنیدان ڕوودەدات لەناو کۆمەڵگاکەدا؟

١٠-تا چ ڕادەیەک ژیانی ئاینی و لایەنگیری بەستراوەتەوە بە بۆچوونی شێوازی ژیان یا ئابوری یا ڕەگەزی یا کەلتوری کۆمەڵگای گەورەتری عەلمانی؟

سەرچاوە:
چاندنی کڵێسا لەناو هەژارانی شار، جلدی ١، لاپەڕە ٤٠٥-٤١٧

١١- چ بەڵگەیەک بوونی هەیە بۆ دووپاتکردن یا نکۆڵی کردن لە کرانەوە و ئامادەیی ڕۆحی کۆمەڵگاکە بۆ ئینجیل؟

١٢- چ هەڵێک بوونی هەیە بۆ بایەخ پێدەرە مەسیحییەکان بۆ ئەوەی هاوکاری بکەن لە چالاکی خزمەتکردنی ئەو کەسانەی ناتوانن بڕۆن بۆکڵێسا و لە قەشەگەرییەکانی یارمەتی دانی خەڵک لەناو کۆمەڵگاکەدا؟

١٣- چەند ڕێکخراوی مەسیحی بنکەی هەیە و بەگەڕخستنی هەیە لەدەرەوەی کۆمەڵگاکە؟ ئەوانە چین و بەدوای چ پێویستییەک یا گرفتێک دەگەڕێن بۆ چارەسەرکردنی؟ کێ ڕابەرانی ئەم ڕێکخراوە جۆراوجۆرانەن؟

XIV. هۆشیاری کۆمەڵگاکە لەو کۆمەڵگاگەورەیەی کە بەشێکە لێی چییە؟

١- تا چ ڕادەیەک هاوڵاتیان هۆشیارن یا ئارەزوویان هەیە و ئاگادارن لە ڕووداوە خۆجێیی یا ویلایەتی یا نیشتمانی یا نێودەوڵەتییەکان؟

٢- چ پرسێکی کۆمەڵگا هاوسێکان گرنگی ناوەندی هەیە بۆ نیشتەجێبووانی کۆمەڵگاکەت؟

٣- بەشێوەی بەراورد چ ڕێژەیەکی سەدی شمەک و سەرچاوە گشتییەکانی شار بەکاردەهێنرێت لەلایەن نیشتەجێبووان لەناو کۆمەڵگاکەدا؟

٤- درککردنی گشتی شارەکە لە ژیان و توانای شاراوەی کۆمەڵگاکە چییە؟

٥- چ جۆرە شەراکەتییەک و هاوپەیمانییەک بوونی هەیە لەنێوان ڕابەرانی سیاسی و دارایی ئەم کۆمەڵگایە و ڕابەرانی کۆمەڵگاکانی تر لەسەر ئاستی شارەکە؟

٦- چ پرسێک قورسایی یا گرنگی تایبەتی هەیە بۆ بەشداری کۆمەڵگاکە لە پرسەکانی شاری و ویلایەتی و نیشتمانیدا؟

٧- چۆن سیاسەتەکانی شار ڕاستەوخۆ کاریکردۆتە سەر ژیانی بەردەوامی کۆمەڵگاکە یا دایڕشتووە لە چەند ساڵی کەمی ڕابردوودا؟

٨- کێ گرنگترین بەرپرسی پەیوەندیەکانە یا نوێنەری حکومەتی خۆجێیی یا ویلایەتییە کە بۆ کۆمەڵگاکە دامەزراوە؟ ئۆفیسەکانی شار یا ویلایەت کەوتۆتە کوێوە لەناو کۆمەڵگاکە؟

٩- چ ڕێکخراوێک یا دامەزراوەیەک پەرەبە بەشدارئکردن دەدات لە پرسەکانی هاوڵاتی و کرداری سیاسی و پەروەردە دەربارەی کاروباری جیهانی و نیشتمانی؟

١٠- چ کۆمەڵێکی بەرژەوەندی لەدەرەوەی کۆمەڵگاکە جەنگاوە بۆ ڕاستگۆیی نیشتەجێبووان لەناو کۆمەڵگاکەدا؟ چۆن ئەم کۆمەڵی بەرژەوەندیانە توانیویانە کاربکەنە سەر ڕای کۆمەڵگاکە و دایبڕێژن؟

سەرچاوە:
چاندنی کڵێسا لەناو هەژارانی شار، جڵدی ١، لاپەڕە ٤٠٥-٤١٧

١١- چ ڕێژەیەکی سەدی نیشتەجێبووان بە کردار بەشداربووە لە کاروباری سیڤڵ کە گرنگی هەیە بۆ تەندروستی گشتی کۆمەڵگاکە و شارەکە؟ سروشتی بەشداری ئەوان چییە؟

١٢- چەند جار ڕابەران لەناو کۆمەڵگاکە کاردانەوەدەکەن لەگەڵ ڕابەرانی تری کۆمەڵگا سەبارەت بە پێویستی و درککردن و نیگەرانییەکانیان؟

XV. کێ پێویستییە هەنوکەییەکانی کۆمەڵگاکە دابین دەکات؟

١- ئەو گرنگترین ڕێکخراوە یا دامەزراوانە چین کە لەکاردان لەکۆمەڵگاکە بەگشتی بۆ دابینکردنی گرنگترین پێداویستییەکانی کۆمەڵگاکە؟

٢- بە چ ڕێگایەک ئەم کۆمەڵانە لەهەنوکەدا هاوکاریدەکەن بۆدابینکردنی پێداویستییەکانی کۆمەڵگاکە؟

٣- ڕۆڵی هەنوکەی کڵێساکان چییە لەم هەوڵەدا؟

٤- کێ گرنگترین قەشەیە و ڕای ئەوان چییە سەبارەت بە پێویستی بەشداربوونی کڵێساکە لە پێشخستنی کۆمەڵگاکەدا؟

XVI. بەرپرسیارێتی ئێمەی مەسیحی چییە بۆ کۆمەڵگاکەمان؟

١- پاش ڕەچاوکردنی ئەو سەرچاوە و زانیاریانەی هەن لەبەردەستمان ئەرکی ئێمە چییە بۆ ئەم کۆمەڵگایە؟

٢- دەبێت ڕێکخراو یا کۆمەڵی نوێژکەران یا هاوپەمانی ئێمە بۆ چ قەشەگەرییەکی دیاریکراوی کۆمەڵگا بگەڕێت بە قوڵتر و بەڵێن بدات ئەنجامی بدات بۆ کۆمەڵگاکە لە ئایندەیەکی نزیکدا؟

سەرچاوە:
گەیوو بۆ دروێنە،
لاپەڕە ٨٧-٨٩

نمونەکانی چاندنی کڵێسا

قەشە دکتۆر دۆن ئێڵ داڤیس

ئەم نمونانەی هاتووە وێنەی شەبەنگێکی نمونەکانە کە بەستراونەتەوە بە چاندنی کڵێسای ئینجیلی. پرسیارەکان دیزاینکراون تا یارمەتیمان بدەن بەناو ئەو بژاردە جۆراوجۆرانەدا بگەڕێین کە لەبەردەست چێنەری کڵێسای شاری فرە کەلتوری دان بۆ دامەزراندنی کۆمەڵانی نوێژکەران لەناو هەژاراندا. ئاخاوتنی ئێمە لەمڕودا بەئاواتخوازانەوە هەندێ پرسی گرنگ جیادەکاتەوە کە پێویستن بۆ تیمی چاندنی کڵێسا بۆ ئەوەی بەوریاییەوە بیری لێبکاتەوە بۆ ئەوەی هەڵبژاردنەکەی بکات کە بۆ چ جۆرە کڵێسایەکی تایبەت دەبێت ئەو چاندن بکات، بەرچاوکردنی کەلتورەکە و دانیشتوان و فاکتەرەکانی تر کە ڕووبەڕووی دەبێتەوە لە بواری دیاریکراوی مزگێنییەکەیدا.

١- پێناسەی دەستەواژەی " نمونەکانی چاندنی کڵێسا" چییە؟ بۆچی دەبێت ئەوە گرنگ بێت بژاردە جۆراوجۆرەکان ڕەچاوبکرێت بۆ چاندنی کڵێسایەک لەناو هەژاران لە شارەکەدا؟

٢- چۆن تۆ تایبەتمەندێتی دەدەیت بە نمونە جۆراوجۆرەکان (یا هی تر) کە ڕێگەیان پێدراوە یا بەکارهێنراون لە چاندنی کڵێسای نەریتیدا؟ تۆ ڕەچاوی چی دەکەیت ببێت بە هێزەکانی و/یا لاوازیەکانی، هەروەها ئایا دەبێت ئێمە هیچ لەمانە بەکاربێنین بۆ چاندنی کڵێساکانمان لەناو هەژارانی شاردا؟

أ. نمونەی قەشەی دامەزرێنەر – ڕابەرێک گواستنەوە دەکات بۆ کۆمەڵگایەک بۆ ڕابەریکردن و شوانکاری کردنی ئەو کڵێسایەی دەچێندرێت.

ب. نمونەی کەرتبوونی کڵێسا؟! - کڵێسایەکی نوێ پێکدەهێنرێت بەهۆی ناکۆکی بنەڕەتی لەسەر پرسی ڕەوشتایەتی یا لێکدانەوەی کتێبی پیرۆز یا دووبەرەکی.

ت. نمونەی ناوکی – هەندێ جار ئاماژەی پێ دەدرێت وەک نمونەی "جڵەوگرتن بە ناردنی ئەندامان بۆ ئەوشوێنەو لێی بژین". ئەم نمونەیە ئەنجومەنێکی ناوەندی لەخۆدەگرێت کاتێ ناوکێکی بچوکتر ڕادەسپێرێت لەکۆمەڵەکەی خۆی (زۆرجار بە ڕابەرایەتی کردن و ئەندامانی پێشتر ڕێکخراو) ئەنجومەنە گەورەترەکە جێبێڵێت و بگوازێتەوە بۆ کۆمەڵگایەک کە کڵێسای پێ نەگەیشتووە وەک جۆرێک لە ناوکێکی ئامادەکراوی ئەو کڵێسایەی کەپێکدەهێنرێت.

ث. نمونەی کڵێسای دایک یا پێگەی هێرشکردن – کۆمەڵەیەکی نوێژکردنی بەهێز و ناوەندی بڕیاردەدات ببێت بە جۆرێک لە ناوەندی ناردن و بارەگای پەروەردەکردن بۆ ئەو کڵێسا نوێیانەی چێندراون لەڕێگای سەرپەرشتیاری و ڕاوێژیەوە لە ڕووبەرە نزیکەکە و/یا لەودیو سنورەوە.

دەورووبەر
بەهاکان/ بینین
ئامادەکردن
بەگەڕخستن
پێکەوەنان
پەروەردە
گواستنەوە
خشتە/ ڕێگەپێدانی دامەزراندن

سەرچاوە: گەیوو بۆ دروێنە، لاپەڕە ۸۷-۸۹

ج. نمونەی کڵێسای خانە – لەڕابردوودا جارێک ئەنجومەنی ناوەندکراو بووە کە ڕەچاوی دڵی قەشەگەری و ژیانی خۆی دەکات لەناو خانەکاندا ڕوودەدات ئەو خانانەی بەشێوەی ستراکتۆری و قەشەیەتی بەستراونەتەوە بە کۆمەڵەی ناوەندی نوێژکەرانەوە و بەشداربوونی ئەوان پێکەوە کڵێساکە پێکدەهێنن.

ح. نمونەی کڵێسای ماڵ – کڵێسایەک کە هەرچەندە هاوشێوەی نمونەی کڵێسای خانەیە بە مەبەستەوە دەچێندرێت بە گرنگی پێدانی گەورەتر بە دەسەڵات و ئۆتونۆمی کۆبوونەوەی ئەو مەسیحیانەی بەڕێک و پێکی لەماڵەکانی خۆیاندا بەڕیز کۆدەبنەوە.

خ. نمونەی مزگێنیدەر – کڵێسایەک کەتیایدا چێنەرێکی کڵێسای فرە کەلتوری دەگەڕێت بۆ چاندنی کڵێسایەک لەناو ئەو خەڵکانەی کڵێسا پێیان نەگەیشتووە بەو نیەتەی لە سەرەتاوە یارمەتی کڵێساکە بدات خۆ زۆرکەربێت و خۆ حوکمدار بێت و خۆ پشتگیری کەر بێت.

٣- لەجیاتی زمانی نمونەکان (کارتێکردنی جیهان) سێ "گوزارشت"ی جیاکەرەوەی چاندنی کڵێسا دەناسێتەوە کە لە سەرچاوەی ئەوەوە دەتوانرێت نمونەی جۆراوجۆر ڕەچاوبکرێت و بەکاربهێنرێت.

کڵێسای بچوک (یا "کڵێسای ماڵ" ٢٠-٥٠ یا خەڵکی وا).

کڵێسای بچوک (یا ماڵ) دەتوانرێت تێگەیشتنی بۆ بکرێت وەک کۆگایەکی بچوک لە مۆڵێکی بازارکردندا. ئەوە پێویستی بە بەستنەوە هەیە لەگەڵ کڵێسای بچوکی تر بۆئەوەی بمێنێتەوە و گەشەبکات. کڵێسا بچوکەکان دەتوانن بەنزیکی لەهەموو شوێنێک کۆببنەوە و دەتوانن لە شوێنێکی بچوکدا ئیش بکەن بە بارگرانییەکی کەمی داراییەوە بۆ هیچ بارگرانیەکی دارایی. ئەوان دەتوانن سەرنج بخەنە سەر کۆمەڵە بینایەک یا پڕۆژەیەکی خانووبەرە یا تۆڕی خێزانەکان. ئەم گوزارشتە ڕێگەدەدات سەرنجی بەهێزی قوتابێتی بخرێتە سەر گەشەپێدانی هاوڵاتی ڕەسەن بۆ ڕابەرایەتی کردن کە ئەمەش دەتوانرێت لەم کۆمەڵە بچوکترە بەیەکەوە بەستراوەیە ڕوودات.

کڵێسای کۆمەڵگا (٦٠-١٥٠ یا خەڵکی وا)

کڵێسای کۆمەڵگا باوترین گوزارشتی کڵێسایە لەجیهاندا ئەمڕۆ، ئەگەر بەژمارە باس بکرێت. دەتوانرێت تێگەیشتن بۆ ئەم گوزارشتە بکرێت وەک کۆگایەکی بەقاڵی لە گەڕەکێکدا یا کۆمەڵگایەکدا. ئەم گوزارشتە سەرنج دەخاتە سەر نزیکایەتی و ناسنامەیەکی دیاریکراوی جوگرافی کاتێک تیشک دەخاتە سەر خزمایەتی و پێکەوە بەستن و دەوروبەری ناوازەی نوێژکەرانی کڵێساو کۆمەڵگاکەی چواردەوریش. ئەوە گەشەی پێدەدرێت بە بانگکردنێکی قووڵ و بەستنەوە بە گەڕەکێکی دیاریکراو، هەروەها بەشێوەیەکی نمونەیی پێویستی بە شوێنێکی نیمچە جێگیرە بۆ کۆبوونەوە (بۆنمونە، پارکێک، ناوەندێکی کۆمەڵگا، یا قوتابخانە). ئەم گوزارشتە بەتایبەتی پشت دەبەستێت و دەوڵەمەند دەبێت بەو شەریکایەتیە ئاشکرایانەی کەلەگەڵ کڵێسای کۆمەڵگاکانی تر دروست دەبێت، کە بەکاریگەریانە گەشەو مزگێنیان بەهێزدەکات و پەروەردەدەکات وەک کۆمەڵە تاکەکان.

دەوروبەر
بەهاکان/ بینین
ئامادەکردن
بەگەڕخستن
پێکەوەنان
پەروەردە
گواستنەوە
خشتە/ ڕێگەپێدانی دامەزراندن

کڵێسای دایک (٢٠٠ + خەڵک)

کڵێسای دایک (یا "کڵێسای ناوەند") نوێنەرایەتی کۆمەڵەیەکی گەورەتری باوەڕداران دەکات، هەروەها دەتوانرێت تێگەیشتنی بۆ بکرێت وەک فرۆشگای واڵمارت یا

سەرچاوە:
گەیوو بۆ درونێنە،
لاپەڕە ٨٧-٨٩

فرۆشگای سوپەر تارگێت، کە کۆگایەکە ژمارەیەک قەوارەی هەڵبژێردراوی تێدایە کە هەڵبژاردەو هەلی زۆر بۆ کڕیارەکانی خۆی دابین دەکات. ئەم جۆرە کڵێسایە کە هەردوو سەرچاوەی ئابووری و ڕۆحی هەیە بۆ زۆربوون، دەتوانێت سەرچاوەکان و تواناکانی خۆی بەکاربێنێت بۆئەوەی ببێت بە بەکڵێسایەکی ناردن و هەروەها تواناپێدان کە چەند جارێکی زۆر خۆی زۆربکات. بەشێوەیەکی نمونەیی کڵێسای دایک یا ناوەند ئەو کەسانی کڵێسایەیە کەلەلایەن نیەتی مزگێنیەوە ڕابەرایەتی دەکرێت کە ڕێگەی پێدەدات تواناکان و بەهرەکانی خۆی بەکاربێنێت بۆ ئەوەی ببێت بە ناوەندی میهرەبانی و بەزەیی و قەشەگەری دادپەروەری. هەروەها ئەوە دەتوانێت خزمەت بکات وەک بارەگای سەرەکی پەروەردەکردن بۆ چێنەرانی کڵێسا و دەستپێکەرانی قەشەگەری و هەروەها دەتوانێت بەئاسانی بەگەڕخستن بکات وەک ئامێرێکی هەڵهێنانی قەشەگەری کاریگەر لەناو ئەو هەژارانەی هێشتا کەس نەگەیشتووە پێیان لەشاردا. گوزارشتی وەها بەزۆری زیاتر ڕەگ دادەکوتێت لەناو دامەزراوەیەکی دیاریکراو کە بۆ تایبەتمەندێتی خۆی دروست کرابێت کە ڕێگەی پێبدات ئەم جۆرە تواناییانە بەکاربێنێت.

١- پرسە گرنگەکان چین (نمونە، کەلتور و داب ونەریتی چێنەرانی کڵێسا و ڕەچاوکردنی دەوروبەر) کە دەبێت زۆر ڕەچاوبکرێن کاتێک نمونە یا گوزارشتە گونجاوەکە هەڵدەبژێردرێت بۆ بەکارهێنان لە چاندنی کڵێسایەکدا بەشێوەی فرەکەلتوری لە شارەکەدا؟

٢- لە هەموو ئەو شتانەی کە ڕەنگە چێنەرێکی کڵێسا لێی هۆشیار بێت، بەلای تۆوە توخمە ناوەندەکە چییە کە دەبێت ئەو لێی تێبگات بۆ ئەوەی بژاردە " گونجاوەکە" یان بۆ هەڵبژێرێت؟

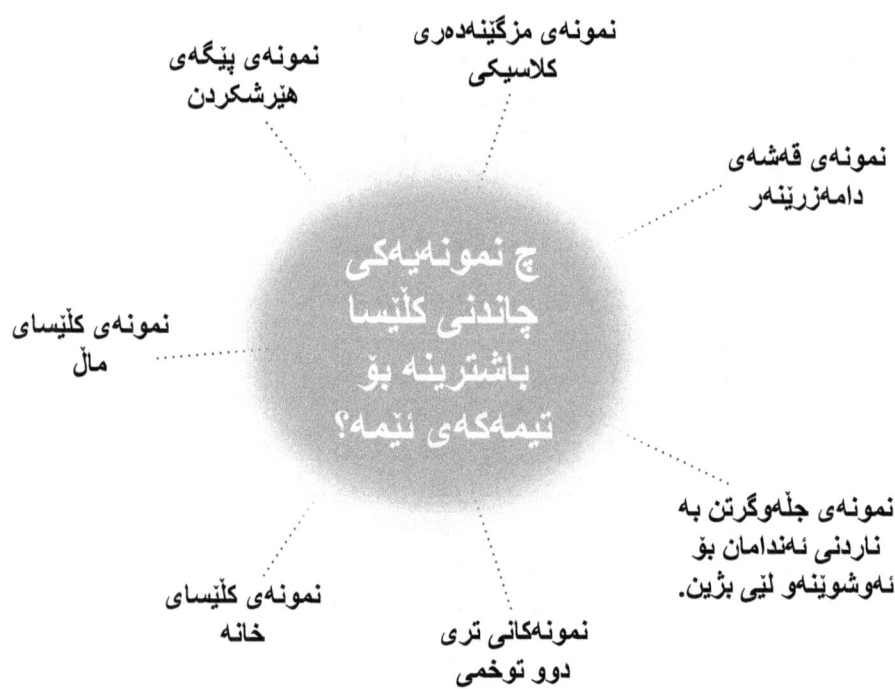

دەوروبەر
بەهاکان/ بینین
ئامادەکردن
بەگەڕخستن
پێکەوەنان
پەروەردە
گواستنەوە
خشتە/ ڕێگەپێدانی دامەزراندن

سەرچاوە:
چاندنی کڵێسا لەناو هەژارانی شار، جلدی ٢، لاپەرە ٣٣٢-٣٣٣

خزمەتی ڕاسپاردەکردنی ئەندامێتی

کڵێسای هەرناوێکی هاوڕێیەتی

پەیمانگای قەشەگەری شاری

[داوا لەو تاکە کەسانە بکە کە نیەتیان هەیە بێنە پاڵ خێزانی کڵێساکەمان، بوەستن.]

ڕاسپێردراو

بەئامادە بوونی خودای یەزدان، خوداو باوکی مەسیحی یەزدانمان، هەروەها بە هاوەڵی پیاوچاکانی ئەم ئەنجومەنە ئێمە کۆدەبینەوە بۆ ئەوەی دان بنێین بەهەمووتان پێکەوە وەک ئەندامانی هاوڕێیەتیەکەمان، خێزانی (کڵێسای هەرناوێکی هاوڕێیەتی). بەهۆی پیشەگەری باوەڕی خۆتان لە عیسای مەسیح وەک ڕزگارکەر و یەزدانی کەسی ئێوە هەروەها بەهۆی زانیاری ئێمە لەسەر ڕێکردنی کەسی ئێوە لەگەڵ (ئەو) و پابەندبوونی ئێوە بەم کڵێسایەوە ئێمە بەخێرهاتنی ئێوە دەکەین بۆناو خێزانەکەمان دوای ئەوەی ئێوە وەڵامی پرسیارە هاتووەکانتان دەدەنەوە.

وەک ئەندامێکی (هەرناوێک) ئایا تۆ کۆشش دەکەیت کاتێک (ڕۆح) ڕابەرایەتی دەکات بۆ ئەوەی لە نیعمەت و زانینی عیسای مەسیحدا گەشە بکەیت؟

[ئەندامان دەڵێن " بەڵێ."]

ئایا تۆ بە ڕێک و پێکی و بەڕاستگۆیی کۆدەبیتەوە لەگەڵ ئەندامانی تری خێزانی کڵێساکەمان و بەچالاکانە بەشداری لە ژیانی جەستەمان و هاوڕێیەتیمان و خزمەتمان پێکەوە دەکەیت؟

[ئەندامان دەڵێن " بەڵێ."]

ئایا تۆ ڕێگە بە یەزدان دەدەیت بەڕاستگۆیانە دیاریەکان و ژیانی تۆ بەکاربهێنێت بۆ دروستکردنی ئەندامانی ئەم جەستەیە و بۆ هەرکەسێک کە یەزدان ڕابەرایەتی دەکات کاتێک ئەو هێزو هەلت پێ دەبەخشێت؟

[ئەندامان دەڵێن "بەڵێ"]

ئایا تۆ بەبەخشندەییەوە پاڵپشتی قەشەگەری و ژیانی کڵێسادەکەیت پێکەوە بە بەخشینی کات و پارە و سەرچاوەکانی تری خۆت بۆ مزگێنی و گەشەی ئەوە لەجیهاندا؟

[ئەندامان دەڵێن "بەڵێ."]

ئایا تۆ هاوبەشی هەواڵەخۆشەکەی ئینجیل دەکەیت لەگەڵ هاوڕێ و خزم و هاوسێ و هاوکارە ڕزگارنەکراوەکانت و یارمەتیان دەدەیت بۆ ئەوەی ببن بە قوتابی مەسیح و ئەندامانی خێزانەکەی؟

[ئەندامان دەڵێن "بەڵێ."]

سەرچاوە: *چاندنی کڵێسا لەناو هەژارانی شار*، جڵدی ٢، لاپەڕە ٣٣٢-٣٣٣

ئایا تۆ دەگەڕێیت بۆ دروست کردنی ئەندامانی ئەم جەستەیە و پاڵپشتی و وەڵامدەردەبیت بۆ رابەرانی هەڵبژێردراو و دامەزراوی کڵێسا؟

[ئەندامان دەڵێن "بەڵێ."]

پاش ڕەچاوکردنی پیشەگەری باوەڕ و پابەندبونی گشتی ئێوە بەئامادە بوونی یەزدان و ئەم ئەنجومەنە، ئێمە بەخێر هاتنی ئێوە دەکەین بۆناو خێزانەکەمان بۆ ئەوەی هاوبەشی هەموو مافەتایبەتەکان و بەرپرسیارێتییەکان و بەرەنگارییەکان بکەن کە ئێمە هاوبەشی دەکەین وەک جەستەی مەسیح پێکەوە.

با نوێژ بکەین.

[ڕاسپێردراو نوێژ بۆ یەزدان دەکات.]

با پێکەوە سڵاو لە ئەندامانی نوێی خێزانی کڵێسای (هەرناوێک)ی خۆمان بکەین!

بزوتنەوەکانی چاندنی کڵێسا

سەرچاوە:
گەیوو بۆ دروێنە،
لاپەڕە ٢٣-٢٨

پێشەکی

ڕەگە پیرۆزەکان و چاندنی کڵێسا و داب و نەریتی مەزن

ڕەگە پیرۆزەکان و چاندنی کڵێسا و داب ونەریتی مەزن

ئەم پەخشانە پێشووتر بەناونیشانی ” *بەرەو پێش بڕۆ کاتێک ئاوڕ بۆ دواوە دەدەیت: بەرەو گەڕاندنەوەی داب ونەریتی مەزنی ئینجیلی*“ نوسراوە لەلایەن دۆن ئێل داڤیس (*ویچیتا: چاپخانەی پەیمانگای قەشەگەری شاری*، ٢٠٠٨). ئێمە ئەوە دەخەینە ئێرەوە وەک *پێشەکییەکی باش بۆ ئەم ڕێبەرە، لەبەر ئەوەی ئەوە بە پوختی گرنگی بنچینەیی دووبارە دۆزینەوەی ڕەگەکانی باوەڕی ئێمە لە لاهوت و خواپەرستی و قوتابێتی و مزگێنی ئێمە ڕووندەکاتەوە.* ئێمە قایلین کە دەبێت ئێمە چالاکی مزگێنیدان و قوتابێتی و چاندنی کڵێسا و *(تێپەڕاندنی بەربەستی کەلتوری بۆ هاوبەشی کردنی ئینجیل)ی* خۆمان لە سنووری ئەوە دابنێین کە کڵێسا ئەنجامی داوە و باوەڕی پێ هەبووە – هەمیشە و لەهەموو شوێنێک و لەلایەن هەموومانەوە. وەک *چێنەرانی کڵێسا* دەبێت ئێمە *دووبارە باوەڕی نێردراوەیی بدۆزینەوە و ڕەچاوی دەوروبەرەکەی بکەین لەناو کۆمەڵی دیاریکراوەی خەڵکدا و دواتر ڕاهێنانیان پێبکەین بۆئەوەی شێوەی کەلتوری گوزارشتی ئەو باوەڕە بکەن بەڕێگایەک کە بەرگری لەو باوەڕە ڕاستە دەکات و فراوانی دەکات و بەرجەستەی دەکات کە کڵێسا هەمیشە پاراستوویەتی.* بۆئەوانەی ئێمە کە پەرۆشن (*هەواڵە خۆشەکە*) ببینن لەو شوێنانە چالاکن کە عیسا هەرگیز نەناسراوە (*واتا، هەزارانی شاری جیهان*)، ئەم پەیامە بۆ ئێمە گرنگە لەبیرمان بێت – هەروەها دووبارە فێربین. کاتێک ئێمە پێش دەکەوین بەناو قۆناغەکانی چاندنی کڵێسادا *لەناو هەزارانی شار*، دەبێت ئێمە هۆشیاری ئەم تێگەیشتنە ژیرانە بین و کۆشش بکەین بۆ جێبەجێکردنیان لەهەموو ڕوویەکی دەسەڵات پێدانمان و چالاکی خزمەتکردنمان لەو شوێنانەی کڵێسای لێ نیە.

دووبارە دۆزینەوەی ”داب و نەریتە مەزنەکە“

لە کتێبێکی خۆشی بچوکدا ، ئۆلا تجۆرهۆم [1]وەسفی (داب ونەریتە مەزنەکە)ی کڵێسا دەکات (هەندێ جار پێی دەگوترێت ”داب ونەریتی کلاسیکی کڵێسا“) وەک زیندوو و سروشتی و داینەمیکی.“ [2]داب ونەریتە مەزنەکە نوێنەرایەتی ئەوەدەکات کە چەقی ئینجیلی و نێردراوەیی و کاثۆلیکی باوەڕ و پراکتیزەی مەسیحی بەشێوەیەکی فراوان هاتە ئەنجامی سەرکەوتوو لە ١٠٠-٥٠٠ی میلادی. [3] میرات و سامانە دەوڵەمەندەکەی نوێنەرایەتی درکاندنەکەی کڵێسا دەکات لەوەی کڵێسا هەمیشە باوەڕی چی هەبووە و لەو خواپەرستییەی کە کڵێسا کۆنە بەش نەکراوەکە ئاهەنگی بۆ گێڕاوە و بەرجەستەی کردووە و لەو مزگێنییەی کە کڵێسا ئامێزی گرتووە و ئانجامی داوە.

لەکاتێکدا (داب ونەریتی مەزن) ناتوانێت جێگرەوەی (داب ونەریتی نێردراوەیی) (واتا، سەرچاوە دەسەڵاتییەکەی هەموو باوەڕی مەسیحی و نوسراوە پیرۆزەکان) بێت و نە دەتوانێت نیشانی ڕوودانی ئایندەی ئامادەبوونی زیندووی مەسیح لەکڵێسا بدات لەڕێگای (ڕۆحی پیرۆز)ەوە، (ڕۆحی پیرۆز) هێشتا بەدەسەڵاتە و بەهێزکەرە بۆ گەلی خودا.
(ڕۆحی پیرۆز) هێشتا دەتوانێت گەوهەری درکاندن و باوەڕەکەی خۆی بۆ گەلی خودا دابین بکات بەدرێژایی کات. (داب ونەریتی مەزن) لەئامێز گیراوە و دووپاتکراوەتەوە وەک بەدەسەڵات لەلایەن زانایانی لاهوتی کاثۆلیک و ئۆرثۆدۆکس و ئانگلیکان و پرۆتستانت، ئەو کۆن و نوێیانە، چونکە (داب و نەریتی مەزن) دۆکیومێنت و ڕێباز و درکاندن و پراکتیزەی گرنگی کڵێسای بەرهەم هێناوە (واتا، یاسای نوسراوە پیرۆزەکان و ڕێبازەکانی سیانەی پیرۆز و خوداوەندی مەسیح و هتد).

118 • لە سەر ئەم بەردە: نمونە کۆکەرەوەیەکی چاندنی کڵێسا

سەرچاوە: گەیوو بۆ دروێنە، لاپەڕە ۲۳-۲۸

زۆربەی توێژەرانی ئینجیلی ئەمڕۆ باوەڕیان وایە ئەو ڕێگایەی بەرەوپێشە بۆ باوەڕی داینەمیکی و نوێ بوونەوەی ڕۆحی پێکدێت لە ئاوڕدانەوە بۆ دواوە نەک بە پەرۆشی سۆزەوە بۆ "ڕۆژە خۆشە کۆنەکان" ی کڵێسای پاک و بێ کێشەی زوو، یا هەوڵێکی ساویلکانە و بێ مەبەست بۆ لاسایی کردنەوەی گەشتی پاڵەوانی باوەڕیان. زیاتر بە چاوێکی ڕەخنەگرانە بۆ مێژوو و ڕۆحێکی خواناسی ڕێزگرتن بۆ کڵێسای کۆن و پابەندبوونیکی قوڵ بە نوسراوی پیرۆزەوە دەبێت ئێمە لەڕێگای (داب ونەریتی مەزن)ەوە دووبارە تۆوی باوەڕێکی نوێ و دەسەڵات پێدراو بدۆزینەوە. ئێمە دەتوانین بگۆڕێین کاتێک ئێمە چەقی باوەڕ و پراکتیزەی کڵێسا بەدەست دەهێنینەوە و زانیاریمان دەداتێ پێش بەش بوون و پارچەبوونە ترسناکەکەی مێژووی کڵێسا.

باشە، ئەگەر ئێمە باوەڕبکەین کە دەبێت بەلایەنی کەمەوە دووبارە سەیری کڵێسای سەرەتاو ژیانی بکەین، یا باشتر ، ئێمە قایل بین تەنانەت بۆ گەڕاندنەوەی (داب ونەریتی مەزن) لەپێناوی نوێ بوونەوە لەناو کڵێسا - ئایا ئێمە بەتەواوی هیواخوازین ئەوەمان دەستکەوێتەوە؟ ئایا دەبێت ئێمە بەبێ ڕەخنەگرانە هەموو شتێک قبوڵ بکەین کە کڵێسای کۆن گوتوویەتی و ئەنجامی داوە وەک "ئینجیل"، ڕاستگۆبین بەسادەیی لەبەر ئەوەی ئەوە نزیکترە لە ڕووداوە سەرسوڕهێنەکانی عیسای ناسیرە لە جیهاندا؟ ئایا "سمت"ە کۆنەکە لەشوێنی خۆیەتی و لەجێ نەچووە؟

نەخێر. ئێمە نە هەموو شتێک بە بێ ڕەخنە قبوڵ دەکەین، نە باوەڕیش دەکەین کە کۆنەکە لەشوێنی خۆیەتی و لەجێ نەچووە، بەڕاستی باشە. ڕاستی بۆ ئێمە لە بیرۆکەو بانگەشەی کۆن زیاترە و بۆ ئێمە ڕاستی بەرجەستەکراوە لە کەسی عیسای ناسیرە، هەروەها نوسراوە پیرۆزەکانیش دەسەڵات ە دوا بانگەشە دەدات بە واتای ئاشکراکردن و ڕزگاری ئەو لە مێژوودا. ئێمە ناتوانین شتەکان قبوڵ بکەین بەسادەیی لەبەرئەوەی ئەوانە ڕادەگەیەندرێن کە لە ڕابردوودا ئەنجام دراون، لە لەڕابردوودا دەستیان پێکردووە. بەسەرساميیەوە (داب ونەریتی کۆن) خۆی مشتومڕ بۆئێمە دەکات تا ڕەخنەگربین و پێشبڕکێ بکەین بۆ باوەڕەکە کاتێک بخشرا بە پیاوچاکان (یەهوزا ۳)، و ئەو داب ونەریتە لەئامێزبگرین و ئاهەنگی بۆ بگێڕین کە نێردراوان وەریان گرتووە و چەسپیوە و لێکدراوەتەوە لەلایەن نوسراوەپیرۆزەکان خۆیانەوە و گوزارشت کراوە لە درکاندن و پراکتیزەی مەسیحیدا.

دووریە بنەڕەتیەکانی (داب ونەریتی مەزن)

لەکاتێکدا تجۆرهۆم لیستی توخمەکانی ناوەڕۆکی لاهوتی خۆی لەسەر (داب و نەریتی مەزن) پێشکەش دەکات کەئەو باوەڕی وایە ئەو لیستە شایەنی دووبارە لێکۆڵینەوە و ڕەچاوکردنە. ٤ من باوەڕم وایە حەوت دووری هەیە ،لە ڕوانگەی ڕۆحی و کتێبی پیرۆزەوە، توانامان دەداتێ ئێمە تێبگەین کڵێسای سەرەتایی باوەڕی بەچی هەبوو و چۆن ئەوان خواپەرستییان دەکرد و دەژیان و ئەو ڕێگایانەی ئەوان بەرگری باوەڕی زیندووی خۆیان پێ دەکرد لە عیسای مەسیحدا. لەڕێگای گوێڕایەڵییان بۆ دۆکیومێنتەکان و درکاندنەکان و پراکتیزەکانی ئەم ماوەیە کڵێسای کۆن شایەت حاڵی بەڵێنی ڕزگاری خودا بوو لەناوجەرگەی نەوەیەکی ناپاک و بێ ئاین. چەقی پراکتیزەو باوەڕی هەنوکەی ئێمە لەم سەردەمەدا گەشەی پێکرا، هەروەها شایستەی ئەوەیە جارێکی تر سەیربکرێت.

بە گونجاندن و لابردنی زانیاری و درێژکردنەوەی بۆچونەکانی تجۆرهۆم لەسەر (داب ونەریتی مەزن) من لێرە ئەوە لیست دەکەم کە وەریدەگرم وەک دەستپێکێک، لیستێکی

سەرچاوە:
گەیوو بۆ درونێنە،
لاپەڕە ٢٣-٢٨

سادەی ئەو دووریە گرنگانەی کە شایستەی ئەویە ئێمە گرنگی بەش نەکراوی پێبدەین و بەتەواوی بەدەستی بهێنینەوە.

داب ونەریتی نێردراوەیی. (داب ونەریتی مەزن) لە (داب ونەریتی نێردراوەیی)ەوە ڕەگ دادەکوتێت، واتا، شایەتی شایەت حاڵی و ئەزمونی نزیکی نێردراوان لەسەر عیسای ناسیرە و شایەت حاڵی بەدەسەڵاتی ئەوان لە ژیان و کاری ئەو کە لە نوسراوە پیرۆزەکاندا گێردراوەتەوە و یاسای ئەمڕۆی کتێبی پیرۆزی ئێمە. کڵێسا نێردراوەییە و دروستکراوە لەسەر بناغەی پێغەمبەران و نێردراوان کە مەسیح خۆی بەردی بناغەکەیە. نوسراوەپیرۆزەکان خۆیان نوێنەرایەتی سەرچاوەی لێکدانەوەی ئێمەدەکەن سەبارەت بە (شانشینی خودا)، ئەو چیرۆکەی خۆشەویستی کڕینەوەیە لەلایەن خوداوە کە بەرجەستەبووە لە بەڵێنەکە بە ئیبراهیم و باوکان و لە پەیمانەکان و ئەزمونی ئیسرائیل و کە لە ئاشکراکردنەکەی خودا بە عیسای مەسیح کۆتایی دێت وەک پێشبینی کرابوو لە ناو پێغەمبەران و ڕوونکرابووەوە لە شایەتی نێردراوەییدا.

یاسای باوەڕ و ئەنجومەنی جیهانی، بەزۆری یاسای باوەڕی نیسین. (داب ونەریتی مەزن) ڕاستیەکە ڕادەگەیەنێت و سنورەکانی باوەڕی مێژوویی ئۆرثۆدۆکسی دادەنێت وەک پێناسە کراوە و دووپات کراوەتەوە لە یاساکانی باوەڕی جیهانی کڵێسای کۆن و بەش نەکراو بە سەرنجدانی تایبەت لەسەر یاسای باوەڕی نیسین. جاڕدانەکانی ئەوان وەرگیراون تا ببن بە لێکدانەوەیەک و لێدوانێکی ورد لەسەر فێرکردنەکانی نێردراوان کە لە نوسراوی پیرۆزدا دانراون. درکاندنی یاساکانی باوەڕ و ئەنجومەنەکانی جیهانی نوێنەرایەتی گەوهەری فێرکردنەکانی دەکات لەکاتێکدا سەرچاوەی خودی باوەڕەکە نیە،٥ بەزۆری ئەوانەی پێش سەدەی پێنجەم (کە بەنزیکی هەموو ڕێبازە سەرەتاییەکان سەبارەت بە خودا و مەسیح و ڕزگاری بەرەوانی وتران و لەئامێز گیران).٦

ڕێسای کۆنی باوەڕ. (داب ونەریتە مەزنەکە) ئامێزی گرت بۆ گەوهەری چەقی باوەڕی مەسیحی لە ڕێسایەکدا، واتا، ڕێسایەکی ستاندەری کۆنی باوەڕ، کە وەک ئەو پێوەرە ڕەچاوکرا کە بانگەشە و پێشنیارەکان سەبارەت بە لێکدانەوەی باوەڕی تایبەت بە کتێبی پیرۆزیان پێ دەخەمڵێندرا. ئەم ڕێسایە کاتێک بە ڕێزەوە و بەوریایی وردییەوە بەکاردەهێنرێت بڕوونی ڕێگەمان پێدەدات پێناسەی چەقی درکاندنی مەسیحی کڵێسای کۆن و بەش نەکراو بکەین کە بەڕوونی گوزارشت کراوە لەو ڕێنمایی و پەندەی (ڤینسنتی لێرینس): " کە هەمیشە لەهەموو شوێنێک باوەڕی پێکراوە و لەلایەن هەموانەوە."٧

بۆچونی جیهان لەسەر مەسیحی سەرکەوتوو. (داب ونەریتی مەزن) ئاهەنگ دەگێڕێت و دووپاتی دەکاتەوە کە عیسای ناسیرە مەسیحە و مەسیحی بەڵێن لەسەر دراوی نوسراوە پیرۆزەکانی عیبرییە و یەزدانی هەستاوەو ستایش کراوەو (سەرۆکی کڵێسا)یە. لە عیسای ناسیرە بەتەنیا خودا فەرمانڕەوایی خۆی بەسەر گەردوندا دووبارە دووپات کردەوە کاتێک مردنی تێکشکاند بە مردنی ئەو و دوژمنانی خودای داگیرکرد لەڕێگای بەرجەستەبوونی خودایی ئەو و مردن و زیندووبونەوە و بەرزبوونەوەی بۆ ئاسمان و ئادەمیزادی کڕیەوە لە سزاکەی بەهۆی سەرپێچی کردنی یاساکە. ئێستا لە مردن زیندووبۆتەوە بەرزبۆتەوە بۆ ئاسمان و ستایشکراوە لەدەستە ڕاستی خودا ئەو (ڕۆحی پیرۆزی) ناردووە بۆ ناو جیهان تا دەسەڵات بدات بە کڵێسا لە ژیان و شایەت حاڵیەکەیدا. دەبێت کڵێسا ڕەچاوبکرێت وەک گەلی براوەی مەسیح. لەکاتی گەڕانەوەی ئەو کاری خۆی کامڵ دەکات وەک یەزدان. ئەم

سەرچاوە:
گەیوو بۆ دروێنە،
لاپەڕە ٢٣-٢٨

بۆچونی جیهانییە گوزارشت کراوە بە درکاندن و وتاردان و خواسپەستن و شایەت حاڵی کڵێسای کۆن. ئەمڕۆ لەڕێگەی نەریتی قوربانی پیرۆز و پراکتیزەی ساڵی کڵێسای خۆی کڵێسا دان بە ئەم سەرکەوتنەی مەسیحدا دەنێت و ئاهەنگی بۆدەگێڕێت و بەرجەستەی دەکات و ڕایدەگەیەنێت: لەناوبردنی گوناحەو بەدکاری و گێڕانەوەی هەموو شتە دروستکراوەکان.

ناوەندێتی کڵێسا. (داب ونەریتی مەزن) بە باوەڕبەخۆبونەوە درکاندی کڵێسا گەلی خودایە. کۆبونەوەی ڕاستگۆی باوەڕداران لەژێر دەسەڵاتی عیسای مەسیحی شوان ئێستا شوێنی تەواو و بریکاری (شانشینی خودا)یە لەسەر زەویدا. بە خواپەرستی و هاوڕێیەتی و فێرکردن و خزمەت و شایەت حاڵی کڵێسا مەسیح بەردەوم دەژی و دەجوڵێت. (داب ونەریتی مەزن) سوورە لەسەر ئەوەی کە کڵێسا لەژێر دەسەڵاتی شوانە پلە نزمەکان و تەواوی قەشەگەری باوەڕدارانی خۆی بەئاشکرا نشینگەی خودایە بە (ڕۆح) لەجیهانی ئەمڕۆدا. بە خودی مەسیح خۆی وەک بەردی بناغەی سەرەکی کڵێسا خێزانی خودایە و جەستەی مەسیحە و پەرستگای (ڕۆحی پیرۆزە). هەموو باوەڕدارانی زیندوو و مردوو و هێشتا لەدایک نەبوو یەک کۆمەڵگای پیرۆز و کاثۆلیک (جیهانی) و نێردراوەیی پێکدەهێنن. کاتێک بەرێک وپێکی پێکەوە کۆدەبنەوە بۆ باوەڕکردن بەکۆبونەوە ئەندامانی کڵێسا بەشێوەی خۆجێی کۆدەبنەوە بۆ پەرستنی خودا لەڕێگای (وشە) و کۆنوێژی و لەئاوهەڵکێشآن هەروەها بۆ شایەت حاڵی دان بە کارەباشەکان و جاڕدانی ئینجیلی خۆی. کاتێک باوەڕدارانی نوێ دێنە ناو کڵێسا لەڕێگای لەئاوهەڵکێشانەوە کڵێسا بەهاوڕێیەتی خۆی بەرجەستەی ژیانی (شانشین)ەکە دەکات و بە وشەو کردار ڕاستی (شانشینی خودا) نیشان دەدات لەڕێگای ژیان و خزمەتی خۆی بۆ جیهان.

یەکبوونی باوەڕ. (داب ونەریتە مەزنەکە) بەڕوونی کاثۆلیکیەتی کڵێسای عیسای مەسیح دووپات دەکاتەوە، لەوەی کە ئەوە گرنگی دەدات بە پاراستنی کۆنوێژی و بەردەوامبون بە خواپەرستی و لاهوتی کڵێسا لەسەرانسەری سەردەمەکاندا (جیهانی کڵێسا). لەبەر ئەوەی یەک هیوا و بانگکردن و باوەڕ هەبووە و دەشتوانرێت یەک هیوا و بانگکردن و باوەڕ هەبێت، (داب ونەریتی مەزن) جەنگاوە و کۆششی کردووە بۆ یەکبوون لە وشە و لە ڕێباز و لە خواپەرستی و لە خێرخوازی.

دەسەڵاتی ئینجیلیی مەسیحی هەستاوە. (داب ونەریتی مەزن) دەسەڵاتی نێردراوەیی دووپات دەکاتەوە تا سەرکەوتنی خودا لە عیسای مەسیح بناسێنێ بە نەتەوەکان کاتێک ڕزگاری بە نیعمەت لەڕێگای باوەڕەوە بەناوی ئەو ڕادەگەیەنێت و هەموو گەلان بانگێشت دەکات بۆ تۆبەکردن و باوەڕ بۆئەوەی بچنە ناو (شانشینی خودا)وە. لەڕێگای کرداری دادپەروەری و ڕاستەوە کڵێسا ژیانی (شانشین)ەکە نیشاندەدات لەجیهانی ئەمڕۆدا، هەروەها لەڕێگای وتاردان و ژیانیەوە شایەت حاڵیەک و نیشانەیەکی (شانشین)ەکە دابیندەکات کە بوونی هەیە لەناو جیهان و بۆ جیهانە (sacramentum mundi)، هەروەها وەک پایە و بنەمای ڕاستی. وەک بەڵگەی (شانشینی خودا) و پارێزەرانی (وشەی خودا) کڵێسا بەرپرسیارێتی پێ دەدرێت بۆ ئەوەی بەڕوونی پێناسەی باەڕەکە بکات و بەرگری لێ بکات کە بۆدواجار دراوە بە کڵێسا لەلایەن نێردراوانەوە.

سەرچاوە:
گەیوو بۆ درووێنە، لاپەڕە ٢٣-٢٨

دەرئەنجام: ئایندەی خۆمان دەدۆزینەوە کاتێک ئاوڕ بۆ دواوە دەدەین

لەکاتێکدا کە کەسانی زۆر دەشڵەژێن بە ئاژاوەی دەنگی زۆری کەسانی زۆر کە بانگەشەدەکەن بۆ خودا قسەدەکەن، کاتی ئەوە هاتووە بۆ ئێمە ڕەگەکانی باوەڕی خۆمان دووبارە بدۆزینەوە و بگەڕێینەوە بۆ سەرەتای پراکتیزەو درکاندنی مەسیحی و بزانین ، ئەگەر بەڕاستی، ئێمە دەتوانین ناسنامەی خۆمان بەدەست بهێنینەوە لەناو لێشاوی قوتابێتی و پەرستنی مەسیح کە جیهانی گۆڕی. بە حوکمی من، دەتوانرێت ئەمە ئەنجام بدرێت لەڕێگای زەوتکردنێکی ئینجیلیانە و گرنگی (داب ونەریتە مەزن)ەکە کە ئەو چەقی باوەڕ و پراکتیزەیە کە سەرچاوەی هەموو داب ونەریتەکانمانە کاثۆلیک بێت یا ئۆرثۆدۆکس یا ئانگلیکان یا پڕۆتستانت.

بەدڵنیاییەوە داب ونەریتی دیاریکراو بەردەوام دەبێت بۆ گەڕان بەدوای گوزارشتکردنی پابەندبونیان و ئەنجامدانی پابەندبوونیان بە داب ونەریتە دەسەڵاتدارەکە (واتا، نوسراوەپیرۆزەکان) و (داب ونەریتی مەزن) لەڕێگای خواپەرستی و فێرکردن و خزمەتیان. داب ونەریتە جۆراوجۆرە مەسیحییەکانمان ، کاتێک ڕەگ دادەکوتن و گوزارشتکەری فێرکردنی نوسراوی پیرۆزن و لەلایەن (ڕۆحی پیرۆز) ڕابەری دەکرێن، بەردەوام دەبن لە ڕوونکردنەوەی ئینجیل لەناو کەلتورە نوێیەکان و نیمچە کەلتورەکان کاتێک باسی هیوای مەسیح دەکەن لەناو دۆخە نوێیەکاندا و هیوای مەسیح دەکەن بەنمونە لەناو ئەو دۆخەنوێیانەی داڕێژراون بە کۆمەڵێک پرسیاری خۆیان کە کردویانە پاش ڕەچاوکردنی دۆخی ناوازەی خۆیان. داب ونەریتەکانی ئێمە بەشێوەی سەرەکی بزوتنەوەی ڕەچاوکردنی دەوروبەرە، واتا، ئەوانە هەوڵن بۆ ڕوونکردنەوەی (داب ونەریتی دەسەڵاتدار) لەناو کۆمەڵانی خەڵک بەڕێگایەک کە ڕاستگۆیانە و کاریگەریانە دەیانبات بەرەو باوەڕ بە عیسای مەسیح.

بۆیە دەبوو ئێمە ڕێگاکان بدۆزینەوە بۆ دەوڵەمەندکردنی داب ونەریتە هاوچەرخەکانمان بەهۆی دووبارە بەستنەوە و کۆکردنەوەی درکاندن و پراکتیزە هاوچەرخەکانمان بە (داب ونەریتە مەزن)ەکە. با ئێمە قەت لەبیرمان نەچێت کە مەسیحییەت لە چەقی خۆیدا شایەت حاڵییەکی ڕاستگۆیانەی کردارەکانی ڕزگارکردنی خودایە لە مێژوودا. ئاوەها ئێمە هەمیشە دەبین بە خەڵکێک کە دەگەڕێین بۆ دۆزینەوەی ئایندەمان بە ئاوڕدانەوە بۆدواوە لەڕێگای کاتەوە بۆ ئەو ساتانەی ڕزگاری و کردار کە (فەرمانڕەوایی خودا) ڕوون بوەوە لەڕێگای بەرجەستەبوونی خودایی مەسیح و ئەشکەنجەی مەسیح و زیندووبونەوەی مەسیح و بەرزبوونەوەی مەسیح بۆ ئاسمان و هاتنی خێرای مەسیح. با ئێمە دواتر ئەوەمان بێتە بیر باوەڕداران چیان درکاند لەدوای بەیانی گۆڕە بەتاڵەکە - چیرۆکی ڕزگاری بەڵێنی خودا لە عیسای نسیرەدا بۆ کڕینەوە و ڕزگارکردنی گەلێک بۆ خۆی و ئاهەنگی بۆ بگێڕین و دووبارە نمایشی بکەینەوە و بە تازەیی فێری بین و بە سۆزەوە جاڕی بۆبدەین.

تێبینیەکانی کۆتایی

١- ئۆلا تجۆرهۆم، کڵێسای دیار – یەکبوونی دیار: زانستی کڵێسای جیهانی و داب ەنەریتی مەزنی کڵێسا.“ کۆلێجڤایل مینێسۆتا: چاپخانەی ئەریتی قوربانی پیرۆز، ٢٠٠٤. ڕۆبێرت وێبەر پێناسەی (داب ونەریتە مەزنەکە) کردووە بەم شێوەیە: ”[ئەوە] وەسفێکی گشتی پراکتیزەو باوەڕی مەسیحییە کە لەنوسراوەپیرۆزەکانەوە گەشەی کردووە لەنێوانی کاتی مەسیح و ناوەڕاستی سەدەی پێنجەم.“ ڕۆبێرت ئی وێبەر، قوماشەچنراوە پایەبەرزەکە. ناشڤێل: ثۆماس نێلسنی پەخشەران، ١٩٨٦، لاپەڕە، ١٠.

٢- هەمان شوێن، لاپەڕە ٣٥.

سەرچاوە: گەیوو بۆ درووێنە، لاپەڕە ٢٣-٢٨

٣- چەقی (داب ونەریتی مەزن) چڕکردنەوەدەکات لەسەر داڕشتن و درکاندن پراکتیزەکانی یەکەم پێنج سەدەی ژیان و کاری کڵێسا. بە حوکمی من تۆماس ئۆدێن بەڕاستی دووپاتیدەکاتەوە کە "...زۆربەی ئەوەی بۆ ماوەیەکی زۆر بەهادارە لە لێکدانەوە هاوچەرخەکانی تایبەت بە کتێبی پیرۆز لە سەدەی پێنجەم دۆزرایەوە" (تۆماس سی ئۆدێن، (وشەی ژیان) ببینە. سانفرانسیسکۆ. هارپەرسانفرانسیسکۆ، ١٩٨٩، لاپەڕە xi.).

٤- هەمان شوێن، لاپەڕە ٢٧-٢٩. مشتومڕدەکرێت لەسەر دە توخمەکەی تجۆرهۆم لە سنووری کارەکەیدا هەروەها لەوشوێنەدا ئەو مشتومڕدەکات بۆ توخمە ستراکتورییەکان و بۆدەرکەوتنە جیهانییەکانی گەڕاندنەوەی (داب ونەریتە مەزنەکە). من لەدڵەوە کۆکم لەگەڵ پاڵهێزی گشتی مشتومڕەکەی ئەو ، کە وەک باوەڕی خۆم ئەو بانگەشەیە دەکات کە ئارەزووکردن لە (داب ونەریتی مەزن) و خوێندنی دەتوانێت کڵێسای هاوچەرخ نوێبکاتەوە و دەوڵەمەندبکات لە خواپەرستیەکەی و خزمەتەکەی و مزگێنییەکەی دا.

٥- من قەرزداری دکتۆر ڕۆبێرت ئی وێبەری کۆچکردووم بۆ ئەو جیاکەرەوە یارمەتیدەرەی ئەو لەنێوان سەرچاوەو گەوهەری لێکدانەوە و باوەڕی مەسیحی.

٦- لەکاتێکدا حەوت ئەنجومەنە جیهانییەکە (لەگەڵ ئەوانی تر) دووپات دەکرێنەوە لەلایەن هەردوو کۆنوێژی کاتۆلیکی و ئۆرتۆدۆکسییەوە وەک پێبەست، ئەوە یەکەم چوار ئەنجومەنە کە دەبێت ڕەچاوبکرێت وەک سەرەکی ترین درکاندنی گرنگی کڵێسا کۆنە بەش نەکراوەکە. من و کەسانی تر مشتومڕ بۆ ئەمە دەکەین بەفراوانی چونکە یەکەم چوار ئەنجومەن بۆ دواجار بەڕەوانی ئەوە دەیڵێت و جیگیر دەکات کە بە باوەڕی ئۆرتۆدۆکسی خۆمان ڕەچاودەکرێت لەسەر ڕێبازەکانی سیانەی پیرۆز و بەرجەستەبوونی خودایی (فلیپ سکاف ببینە، یاساکانی باوەڕی جیهانی مەسیحی، v. ١. خوڕێنی مەزن : خانەی بەیکەر بوک ، ١٩٩٦، لاپەڕە ٤٤). بەهەمان شێوە تەنانەت ڕیفۆرمخوازە دەسەڵاتدارەکانیش ئامێزیان گرتەوە بۆ فێرکردنەکانی (داب ونەریتە مەزنەکە)، و گرنگترین درکاندنەکانیان وەک بەدەسەڵات پاراست. بەشێوەی هاوتا کالڤین توانی مشتومڕبکات بە لێکدانەوە لاهوتییەکانی خۆی کە " بەم شێوەیە ئەنجومەنەکان شکۆمەندیان هەیە ئەوە مافی خۆیانە، بەڵام هێشتا هاوکات نوسراوی پیرۆز لەشوێنە بەرزترەکە دەردەکەوێت بە هەموو شتێکەوە لەژێر دەسەڵاتی ستاندەرەکەیدا. بەم ڕێگایە ئێمە بە ئامادەییەوە ئەنجومەنە سەرەتاکان بە پیرۆز لەئامێزدەگرین و ڕێزیان لێدەگرین وەک ئەوانەی نیسیا و کۆنستانتینۆپڵ و یەکەمی ئێفەسس ١ و کالسیدۆن و شتە هاوشێوەکان ئەوانەی پەیوەندیان هەبوو بە بەدرۆخستنەوەی هەڵەکان هەتا ئەو ڕادەیەی ئەوانە پەیوەندیان هەیە بە فێرکردنەکانی باوەڕ. چونکە ئەوانە هیچ شتێکیان تێدا نیە جگە لە خستنەڕووی پوخت و ڕاستەقینەی نوسراوی پیرۆز، کە باوکانی پیرۆز پەیڕەویانکرد بە ئەنجام لێکدانەوەی ڕۆحییەوە بۆ تێک شکاندنی دوژمنانی ئاین ئەوانەی سەریان هەڵدابوو" (جۆن کالڤین ببینە، پەیمانگاکانی ئاینی مەسیحی، Ix .IV. ٨. جۆن تی ماک نەیڵ، سەرنوسەر فۆرد لویس باتڵس، ترانس. فیلادێلفیا: چاپەمەنی وێستمنستەر، ١٩٦٠، لاپەڕە ١١٧١-٧٢).

٧- ئەم ڕێسایە کە چاکەی شایستەبووی باشی بەدەست هێنا بەدرێژایی ساڵان وەک پێوەرێک بۆ ڕاستی بێ درۆی مەسیحی، سێ تاڵی خەملاندنی گرنگ دەچنێت بۆ دیاریکردنی ئەوەی چ شتێک دەژمێردرێت وەک ئۆرتۆدۆکس یا وەک ئۆرتۆدۆکس ناژمێردرێت لە فێرکردنەکەی کڵێسادا. سانت ڤینسنتی لێرینس کە توانج تێگرێکی لاهوتی بوو و پێش ٤٥٠ی میلادی مرد، ئەوەی نوسی کە پێی دەگوترێت "یاسای ڤینسینتی، تاقیکردنەوەیەکی سێ قەدی کاتۆلیکیەتە: quod ubique, quod semper, quod ab omnibus creditum est (ئەوەی کە لەهەموو شوێنێک و هەمیشەو لەلایەن هەموانەوە باوەڕی پێکراوە). بەم تاقیکردنەوە سێ قەدەی جیهانێتی و کۆنی و قایلبوونە ڕەنگە کڵێسا درک بکات بە داب ونەریتە ڕاست و هەڵەکان." (تۆماس سی ئۆدێن ببینە، بایەخی کلاسیکی تایبەت بە قەشە، جلدی ٤. خوڕێنی مەزن: بەیکەر بوکس، ١٩٨٧، لاپەڕە ٢٤٣).

سروشتی بزوتنەوە داینەمیکەکانی چاندنی کڵێسا

پێناسەکردنی توخمە کاریگەرییەکانی بزوتنەوەی چاندنی کڵێسا

قەشە دکتور دۆن نێڵ داڤیس

خەمڵاندنی تایبەت بەمزگێنی بزوتنەوە داینەمیکەکانی چاندنی کڵێسا					
	توخمەکان	ڕۆحییەتی هاوبەشکراو	ناسنامەی کۆمەڵی خەڵک	ستاندەرکردنی داینەمیکی	ئاستی بەسودی
	زاراوە	پێکهێنانی ڕۆحی	ڕەچاوکردنی دەوروبەر	زۆرکردن	
	پێناسە	هەبوونی ناسنامەیەکی باوی ڕۆحی لە جەستەیەکی کڵێسادا کە گوزارشت لە (داب ونەریتە مەزنەکە) دەکات	دووپاتکردنەوەی ئازادیمان لەمەسیحدا بۆ بەرجەستەکردنی باوەڕەکە لەناو نەژاد و کەلتوردا	بەخێرایی بەرهەمهێنانەوەی کڵێسا تەندروستەکانی جۆرێک لەڕێگای پرۆتۆکۆڵ و سەرچاوەی هاوبەشکراوەوە	
	ڕوونکردنەوە	وای دادەنێت ناسنامەیەکی ڕەوای ڕۆحی نێردراوەیی جیاکەرەوە هەبێت کە لەجەستەیەکی کڵێسادا بەرجەستەبووە (بۆچی و چی)	مەرجەکان چۆن ئەم ناسنامەیە تێگەیشتنی بۆ دەکرێت و پراکتیزە دەکرێت (لەکوێ و لەگەڵ کێ)	دیاریدەکات چۆن ئەو ناسنامەیە پێکدەهێنرێت و خواردنی دەدرێتێ و زۆردەبێت (چۆن)	
	ئەرک	گوزارشتکردنی زەپت ورەپت و بینینی ڕۆحی لە پراکتیزەی هاوبەشکراودا	ڕەچاوکردنی دەوروبەر لەناو کەلتورێک یا کۆمەڵێکی خەڵک	ڕێکخستن و هاریکاری کردنی سەرچاوەکان بۆ سودی گشتی	
شێوازە ئەڵتەرناتیڤەکان لە چاندنی کڵێسادا	نمونە 1	ناسنامەی ڕۆشنبیری بنیاتنراو لەسەر ڕۆحییەت و پراکتیزە	گرنگی پێدانی تەواو بە کەلتور و نەژاد	پرۆتۆکۆڵە یەکخراوەکان و پرۆتۆکۆڵە گشتیەکان	کاریگەرترین
	نمونە 2	توخمەهاوبەشکراوەکانی ڕۆحییەت و پراکتیزە	گرنگی دانی زیاتر بە کەلتورو نەژاد	ستراکتۆرە خۆبەخشیەکان و پرۆتۆکۆڵە ئارەزوومەندانەکان	کاریگەرتر
	نمونە 3	پراکتیزەو ڕۆحییەتی جیاواز و پەلهاوێشتوو	هەندێ گرنگی دان بە کەلتور و نەژاد	ستراکتۆرە کانی تایبەت بە سەرەنشتی باوەڕە جەماوەرییەکان و نەریتە دامەزراوەکان و پرۆتۆکۆڵە پەلهاوێشتوەکان	کەمتر کاریگەر
	نمونە 4	شێوازە بەش بەشەکانی پراکتیزە و ڕۆحییەت	گرنگی نەدان بە کەلتورو نەژاد	ستراکتۆرە سەرپێیەکان و پرۆتۆکۆڵە هەرەمەکیەکان	کەمترین کاریگەر

سەرچاوە: چاندنی کڵێسا لەناو هەژارانی شار، جلدی ٢، لاپەڕە ٢٣.

دروستکردنی بزوتنەوە مەنتیقی و باش ڕێکخراوەکانی چاندنی کڵێسای شاری

درک کردن بە توخمەکانی کۆمەڵگای شاری ڕاستەقینەی مەسیحی

قەشە دکتۆر دۆن ئێل داڤیس

چەقی باوەڕە ئینجیلییەکان

ئەم بازنەیە نوێنەرایەتی بنەماترین قەناعەت و پابەندبوونەکانی و دووپاتکردنەوەی باوەڕەکەی و پابەندبونەکەی بە ئینجیل و یاساکانی باوەڕ (واتا، یاسای باوەڕی نیسین) دەکات. ئەم قەناعەتانە نیشتەجێ بوون لە باوەڕ بەخۆبوونی خۆی بە (وشەی خودا)، و نوێنەرایەتی پابەندبوونی ڕوونی ئێمە بە ئۆرثۆدۆکسی مێژووییەوە دەکات.

وەک ئەندامانی یەک جەستەی پیرۆزی نێردراویی و کاثۆلیکی (جیهانی) مەسیح دەبێت بزوتنەوەکان ئامادەبن و ئارەزوو مەندبن تا بمرن لەپێناو چەقی قەناعەتە ئینجیلییەکانیان. ئەم قەناعەتانە خزمەت دەکەن وەک بەستنەوەیەکی بزوتنەوەکان بە باوەڕی مێژوویی مەسیحی و بەم شێوەیەش هەرگیز ناتوانرێن بخرێنە مەترسییەوە یا بگۆڕدرێن.

ناسنامەو گوێ ڕایەڵ بوونە جیاکەرەوەکانی کڵێسا

ئەم بازنەیە نوێنەرایەتی ناسنامەو گوێ ڕایەڵ بوونە جیاکەرەوەکانی کڵێسایان دەکات. بزوتنەوەکانی چاندنی کڵێسای شاری یەک دەگرێت لەگەڵ داب ونەریتە جیاکەرەوەکانی خۆیان کاتێک سەرپەرشتی دەکرێن لەلایەن ئەو ڕابەرانەی ئەو بزوتنەوانە دابین دەکەن بە بینین و ڕێنمایی و ئاراستەکردن کاتێک ئەوان پێکەوە بەرەو پێش دەجوڵێن بۆ نوێنەرایەتی کردنی مەسیح و (شانشین)ەکەی لەناو شارە ناوخۆکە.

داب ونەریتە دیاریکراوەکان دەگەڕێن بۆ گوزارشت کردن و بەڕاستی ئەنجامدانی ئەم ڕاستگۆییە بە (داب ونەریتە مەزن و بەدەسەڵاتەکان) لەڕێگای خواپەرستی و فێرکردن و خزمەتکردنەکەیانەوە. ئەوان دەگەڕێن بۆ ئەوەی ئینجیل ڕوونبکەنەوە لەناو کەلتورە یا نیمچە کەلتورە نوێیەکان کاتێک باسی هیوای مەسیح دەکەن و دەیکەن بە نمونە لەو دۆخە نوێیانەی بە کۆمەڵێک پرسیاری خۆیان داڕێژراون و دروستکراون پاش ڕەچاوکردنی هەلومەرجە ناوازەکانی خۆیان. لەبەر ئەوە ئەم بزوتنەوانە دەگەڕێن بۆ ڕەچاوکردنی سنووری (داب ونەریتە بەدەسەڵاتەکە) بەڕێگایەک کە بەڕاستگۆیانەو کاریگەریانە کۆمەڵی نوێی خەڵک بەرەو باوەڕ ببات بۆ عیسای مەسیح، هەروەها ئەو باوەڕدارانە بخاتە ناو ئەو کۆمەڵگای باوەڕەی گوێ ڕایەڵی فێرکردنەکانی ئەوەن و شایەتی ئەو دەدەن بەکەسانی تر.

دەبێت بزوتنەوەکانی چاندنی کڵێسای شاری ئامادە بن و ئارەزوومەند بن بەڕوونی باسی جیاکەرەوەکانی خۆیان بکەن و بەرگری لێ بکەن وەک کۆمەڵگای شانشینی خودا لەشارەکە.

پرۆگرامەکانی قەشەیەتی و ستراکتۆری باوی ڕێکخراوەیی

ئەم بازنەیە نوێنەرایەتی ئەو ڕێگایانە دەکات کە تیایدا بزوتنەوە مەنتیقی وباش ڕێکخراوەکانی چاندنی کڵێسای شاری گوزارشت لەقەناعەت و ناسنامەی خۆیان دەکەن لەڕێگای پرۆگرامەکانی قەشەیەتی و ستراکتورە ڕێکخراوەییە جیاکەرەوەکانی خۆیان. ئەم ستراکتور و پرۆگرامانە دیزاین دەکرێن و جێ بەجێ دەکرێن لەڕێگای ستراتیجییەت و سیاسەت و بڕیار و ڕێ وشوێنە دیاریکراوەکانی خۆیانەوە. ستراکتورەکان و پرۆگرامەکان نوێنەرایەتی ئەو شێوازانە دەکەن کە خۆیان هەڵیاندەبژێرن و تێگەیشتنیان زیاد دەکەن لەسەر باوەڕەکە کاتێک پەیوەندی هەبێت بە قەشەگەری و مەبەستی کۆمەڵگاکەیانەوە. ئەمانە ڕەنگە بگۆڕدرێن لەژێر پرۆسەی ڕەوای خۆیانەوە کاتێک ئەوان ژیری کەڵەکەبوو بەکاردێنن بۆ چۆنیەتی هێنانەدی مەبەستەکانیان بەباشترین شێوە لەشارەکەدا.

وەک کۆمەڵگایەکی باوەڕ بە مەسیح دەبێت بزوتنەوەکانی کڵێسای شاری هانبدرێن بۆ ئەوەی ئاخاوتن بکەن دەربارەی پرۆگرامەکان و ستراکتورەکانیان لەپێناو دۆزینەوەی باشترین ئامرازی شیاو بۆ ڕەچاوکردنی سنووری ئینجیل و پێشخستنی (شانشینی خودا) لەناو هاوسێکانیاندا.

سەرچاوە: *چاندنی کڵێسا لەناو هەژارانی شار*، جلدی ٢، لاپەڕە ٢٥

پێنجی سێ قەدی بزوتنەوەکانی چاندنی کلێسای فەرەکەلتوری شاری

قەشە دکتۆر دۆن نێل داقینس

بزوتنەوەی چاندنی کلێسای شاری

بەمستاو می - (سێڕ ئەکتەر مەکە سەر مکیە) "دەبێت بزوتنەوەی چاندنی کلێسای شاری و ئەندامان و کۆمەڵی نوێ زۆر بە ئایمان و کۆمەڵی نوێزیکەرانی بەرینکی بێک گرینیم و پالێشتیکەردنی دەولەی و سەر بەرشاری خۆی بیەستێنو لەپارکای ئامانی و هەورێنیمی کلێسا و هاورێدەکان و کۆمەڵکان بزوتنەوە مکە لەپێناو زۆربووی دەکات لەپێناو ژەدایم دەکات نۆ پارێزگاریکەردن و پێشەکینی نەوەی نووێ بۆ پاشبانی و پاشێنیکەردنی دەووایی و سەرێرە شاری خۆی پێشتاوە لەپارکای هەمە رانی شار، جلی ٢، لاپەرە ٢٧٠

باوێتی - (زۆرێکە سەر مکیە) "دەبێت بزوتنەوەی چاندنی کلێسای شار و مک داکریت لەپار رۆرژنی و لاهۆت و نەرێنی فور بانی پیرۆز و کابێکەدی هاوبەشکە لەبەر دەستاڵات دەمات بە ئەندامەکانی دەمات و دروێبانی بەکەم و چاکە و بۆ زۆحی و لاهتیتە ناوار ئاکتیر می مرت و میتیکی باوی زۆرحی پێکەدام و هاومکانی کۆمەڵی نوێزیکەر ئاتی پێکەدام و نەدامکانی بزۆربنا ئەرکە بەکتر اوی مەدێتی."

بەمجاوکردنی سنوور - (ئەکتەر مەکە ساری مکیە) "دەبێت بزوتنەوەی چاندنی کلێسای شاری جیگر بکرێت لەسەر کلاتور و ئەرمەنۆن و بۆیەکگرتی نێچال بەشتیبەکی گەشی بێرگایەک کە نامەی لەپار کەلاتور و ئامەنانی بۆ تدبیکەن و نامەی لەپار کەلاتور و ئاکەنانی بۆ تدبیکەن و ناسلامای لا بەیلاوگاکن و مک هی خۆیان قەوی دەکات."

بزوتنەوی چاندنی کلێسای شار

بەمجاوکردنی سنوور

باوێتی

بەمستاو می

ژێرمانی ٤: ٢١ - نەگەر یەکێک بکاسی بەرنیتۆ دوای سی تەماشی بێرنیت نەرو نایسێت.

سەرچاوە: چاپنس کلیسا لەدوار ھەزارانی شار، خلی ۲، لایەم ٥ ۲۷

٤- نەبتدامان بە خۆبەخشی خۆیان لە ھەموو دامەزراوەکانی ئیش و ماڵی تایبەتی بکەن و نوێنەر ئیش بکەن. نوێنەرانی دەستەی بەرپرسی کلیسا دەوڕانی بکەم لە ھەموو داسەدنەکانی مەرکەزی و ناوچەکانی ھاوبەشیکی مەرکەزی و بیلێرین بۆ پرۆژەکانی بازرگانی ھاوبەشیکی.

۳- نوێ پیڕدار ایدامی لایەبن ھاوبەشیتیکی دەر دەکان. نەر ان ستەروداکی رون تا بخشینی کار لانی ھاوبەشیکی و وورداو دەجاوانی پیڕ و پۆڕەکانی لاوان ھاوبەشیتیکی مەرکەزی کۆمەلایەتیەن ھاوبەشیکی. دیدەیزەن لامی دەسمەلانی مەرکەزی بیلاوکات لەسم ئستەملی ھیوی ندایی بەرا و سەچاو و ھاوبەشی پیانشەن لاش ھاوبەشیکی دەسمەلانی خۆیان. نەر بەستیکی ھیوی ندایی بەھا و سەرچاو بە مەرکەزی.

۲- لەکان بخشیانی دەکان لە دەسمەلانی خۆیان و ەوداو حامەکانی دەکان لە ئنجمی محلیکایی خۆیاند. نەر ان ئاستەلی دەسمەلانی خۆیان بلاغ بەشدارکردن لە چالاکیاکانی ھاوبەشیتیکی با دەستامکی دەسمەلانی ھاوبەشیکی خۆیان.

۱- ریکەمخرێت بە تبیبران و لقەکان و لە دروداو ھاڵیزەکانی ھاوبەشیتیکی بەشدار بکات و ھەستی ھاوبەشیتیکی ھاوبەشیکی نەدەن.

بنەمایانی تیبران و لقەکان و ندەدامان

ندەدامان — نەر ر ەم و کۆمەلی نوێ کەر انی خیڕابا نخشانی بخشینی نادیڕیکانی ھاوبەشیتیکی دەکان لە ئاستامی بخشینی تایبەتی ھاوبەشیتیکی.

لقەکان — نەر ر ەم و کۆمەلی نوێ کەر انی ھاوبەشیکی بلالغ ناشنامی نۆقۆمی دوسترەزاکانی کلیسا.

قەشە دەکتر دون نقل داقنی

نموونەی ھاوبیشنیتکی کلیسای شاری

ھاوبیشنیتی شاری

(پرۆتوکوڵی چاندنی کلیسا)

شوونیکەوتو

ئامانجی

ریگاگرتن بەقشەە و پشیەڵکاری کە دیرنیکاری و نەو قشەەکانی کارکەبی لەلایەن (پیمانیکانی) مۆ بۆ پشتنبخنری پڕۆگرامی قشەە بۆ نورە پشیەڵکاری کار کەبی لەمەل ناەمەتادقانیان

ھاوبەشی اوی و اەتانی سالالن دیدی ببتین ندار پڕۆگرامی دۆخی پاسەدکار و ندەیکاتی

ھاوکاریکاری ھاوبەشیکر اوی کچکان و کەبران و خیز انکان

تێگەیشین

راتی چوەنگ وورو مەو بۆ چیچکاتی دەر مەو بۆ ئاستامی پشیەڵکانی (کارتیکاری جیھان) خیر مکاتکانی کلیسەکان و کۆمکی ئاوتامی نام شیمکاتی نخیز اوبیە

ئاستامی ھاوبەشیکر اوی پشیاکان و کەیکان و کەبران و ئاستامی ھاوبەشیکر اوی پێشتەدوور پشنخدور اوی قشەە و کار کەبی ئاوتامی ھاوبەشیکی و نەو ملاتانی لایزر ماڵتانی

پرۆژەکان

پرۆگرامی قشەە بۆ کۆر ەاوری قشەە و قشیەڵکاری کارکەمی (تورە) پشتنبخنری ناو قشەە قشیەڵنشتین

ھاوبەشیکی اەتانی مال بشتڭر اوی چکن تیبنلاردن نەی سی سی و ئاستا و ھاوبەشیکی دۆخی

ھاوبەشیکی لاوان پڕۆگرامی دی سی سی و ئاستا ئیاتی و نیز ئیبی ندار

بنچن و بنیدارب و مکان

کرۆشتن و بو نامەکانی نبم و رکنز می

بیشندار بر و مکان:
ھاوبیشی باو و یر و پیر اکنتز می

بە ھاو و قنە

تبمکاری چاندکار کلیسای بۆ چاندنی کلیسای ھاوبەشیتی (کار تیکر دنی جیھان) خر وتنکاری چاندکار بۆ چاندنی کلیسای جیھان

ناتوسیکردن و ەر افتتان بیکەن تاکەکسە مابر ار دەکانی بۆ نام ھاوبەشیتی و سەریەر شمار ی کار بکەن لە کلیسای ھاوکار ار افتتانی ھاوبەشیتی

بنخندانە ھاوکار ار افتتانی ھاوبەشیتی

ھەمو شتەکان بەھاوبیشی: ستاندر نکردن نیماکاری چاندنکار و باملو اچون و ز انمیە بیاشتبیەنی سەر چاو و مەر ان و ر ایم اینی کار لە کەشنیدنی کۆبو نامەی سەرکاری پلیوست و ئاستنانی بۆ کلیسا پڕۆگرامی ھاوبەشیکر اوی بار ھی کەمانربنی کار لە نەم ر ایم اینی پلیوست بو ز انینی کلیسای مەرکەزی

بەرپرسیارێتی و ڕۆڵەکانی چاندنی کڵێسا

بەرپرسیاریتییەکانی ڕابەرێکی تیمی چاندنی کڵێسا

کارتێکردنی جیهان

سەرچاوە:
چاندنی کڵێسا لەناو هەژارانی شار، جلدی ۱، لاپەڕە ۳۳٦

- تکاکردن بەراستگۆیی بۆ خۆی و ئەندامەکان و خۆبەخشەکانی خۆی و کۆمەڵگاکە و تەواوی هەوڵەکە لەماوەی (ڕێگەپێدانەکە)

- بەڕێک وپێکی بەستنەوە و پەیوەندیکردن لەگەڵ (ڕابەری فرە تیم) و بەڕیوەبەری خۆی و/یا دەسەڵاتی کڵێسا لەسەر باری چاندنەکە

- دەست کردن بە پرۆگرامی (جۆن مارک) و کۆرسە وەسفکراوەکانی بۆ (گەشەکردنی ڕابەری تیم)

- ئامادەبوون لە قوتابخانەی چاندنی کڵێسای شاری (کارتێکردنی جیهان) لەگەڵ چەقی ئەندامانی تیم و ڕابەری فرە تیم بۆ بەرهەم هێنانی نوسراوێکی ڕێگەپێدانی تیم

- سەرپەرشتیکردنی پێکهاتن و جێبەجێ کردنی ستراتیجی چاندنی کڵێسای تیمەکە

- دڵنیایی بوون لە وەی هەر ئەندامێکی تیم ڕاهێنان و ڕێنمایی بەشی پێویستی وەرگرتووە بۆ ڕۆڵی خۆی

- بایەخ دان بە تەندروستی تایبەت بەسۆز و ڕۆحی تیمەکە وەک هەردوو تاکەکەس و هەموو

- ڕابەرایەتی کردنی کۆبونەوەکانی تیم و پرۆسەکانی پلاندانان و ئامادەکردن و هەڵسەنگاندن و ڕێکخستنی ڕێگەپێدانەکەی

- یارمەتیدانی ئەندامانی تیم ناکۆکی نێوتاکەکەسی چارەسەربکەن

- زامن کردنی سەرچاوەکان و دەستەی کارگەران و ڕاوێژکاری بۆ هەل و بەرەنگاربییە بەردەوامەکانی تیمەکە

پێکهێنانی تیمی چاندنی کڵێساکە و تێگەیشتنی ڕۆڵەکان

وەرگیراوە لە مادەکانی ڕاهێنانی تیمەکەی نەحمیا

سەرچاوە:
چاندنی کڵێسا لەناو
هەزارانی شار، جلدی ۱،
لاپەڕە ۳۷۱-۳۷٤

I. تیمەکە (چوار جۆر ئەندام)

أ. گرنگترین ئەندام (ئێشی سەرەکی گرنگترین ئەندام بریتییە لە چاندنی کڵێسا): چوار بۆ شەش کەس

1- کۆدەبنەوە بۆ پلاندانان و چالاکی خزمەت کردنی ئەو کەسانەی ناچن بۆ کڵێسا و خواپەرستی بەلایەنی کەمەوە دوو ئێوارەی ڕۆژی هەفتەو هەندێ کاتی کۆتایی هەفتە

2- بە خزمەتکردنی چالاک دەمێننەوە لەگەڵ تیمەکە بەلایەنی کەمەوە بۆ دوو ساڵ

3- لەلایەن خوداوە بانگکراون و ئامادەن بەشداری بکەن لە مزگێنی دان

4- دەبێت ڕابەری تیمەکە گرنگترین ئەندامی تیم بێت

ب. ئەندامانی پشتگیری تیم

1- بە خزمەتکردنی چالاک دەمێننەوە بۆ بەلایەنی کەمی ۳ مانگ

2- هەفتانە کۆدەبنەوە لەگەڵ تیمەکە بۆ پلاندانان و نوێژکردن

3- بەلایەنی کەمەوە یەک ئێوارەی ڕۆژی هەفتەکە و/یا هەندێ کاتی کۆتایی هەفتە تەرخان دەکەن بۆ خزمەتکردنی چاندنی کڵێسا

ت. خۆبەخشان: تاکەکەسەکان یا کۆمەڵەکان

1- خزمەت دەکەن کاتێک پێویست دەبن لەسەر بنەمای پڕۆژە بە پڕۆژە

2- بانگهێشت دەکرێن بۆ ئەو کۆبوونەوەی پلاندانان و پڕۆژانە کە پەیوەندیان بەخۆیانەوە هەیە، بەڵام کار ناکەن وەک ئەندامانی تیمی هەفتە بۆ هەفتە

ث. ڕابەرانی هاوڵاتی ڕەسەن

1- ئامانجی هەموو گرنگترین ئەندامانی تیم و ئەندامانی پشتگیری تیم و خۆبەخشان جێگرتنەوەیە لەلایەن ڕابەرایەتی کردنی هاوڵاتی ڕەسەنەوە.

2- کاری تیمەکە دەگوازرێتەوە لە ئەنجامدانەوە بۆ پۆشتەکردن.

٣- کاتێک چاندنی کڵێساکە پێش دەکەوێت زیاتر و زیاتری تیمەکە دەبن بەو کەسانەی کە مەسیح بەدەستیان دەهێنێت لەماوەی پرۆسەی چاندنی کڵێساکە.

أ. لە پاشکۆیەتی دوورکەوە

ب. بیر لە توانستی بەرهەم هێنانەوە بکەوە.

سەرچاوە: *چاندنی کڵێسا لەناو هەژارانی شار*، جلدی ١، لاپەڕە ٣٧١-٣٧٤

II. ڕابەرایەتی کردنی تیمەکە

أ. ڕابەری تیمی چاندنی کڵێساکە لەلایەن ڕابەرایەتی کردنی کڵێسای ناردنەکەوە دادەمەزرێت.

١- ئەو هاو ڕابەرە لەگەڵ ئەندامی ستافی (کارتێکردنی جیهان) کە دامەزراوە بۆئەوەی تیمەکە ببات بەناو پرۆسەی چاندنی کڵێساکە. پێکەوە ئەوان:

أ. ڕابەرایەتی تیمەکە دەکات لە نوێژ و دانانی ستراتیجی و جێبەجێ کردنی پلانەکان و هەڵسەنگاندنی پێش کەوتن

ب. ڕاهێنان بەتیمەکە دەکات

ت. بە ڕێک وپێکی کڵێسای ناردنەکە و (کارتێکردنی جیهان) ئاگادار دەکاتەوە لە پێش کەوتن و پێویستییەکان.

٢- بەرپرسیارێتی دیاریکراوی ڕابەری تیمەکە:

أ. کارئاسانی دەکات بۆ کۆبونەوەکان

ب. دڵنیایی دەکات کە پەیوەندیکردنی نایاب هەیە لەناو تیمەکە

ت. درێژەدەدات بە پەیوەندیکردنی نایاب لەگەڵ ڕابەرایەتی کردنی کڵێسای ناردن سەبارەت بە پێش کەوتن و پێویستییەکان

ث. بە ڕێک وپێکی کۆبونەوە دەکات لەگەڵ ڕاهێنەری (کارتێکردنی جیهان) (دوور لە تیمەکە)

ج. بایەخی قەشەیی دابین دەکات بۆ ئەندامانی تیم

ح. درێژە دەدات بە یەکێتی تیمەکە

خ. ڕابەرایەتی کردن دابین دەکات بۆ ئەو کڵێسایەی چێندراوە (بەرپرسیارێتی ڕۆڵی قەشە ڕادەگەیەنێت) هەتا ڕاهێنان بە جێگرەوەکە دەکرێت

سەرچاوە:
چاندنی کڵێسا لەناو *هەژارانی شار*، جڵدی ۱، لاپەڕە ۳۷۱-۳۷٤

ب. بەرپرسیارێتی دیاریکراوی ڕاهێنەری (کارتێکردنی جیهان

١- ڕاهێنان دەکات بە تیمەکە لەسەر بنەماکانی چاندنی کڵێسای شاری

٢- ڕێبەری بەردەوامی کردارەکی دابین دەکات بۆ چۆنیەتی هێنانە دی هەر هەنگاوێکی پرۆسەی چاندنی کڵێسا

٣- بە ڕێک وپێکی کۆبونەوە لەگەڵ ڕابەری تیم دەکات

٤- ڕاوێژی پسپۆڕی بۆ تیم دابین دەکات لە کۆبونەوەکانی پلاندانانىدا

٥- یارمەتی تیمەکە دەدات پلانەکان جێ بەجێ بکات

٦- یارمەتی تیمەکە دەدات پرۆگرامەکان هەڵسەنگێنێت و ڕێکخستن بکات

٧- یارمەتی تیم دەدات قەشەگەریەکانی (کارتێکردنی جیهان) بەکاربێنێت بۆ بەهێزکردنی هەوڵەکانی چاندنی کڵێسای خۆی

ت. کڵێسای ناردنەکە لەکۆتاییدا بەرپرسە لە لێپرسینەوەی ڕۆحی و سەرپرشتیاری ڕابەری دامەزراو و ئەندامانی چاندنی کڵێسای خۆیان.

ث. چاوەڕێ دەکرێت گرنگترین ئەندامان و ئەندامانی پشتگیری و ئەندامانی خۆبەخش و ڕابەرانی هاوڵاتی ڕەسەن خۆیان ڕادەستی دەسەڵاتی ڕابەری تیم و ڕاهێنەری (کارتێکردنی جیهان) بکەن

III. چالاکیەکانی سەرەتا بۆ بیناکردنی یەک ڕیزی تیم

أ. ناسینی یەکتری.

١- پێکەوە نان دەخۆن.

٢- هاوبەشی شایەتیەکان دەکەن.

٣- هاوبەشی بینینیە تاکەکان دەکەن.

٤- نوێژ بۆیەکتر دەکەن.

٥- پێکەوە پاشەکشە دەکە.

ب. کاردەکەن لەسەر سەرخستنی بەردەوامی بینینێک و ستراتیجییەکی گشتی بۆ ئەم پرۆژەیە هەروەها ڕاهێنانی هەر ئەندام تیمێک تا بەرەوانی بیڵێن.

ت. پێکەوە نوێژدەکەن بۆ ئەو کۆمەڵگایەی ئامانجی خراوەتە سەر.

1- نوێژدەکەن بۆ دامەزراندنی (کڵێسا و شانشینی خودا).

2- نوێژ دەکەن دژی قەڵاکانی دوژمن.

ث. بەیەکگرتوویی خودا دەپەرستن

سەرچاوە:
چاندنی کڵێسا لەناو
هەژارانی شار، جڵدی 1،
لاپەڕە 371-374

سەرچاوە:
چاندنی کڵێسا لەناو *هەزارانی شا*، جڵدی ١،
لاپەرە ٤٦٧

گرنگترین ڕۆڵی تیمێکی چاندنی کڵێسا

کارتێکردنی جیهان

- مژدەبەر (باش بێت لە گەشەپێدانی پەیوەندی لەگەڵ خەڵکی نوێ بۆئەوەی بەرەو خودایان بەرێت)
- ڕابەری خواپەرستی
- ڕابەری قەشەگەری منداڵان
- شوان/بایەخ پێدەر (باش بێت لە پەروەردەکردنی باوەڕداران)
- ڕێکخەر (پڕۆژەی تایبەت ڕێکدەخات و سستمەکان بینا دەکات بۆ ئەوەی بینین بکات بە ڕاستی)
- کارگێر (سستمەکان بەڕێوەدەبات تا یارمەتی تیم بدات ئامانجەکان بهێنێتە دی)
- چێنەری کڵێسا (ئەو ڕۆڵانەی ناتوانرێت بسپێردرێن بە کەسانی تر)
  - ~ ڕابەرایەتی کردنی ڕۆحی و داڕشتنی بینین
  - ~ بیناکردن و سەرپەرشتیاریکردنی تیم
  - ~ دانانی نمونەی مزگێنی دان و بایەخی قەشەیی
  - ~ بەگشتی ڕابەرایەتی کردنی قەشەگەری کۆمەڵی بچوک

سەرچاوە:
چاندنی کڵێسا لەناو هەژارانی شار، جڵدی ٢، لاپەرە ٦٩

بەرپرسیارێتی ڕاهێنەرێک (ڕابەری فرە تیم)

- تکاکردنی ڕاستگۆ بۆ هەرتیمێک و ڕابەری تیم لەماوەی سەرپەرشتیکردنەکە
- بەرێک وپێکی بەستنەوە و پەیوەندی کردن لەگەڵ هەر ڕابەرێکی تیم و بەرێوەبەری خۆی و/یا دەسەلاتی کڵێسا کاتێک تۆ سەرپەرشتیکردنی ستراتیجی دابین دەکەیت بۆ ماوەی (ڕێگەپێدانی تیمەکە)
- دستکردن بە پرۆگرامی (جۆن مارک) و کۆرسە وەسفکراوەکانی بۆ (گەشەکردنی ڕابەری فرە تیم)
- ئامادەبوون لە قوتابخانەی چاندنی کڵێسای شاری (کارتێکردنی جیهان) لەگەڵ گرنگترین ئەندامەکانی و لەگەڵ تیمەکە کاردەکات کاتێک ئەوان ڕێگەپێدانەکەی خۆیان بەرهەم دێنن
- دەسەڵاتدان بە ڕابەرانی تیم و تیمەکانیان بۆ جێبەجێکردنی پرۆسەی (ئامادەبکە و کاربکەو چاوپیاخشاندنەوەبکە) لە چالاکی خزمەتکردنەکەیان بۆ ئەو کەسانەی ناچنە کڵێسا.\
- یارمەتیدانی هەر تیمێک (نوسراوی ڕێگەپێدان)ەکەی خۆی بهێنێتە دی کاتێک بەفەرمی پێش کەوتنی تیمەکە هەڵدەسەنگێنێت لەهەر بەروارێکی وەسفکراوی هەڵسەنگاندن و هەرکاتێکی تر کە بەپێویست دەزانرێت.
- ڕادەستکردنی وەڵامەکانی هەر هەڵسەنگاندنێکی فەرمی تیم بە بەرێوەبەری (کارتێکردنی جیهان) یا دەسەڵاتی کڵێسا.
- وەرگرتنی زانیاری ڕێک وپێک لە هەر ڕابەرێکی تیم و پێشکەشکردنی بەدوادا چون و زانیاری و ڕاستکردنەوە کاتێک ئەوە پێویست بوو یا کاتێک پلانەکە پێویستی بە پێناسەو ڕوونکردنەوە هەیە.
- نوێکردنەوە یا بژارکردنی (نوسراوی ڕێگەپێدان)ەکە کاتێک ئەوە بەسەردەچێت یا بەباش دەزانرێت بوەستێنرێت ئەگەر ڕەوشەکە پاساوی هێنایەوە.

136 • لە سەر ئەم بەردە: نمونە کۆکەرەوەیەکی چاندنی کڵێسا

پۆشتە کردنی ئەندامی تیمی چاندنی کڵێسا

بەرهەمهێنانی ستراتیجیە کرداریەکانی ڕاهێنان

قەشە دکتۆر دۆن نێڵ داڤیس

بەرز
بەرەڵادەکات
وەک یەک ئامادەیە و دەتوانێت
ڕاوێژکار
ئامادەیە بەڵام ناتوانێت
ئامادەیە
خزمەت بکات
لەتیمێکی چاندنی
کڵێسا و/یا
ڕابەرایەتی بکات
هان دەدات
دەتوانێت بەڵام ئامادە نیە
دەگێڕێتەوە
ئامادەنیە و ناتوانێت
نزم
بەرز
دەتوانێت
خزمەت بکات لەتیمێکی چاندنی
کڵێسا و/یا ڕابەرایەتی بکات
نزم

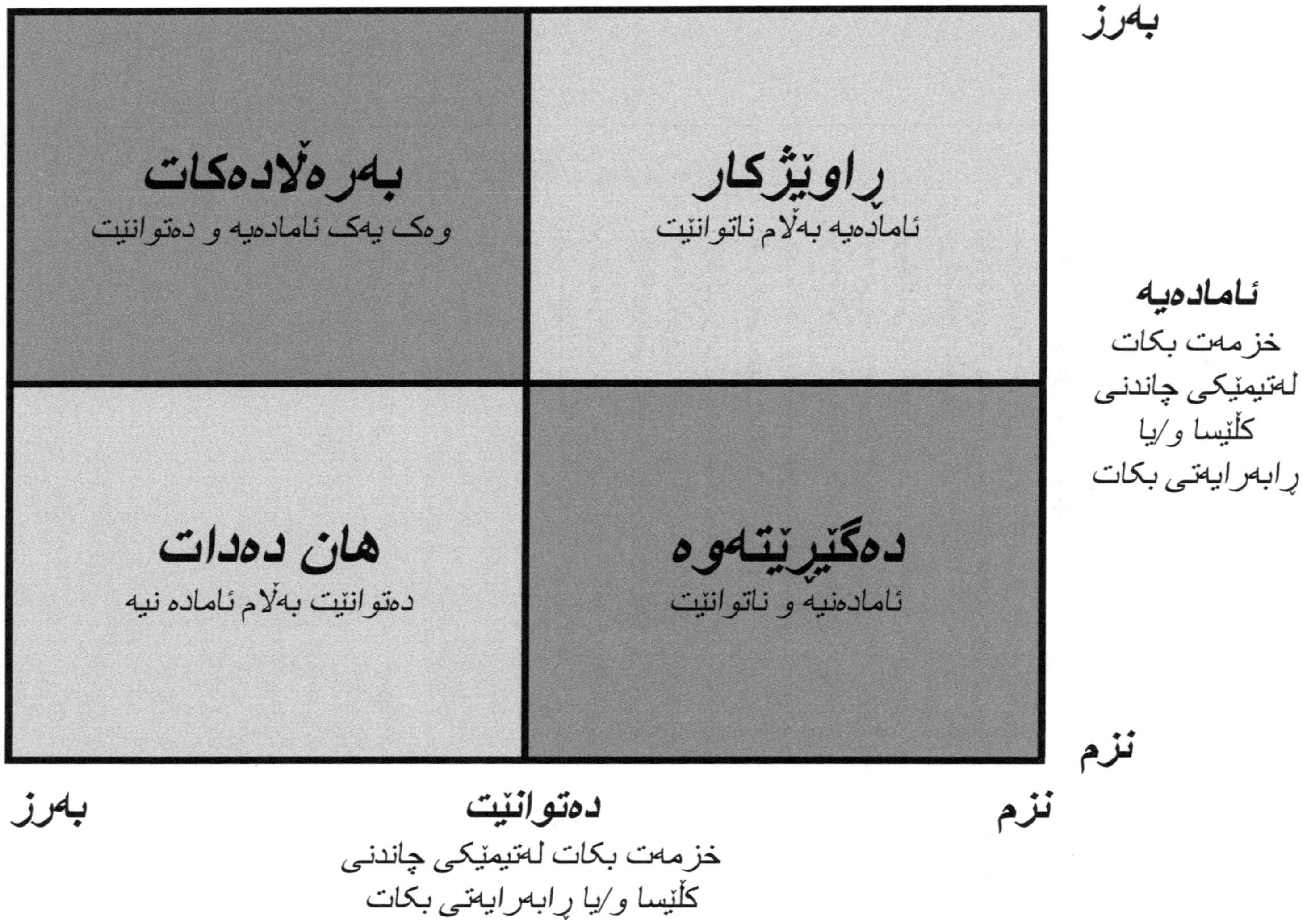

سەرچاوە: چاندنی کڵێسا لەناو هەژارانی شار، جلدی ٢، لاپەرە ٧٨

دەسەڵات دان بە ڕابەرایەتی کردنی هاوڵاتی ڕەسەن

دەسەڵات دان بە ڕابەرایەتی کردنی هاوڵاتی ڕەسەن • 139

چۆن ڕابەرایەتی کردن و مێکانیزمی ڕابەرایەتی ناڕاستەوخۆ دەتوانن یارمەتی بۆ دەهێنان دەبێت دەکات

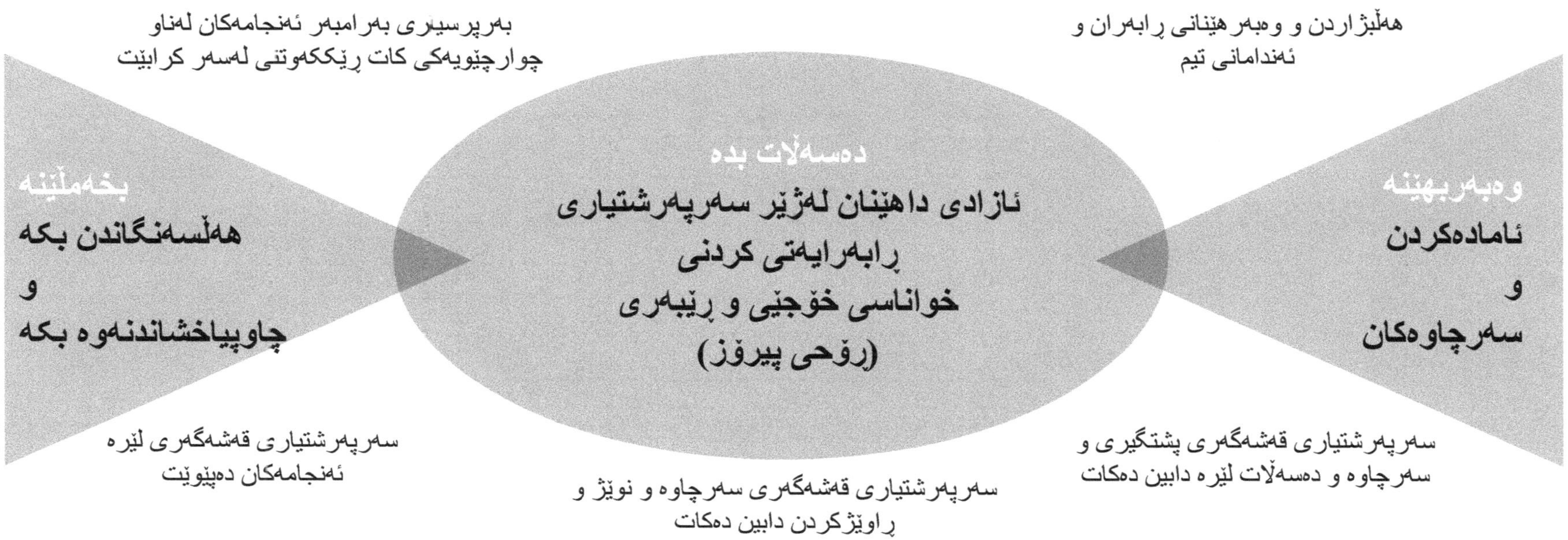

قەشە دکتۆر دۆن شۆل داۆڵس

وەبەرهێنان و دەسەڵاتی پێدان و خەڵاتدان

وەبەرهێنان و سەرچاوەکان

- هەڵبژاردن و وەبەرهێنانی ڕابەران و ئەندامانی نێچ
- سەرپەرشتیاری فێشنگەری پێشگیری و سەرچاوە و دەسەڵاتی لێرە دەبین دەکات

دەسەڵاتی بە ناڕادی دابهێنان لەژێر ڕابەرایەتی کردنی سەرپەرشتیاری خوانسی خوخبەتی و پرێنەری (ڕۆڵی پیرفۆن)

- سەرپەرشتیاری فێشنگەری سەرچاوە و نوێژ و ڕاوێژ کردن دابین دەکات

هاوبەشکردن بکە و خەڵاتدانە بکە

- هاوبەشکردنی بەخار دەنی دەسەڵات
- هاوبەشکردنی بەشدار بوون و مجاوەکردنی نەرک
- هاوبەشکردنی پلان و ستراتیجی باشتر ئەنەم ئەنجامی باشتر
- دوبارە دەرک پێدان و مجاوەکردنی هاوبەشکردن
- چاوپێخشاندنەوەی مەکانیزمان لە سەر گرتن

سەرچاوە: چاندی کاڵبا لمار مەڕاڵتی شار گلی 2، لاپەڕە 138

پەروەردەکردنی ڕابەرایەتی کردنی ڕاستەقینەی مەسیحی

قەشە دکتۆر دۆن ئێل داڤیس

قەد پاڵ لە دیوەکەی تر	قەد پاڵ لە یەک دیو
هەمیشە دواخستنی ڕاسپاردن بە هاوڵاتی ڕەسەن	دەست خستنەسەری کەسێک زۆر بەخێرایی
هەڵسەنگاندنی کەلتور لەسەرو ڕاستی	پشت گوێخستنی کەلتور لە ڕاهێنانی ڕابەرایەتی کردندا
دانانی ڕێباز و لاهوت وەک تەنیا مەرج	دابەزاندنی پلەی ڕێبازو لاهوت
جێگرتنەوەی دەستگیربوون و کارەکتەر بە بەهرەمەندی ڕاستەقینە	تیشک خستنە سەر تواناو دیاریەکان لەسەرو دەستگیربوون و کارەکتەر
پشت گوێخستنی ڕۆڵی کارگێری لە هێزو زیندوێتی ڕۆحیدا	جەخت خستنە سەر توانای کارگێری لەسەرو جووڵەگەری ڕۆحییەوە
پشت گوێ خستنی گرنگی ستاندەرەکانی تایبەت بە کتێبی پیرۆز	هاوسەنگ کردنی ئامادەباشی لەگەڵ بێ خەوشی مەسیحی
دانانی بەرکەوتەکانی ڕابەرایەتی کردن لەسەربنەمای جەندەر و نەژادی	سنووردانانی پاڵاوتن بۆ ڕابەرایەتی کردن لەسەر بنەمای جەندەر و نەژاد
بینینی نزیکەی هیچ کەسێک کە شایستە بێت بۆ ڕابەرایەتی کردن	بینینی هەموو یەکێک وەک ڕابەر

سەرچاوە: *چاندنی کڵێسا لەناو هەژارانی شار*، جڵدی ٢، لاپەڕە ١٦٣

سەرچاوە:
چاندنی کڵێسا لەناو هەژارانی شار،
لاپەڕە ١١٩-١٢٥

کورتەی بەرنامەی خوێندنی کاپستۆن

پەیمانگای قەشەگەری شاری

(بەرنامەی خوێندنی کاپستۆن) بریتییە لە پرۆگرامێکی ڕاهێنانی ١٦ یەکە کە لەسەر ئاستی کۆلێژی لاهوت دوترێتەوە کە ئێمە بەدیاریکراوی دیزاینمان کردووە تا خزمەت بکات وەک سەرەکی ترین فێربوونی توانا و زانیاری کە پێویستە بۆ قەشەگەری کاریگەری شاری. هەموو یەکەیەک (کۆرس) لەگەڵ ڕێبەرێکی ڕاوێژکار و دەفتەرێکی مەشقی قوتابی و دوو دی ڤی دی (ڤیدیۆی چوار کاتژمێری). هەروەها هەر یەکەیەک کتێبی خوێندنی ئیزافی پێویستی هەیە.

دیمەنێکی گشتی بەرنامەی خوێندنی کاپستۆن

(بەرنامەی خوێندنی کاپستۆن) بریتییە لە پرۆگرامێکی ڕاهێنانی ١٦ یەکە کە لەسەر ئاستی کۆلێژی لاهوت دوترێتەوە کە ئێمە بەدیاریکراوی دیزاینمان کردووە تا خزمەت بکات وەک سەرەکی ترین فێربوونی توانا و زانیاری کە پێویستە بۆ قەشەگەری کاریگەری شاری و ڕابەرایەتی کردنی کڵێسا. هەرچەندە هەر یەکەیەک لیستی دیاریکراوی مەبەستەکانی خۆی تێدایە بۆ ڕێبەریکردنی ڕاوێژکاران و قوتابیان بەناو مادەکەدا، لە خوارەوە تۆ ئەو هەشت مەبەستە گشتییەی ئێمە دەبینیت کە ئێمە دەگەڕێین بۆ جێبەجێکردنی لەسەرانسەری (بەرنامەی خوێندنی کاپستۆن)ەکەمان.

- جێگیرکردنی ڕابەرانی دەرکەوتووی شاری لە ئینجیلی مەسیحدا، کاتێک دەسەڵاتیان دەدرێتێت بنەماکانی هاتنە سەر باوەڕ و بانگکردنی خۆیان بۆ ڕزگاری و ڕابەرایەتی کردن بزانن.
- جەسپاندنی قوتابیەکانمان لەناو پێویستێتی کڵێسا بۆ ئەوەی خزمەت بکات وەک بریکار و شوێنی (شانشین)ەکە، هەروەها سەبارەت ئەوان بۆ ئەوەی خزمەتی کڵێسا بکەن بەکردارەکی و بەدیاریکراوی لە ئەنجومەنە خۆجێیەکەدا
- پۆشتەکردنی ڕابەرانی شاری بە توانا پێویستەکانی خوێندن بۆ خوێندن و بەکارهێنان و فێرکردن و وتاری (وشەی خودا) بڵێن و قەشەیەتی بکەن لە سنووری شاریدا کاتێک فێربوونەکەیان بەکاردێنن لەسنووری ژیانی کەسێتی خۆیان و قەشەگەرییەکانی کڵێسا.
- داواکردن لە ڕابەرانی شاری بەڕێک وپێکی بەشی هەڵبژاردەی نوسراوی پیرۆز لەبەرکەن و بەرهەم هێ زەپت وڕەپتی چاوپیاخشاندنەوە بەرهەمبێنن بۆئەوەی دەقەکان بپارێزن و سوودی لێ وەرگرن وەک یەک بە شێوەی خواپەرستی و لە قەشەگەریدا
- دامەزراندنی ڕابەرانی شاری لەناو بینینێکی مەسیح ناوەندکراوی نوسراوی پیرۆزدا، و پۆشتەکردنیان لەناو بنەمایەکی نیسین کە لاهوتی تایبەت بەکتێبی پیرۆزە کە دەگونجێت لەگەڵ باوەڕی ئۆرثۆدۆکسی مێژوویی (داب ونەریتی کۆن)
- دابینکردنی بناغەیەکی تایبەت بە کتێبی پیرۆز بۆ وەک یەک تێگەیشتن و پراکتیزەکردنی ڕابەرایەتی کردنی مەسیحی لە سنووری کڵێسا بە جەخت و پێزانینی تایبەت بۆ پێکهێنانی ڕۆحی لەناو کۆمەڵگا شارییەکان، بەتایبەتی لەناو هەژاران

سەرچاوە:
چاندنی کڵێسا لەناو هەژارانی شار،
لاپەڕە ١١٩-١٢٥

- ڕاهێنانی ڕابەرانی شاری بۆئەوەی مزگێنی بدەن و قوتابی دروست بکەن و بچێنن و قەشەیەتی بکەن لەناو کڵێسا ئینجیلییە شاریەکان کە بەشێوەی ڕۆحی زیندەیی دەبن و بەشێوەی کەلتوری هۆکاردەبن بەشێوەی چالاکیش بەبەر دەبن لەناو ئەو کۆمەڵی جۆراوجۆری خەڵکانەی پێویستیان بە مەسیح هەیە لەشارەکە.
- هاندانی ڕابەرانی شاری بۆ دۆزینەوەی ڕێگا کردارەکیەکان و واتادارەکان بۆ بەرزکردنەوەی دادپەروەری و نیشاندانی بەزەیی بۆ لاواز و دەست کورتەکان لەناو کۆمەڵگا شارییەکاندا، هەروەها دۆزینەوەی ڕێگا بۆ نیشاندانی میوانداری و بەخشندەیی و میهرەبانی لەو شوێنانەی ئەوان دەژین و قەشەیەتی دەکەن

هەر یەکە (کۆرس) یەک لەگەڵ ڕێبەرێکی ڕاوێژکار و دەفتەرێکی مەشقی قوتابی و دوو دی ڤی دی (ڤیدیۆی چوار کاتژمێری) دێت. هەروەها هەر یەکەیەک کتێبی خوێندنی پێویستی ئیزافی هەیە. ئەم بەرنامەی خوێندنە دیزاینکراوە بەشێوە و چوارچێوەی کات و شوێنی جۆراوجۆر بەکاربهێنرێت. وەک بەرنامەیەکی تەواوی ڕاهێنانکردن، ئەوە دەتوانرێت بەکاربهێنرێت لەرێگای پرۆگرامی (بروانامەی سەتەلایتی پەیمانگای قەشەگەری شاری). ئەم بەرنامەی خوێندنە کە بە میهرابانیەوە ناونراوە "کۆلیژێکی لاهوتی لە سندوقێکدا" هەموو شتێک دەدا بەتۆ کە تۆ پێویستت پێی هەیە بۆ پۆشتەکردنی خۆت و ڕابەرەکانت بۆ قەشەکردنی کاریگەر لەناو کڵێساکە و کۆمەڵگاکەی خۆت.

لە وێبگەکەمان www.tumi.org/capstone تۆ ئەم سەرچاوە زیادە هاتووانە دەدۆزیتەوە سەبارەت بە کاپستۆن:

- ***دیمەنێکی گشتی (بەرنامەی خوێندنی کاپستۆن) لەگەڵ هەموو وەسفکردنی یەکەکان و مەبەستی وانەکان***

  ئەمە دۆکیومێنتێکی زۆر یارمەتیدەرە کە زانیاریت دەداتێ لەسەر کاپستون بۆ چاوپیاخشاندنەوەی خۆت. ئەم دۆکیومێنتە یارمەتی تۆ دەدات تێگەیشتنی تەواوت هەبێت لە تێکڕای پلانی کاپستۆن هەروەها هەر مەبەستێک و ناوەڕکێکی دیاریکراوی یەکە. ئەمە ئەو دۆکیومێنتەیە کە هاوبەشەکانی ئێمە بەکاریانهێناوە بۆ دیاریکردنی ئاستی بڕواپێکردن بە سەرچاوەکەمان و دامەزراوەی خوێندنی باڵای ئەوان. ئەمە سەرچاوەیەکی گەورەیە بۆ ڕاوێژکارەکانی تۆ!

- ***وەسفەکانی یەکەی کاپستۆن***

  ئەم دۆکیومێنتە هەموو ١٦ وەسفەکەی یەکەی کاپستۆنی هەیەلەیەک فایلدا. ئەم دۆکیومێنتە ئامرازێکی گەورەیە تا یارمەتی تۆ بدات لەوە تێبگەیت هەر یەکەیەک دەربارەی چییە ڕێژەییانە لە چەند لاپەڕەیەکی کەمدا.

- ***بەرنامەی خوێندنی کاپستۆن لە سەرنجێکدا***

  هەروەها ئەم پاکەتەش لەخۆدەگرێت، ئەم دۆکیومێنتە دوو لاپەڕەیە یارمەتی دەدات بۆ سەرنج خستنەسەر تەواوی (بەرنامەی خوێندنی کاپستۆن)ی ئێمە (کە ناونیشانی وانەکانیش لەخۆدەگرێت)، هەروەها زاراوەزانیەکانی ئێمە پێناسەدەکات لەم بەرنامەڕێژی پێکهاتەیەدا لەگەڵ لیستی یەکەکان و پوختەی وانەکان.

سەرچاوە:
چاندنی کڵێسا لەناو
هەژارانی شار،
لاپەڕە ١١٩-١٢٥

- ***نمونەی یەکەی کاپستۆن***

ئایا تۆ ئارەزووت هەیە لەوەی گوێ بیست بیت لە فێرکردنی ڕاستەقینەی یەکە؟ ئازاد بە و پێشەکی سەیری یەکێک لە ڕێنماییەکانی یەکەی کاپستون بکە بۆ ئەوەی تێگەیشتنێکی باشترت هەبێت لەوەی ئێمە چیمان خستوتە هەر یەکەیەکەوە. گوێ گرتن لە فێرکردنەکە لەوانەیە تۆ قایل بکات کە ڕاهێنانەکەی ئێمە ڕەنگە گونجاو و خوازراو بێت بۆ ڕاهێنانی ڕابەرایەتی کردنی قەشەگەری یا کڵێسای ت!

- ***کتێبە پێویستەکانی خوێندن***

هەر یەکەیەکی کاپستۆن کتێبی خوێندنی دانراوی هەیە کە دەخوێندرێنەوە و گفتوگۆیان دەکرێت بەناو کۆرسەکەدا. ئێمە هانی قوتابیان دەدەین ئەمانە بخوێننەوە و بیری لێبکەنەوە و وەڵامیان بدەنەوە لەگەڵ پرۆفیسۆرەکانیان و ڕاوێژکارەکانیان و هاوڕێ فێرخوازەکانیان. بەهۆی سیفەتی ئەگەری گۆڕانی دەقەکان (واتا لەمەودوا کتێبەکان چاپ ناکرێن)، لیستی پێویستی کتێبی خوێندن دەگۆڕێت هەروەها ئەگەری زۆری ئەوە هەیە کە جیاواز بێت لەوەی لە کتێبی مەشقی قوتابی (بەرنامەی خوێندنی کاپستۆن) لیستکراوە. ئەمە لیستی پێویستی کتێبی خوێندنی (فەرمی) کاپستۆنە.

- ***زانیاری یەکە بۆ هەریەک لە ١٦ یەکەکەی کاپستۆن***

ماڵپەڕەکەی ئێمە زانیاری و کورتە و وەسفکردنەکەی (کە لەم پاکەتەدا لەخۆ گیراوە) هەروەها کتێبە ئێزافەکان و پێویستەکانی خوێندن دەدات بە لینکەکانی سەر هەر کۆرسێکی یەکەی کاپستۆن.

144 • له سەر ئەم بەردە: نموونە کۆکەرەوەیەکی چاندنی کڵێسا

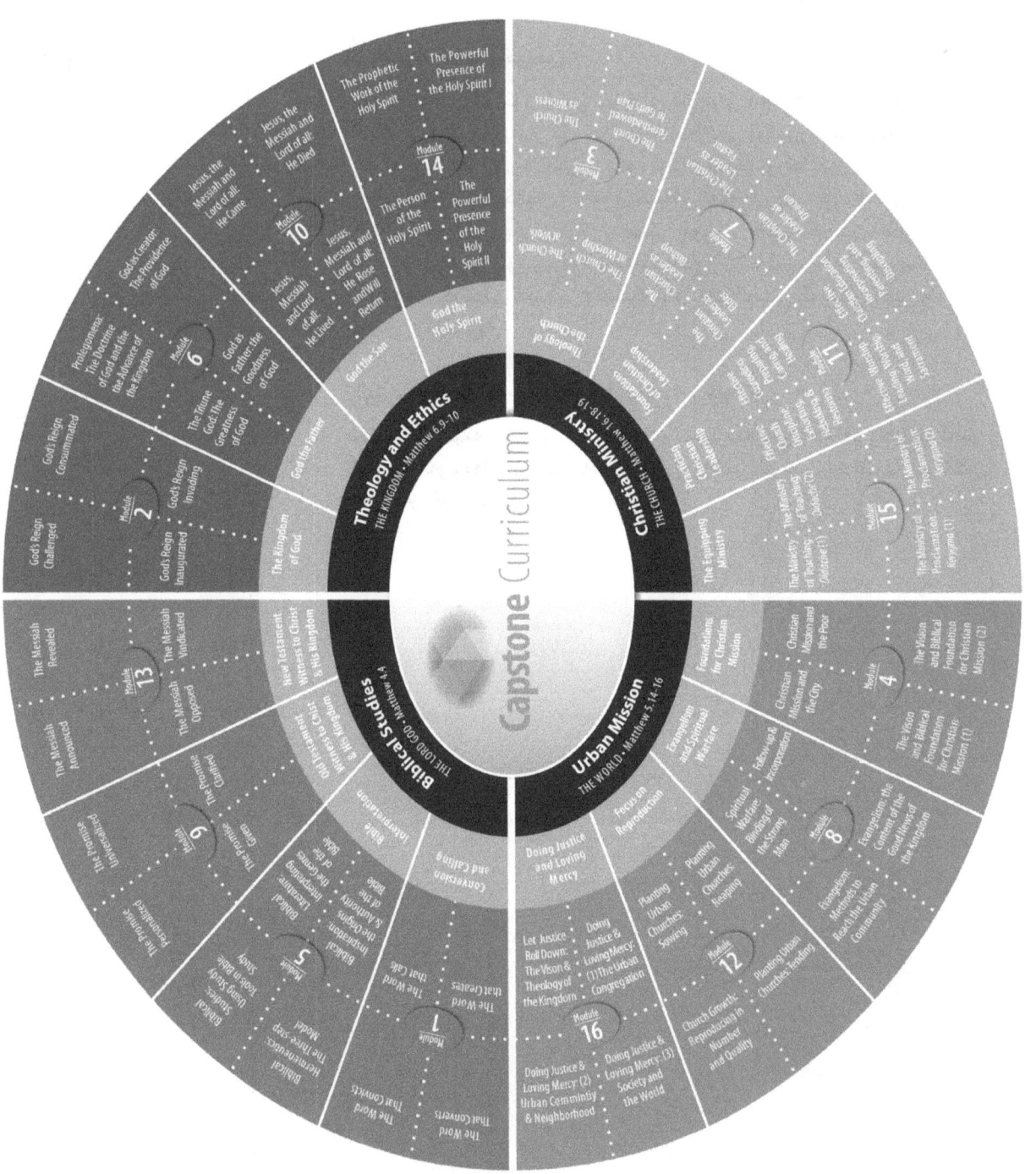

Source: *Planting Churches among the City's Poor, Volume 2*, pp. 119-125

بەرنامەی خوێندنی کاپستۆن گەشە پێدانی ڕابەرانی مەسیحی شاری بۆ کڵێسا و شانشینەکە – مەتتا ٢١-٤٢							
خوێندنەکانی تایبەت بە کتێبی پیرۆز خودای یەزدان • مەتتا ٤:٤		لاهوت و ڕەوشت ناسی شانشین • مەتتا ٦: ٩-١٠		قەشەگەری مەسیحی کڵێسا • مەتتا ١٦: ١٨-١٩		مزگێنی شاری جیهان • مەتتا ٥: ١٤-١٦	
١	هاتنە سەر باوەڕ و بانگکردن	٢	شانشینی خودا	٣	لاهوتی کڵێسا	٤	بناغەکانی مەسیحی بۆ تێپەڕاندنی بەربەستی کەلتوری بۆ هاوبەشی کردنی ئینجیل
٥	لێکدانەوەی کتێبی پیرۆز	٦	خودای باوک	٧	بناغەکانی ڕابەرایەتی کردنی مەسیحی	٨	مزگێنی دان و شەڕی ڕۆحی
٩	شایەت حاڵی (پەیمانی کۆن) بۆ مەسیح و شانشینەکەی	١٠	خودای کوڕ	١١	پراکتیزەکردنی ڕابەرایەتی کردنی مەسیحی	١٢	تیشک خستنەسەر زۆربوون
١٣	شایەت حاڵی (پەیمانی نوێ) بۆ مەسیح و شانشینەکەی	١٤	خودای ڕۆحی پیرۆز	١٥	قەشەگەری پۆشتەکردنەکە	١٦	ئەنجامدانی دادپەروەری و خۆشویستنی بەزەیی: قەشەگەری میهرەبانی

زاراوەزانی

بەرنامەی خوێندنی کاپستۆن

تێکڕای چوار یەکەکە و پرۆگرامی شانزە بابەتی فێرکردنەکە دیزاینکراوە بۆ گەشەپێدانی ڕابەرایەتی کردنی مەسیحی شاری بۆ کڵێسا و شانشینەکە

ڕووبەری بەش

چوار بابەت ڕێکخراوە لەژێر ناونیشانی یا خوێندنەکانی تایبەت بەکتێبی پیرۆز یا لاهوت و ڕەوشتناسی یا قەشەگەری مەسیحی یا مزگێنی شاری

یەکە

یەک بابەت لە بەشێکدا

وانە

پێشکەشکردنێکی تاکی فێرکردن لە یەکەیەکدا

پارچە

فێرکردنێکی ڤیدیۆیی بیست و پێنج خولەک کە بە ئاسایی لە وانەیەکدا بەکاردێت

یەکەیەکی کاپستۆن

- هەریەکەیەک بەشدەکرێت بۆ چوار وانە
- هەر یەکەیەک دیزاینکراوە لە ١٢ کاتژمێری پۆلدا بوترێتەوە کە باشترە لە ستاندەرە باش قبوڵکراوەکانی (سی ئی یو) واتا (بەشی بەردەوامبوونی خوێندن)
- هەر یەکەیەک پێکدێت لە دەفتەرێکی مەشقی قوتابی و ڕێبەرێکی ڕاوێژکار و چوار دی ڤی دی (ڤیدیۆی چوار کاتژمێری)

Source: *Planting Churches among the City's Poor, Volume 2,* pp. 119-125

Source: *Planting Churches among the City's Poor, Volume 2*, pp. 119-125

پوختەی نمونەی وانە (وانەی سێ کاتژمێری)

ئامادەبوون و تاقیکردنەوەی خێرا . . . . (٢٠ خولەک)
بەشی پەیوەندی بەرابەری ڕاوێژکار . . . . (١٠ خولەک)
پارچەی یەکەم ڤیدیۆ . . . . (٢٥ خولەک)
وەڵام/پرسیاری قوتابی . . . . (٢٠ خولەک)
پشوو . . . . (١٥ خولەک)
پارچەی دووم ڤیدیۆ. . . . . (٢٥ خولەک)
وەڵام/پرسیاری قوتابی. . . . . (٢٠ خولەک)
بەستنەوە بەرابەری ڕاوێژکار . . . . (٤٥ خولەک)

- گفتوگۆی دەرهاویشتەکان و داواکانی قوتابی
- گرفتەکان و لێکۆڵینەوەی حاڵەت
- ئەرکەکان
- ڕاویژکردن و نوێژ

(بەرنامەی خوێندنی کاپستۆن) دیزاینکراوە بە شێوە و چوارچێوەی کات و شوێنی جۆراوجۆر بەکاربهێنرێت. وەک بەرنامەیەکی تەواوی ڕاهێنانکردن، ئەوە دەتوانرێت بەکاربهێنرێت لەرێگای پرۆگرامی (بروانامەی پەیمانگای قەشەگەری شاری). وەک بەرنامەیەکی یەکەیی ڕەنگە (بەرنامەی خوێندنی کاپستۆن) وەک سیمینار یا وەرشە یا کۆنفرانس و یا کۆمەڵی بچوک یا بەکارهێنانی تری جۆراوجۆر بوترێتەوە.

دەسەڵات دان بە ڕابەرایەتی کردنی هاوڵاتی ڕەسەن • 147

بەرنامەی خوێندنی کاپستۆن گەشەپێدانی ڕابەرایەتی مەسیحی شاری بۆ کڵێسا کەو شانشینەکەی ــ مەتتا ۲۱-							
مزگێنی شاری جیهان • مەتتا ۵: ۱۴ـ ۱۶		قەشەگەری مەسیحی کڵێسا • مەتتا ۱۶: ۱۸ـ ۱۹		لاهوت و رەوشت ناسی شانشین • مەتتا ۶: ۹ـ۱۰		خوێندنەکانی تایبەت بە کتێبی پیرۆز خودای یەزدان • مەتتا ۴:۴	
بناغەکانی مەسیحی بۆ تێپەڕاندنی کەلتووری بۆ هاوبەشی کردنی ئینجیل	٤	لاهوتی کڵێسا	٣	شانشینی خودا	٢	هاتنە سەر ناوەر و بانگکردن	١
بناغەی تایبەت بە کتێبی پیرۆز و بینین بۆ تێپەڕاندنی کەلتووری بەربەستی کەلتووری لە مەسیحیدا ۱ بناغەی تایبەت بە کتێبی پیرۆز و بینین بۆ تێپەڕاندنی کەلتووری بەربەستی کەلتووری لە مەسیحیدا ۲ تێپەڕاندنی بەربەستی کەلتووری لە مەسیحیدا و تێپەڕاندنی بەربەستی کەلتووری شار لە مەسیحیدا و هەزاران		نیشاندراوە کڵێسا ڕوودەمات لەغایەندا لە پلانی خودا کڵێسا لە خواپەرستندا کڵێسا وەک شایەت حاڵ کڵێسا لە کاردا		فەرمانڕەوایی خودا بەرەنگاری کرا فەرمانڕەوایی خودا کرایەوە فەرمانڕەوایی خودا داگیرکردن دەکات فەرمانڕەوایی خودا بێ خەوش کرا		ئەو وشەیەی دروستکردن دەکات ئەو وشەیەی کە قایل دەکات ئەو وشەیەی کە باوەر دەگوێزێت ئەو وشەیەی کە بانگدەکات	
مزگێنی دان و شەری ڕۆحی	٨	بناغەکانی ڕابەرایەتی کردنی مەسیحی	٧	خودای باوک	٦	لێکدانەوەی کتێبی پیرۆز	٥
شەری ڕۆحی: پێبەستی پیاوە بەهێزمکە مزگێنی دان: ناوەڕۆکی هەواڵی خۆشی شانشینەکە مزگێنی دان: شێوازەکانی گەیشتن بە کۆمەڵگای شاری بەدواداچوون و یەکگرتن		ڕابەری مەسیحی وەک شەمماس ڕابەری مەسیحی وەک پیر ڕابەری مەسیحی وەک قەشە ڕابەری مەسیحی وەک سەرەک قەشە		پێشمەکێیەکی ڕەخنەگرانە: ڕێبازی خودا و پێشکەوتنی شانشینەکە خودا وەک دەرستکار: جڵەوی خودا خودای سیانەتی پیرۆز: مەزنێتی خودا خودا وەک باوک: باشێتی خودا		سروشتی تایبەت بە کتێبی پیرۆز: بنج و دەسەڵاتی کتێبی پیرۆز زانستی شێوازی لێکدانەوەی کتێبی پیرۆز: نموونە سێ هەنگاویەکە ئەدەبی کتێبی پیرۆز: لێکدانەوەی چەشنی ئەدەبی کتێبی پیرۆز خوێندنی تایبەت بە کتێبی پیرۆز: بەکارهێنانی ئامراز مکانی خوێندن لە خوێندنی کتێبی پیرۆزدا	
ئێشک خستنەسەر زۆربوون	۱۲	پراکتیزەکردنی ڕابەرایەتی کردنی مەسیحی	۱۱	خودای کوڕ	۱۰	شایەت حاڵی (پەیمانی کۆن) بۆ مەسیح و شانشینەکەی	۹
گەشەی کڵێسا: زۆرکردنی بەژمارە و جۆر چاندنی کڵێسای شاری: تووچاندن چاندنی کڵێسای شاری: ئاگالی بوون چاندنی کڵێسای شاری: دروێنەکردن		ڕابەرایەتی کردنی کاریگەری خواپەرستی: خواپەرستی و وشەو کۆنوێژی خوێندنی کاریگەری مەسیحی: یەکگرتن و باوانی کردن و قوتابی کردن زەمەت و ڕەمەتی کاریگەری کڵێسا: ئامۆژگاری و سەرزەنشت و گێڕانەوە ڕایژکردنی کاریگەر: ئامادەکردن و بایەخدان و چاککردنەوە		عیسا و مەسیح و یەزدانی هەمووان: (ئەو) هات عیسا و مەسیح و یەزدانی هەمووان: (ئەو) ژیا عیسا و مەسیح و یەزدانی هەمووان: (ئەو) مرد عیسا و مەسیح و یەزدانی هەمووان: (ئەو) هەستا هەروەها دەگەڕینەوە		ئەو بەڵێنەی درا ئەو بەڵێنەی روونکرایەوە ئەو بەڵێنەی بەمکەسێتی کرا ئەو بەڵێنەی بە جیهانی کرا	
ئەنجامدانی دادپەروەری و خۆشویستنی بەزەیی: قەشەگەر و بنەر مهانی	۱۶	قەشەگەری بوغەمەکردنەکە	۱۵	خودای ڕۆحی پیرۆز	۱٤	شایەت حاڵی (پەیمانی نوێ) بۆ مەسیح و شانشینەکەی	۱۳
با دادپەروەری بڕژێت: بینین و لاهوتی شانشینەکە ئەنجامدانی دادپەروەری و خۆشویستنی بەزەیی ۱: کۆمەڵی نوێژکەرانی شاری ئەنجامدانی دادپەروەری و خۆشویستنی بەزەیی۲: گەرەک و کۆمەڵگای شاری ئەنجامدانی دادپەروەری و خۆشویستنی بەزەیی۳: کۆمەڵگاو جیهان		قەشەگەری جاردان: جاردانی ئینجیل ۱ قەشەگەری جاردان: جاردانی ئینجیل ۲ قەشەگەری فێرکردن: فێرکردنی دوانزە نێردراوەکە ۱ قەشەگەری فێرکردن: فێرکردنی دوانزە نێردراوەکە ۲		کەسی ڕۆحی پیرۆز کاری پێشبینیکەرانەی ڕۆحی پیرۆز ئامادەبوونی بەهێزی ڕۆحی پیرۆز ۱ ئامادەبوونی بەهێزی ڕۆحی پیرۆز ۲		مەسیح ڕاگەیەندرا مەسیح بەرهەڵستی کرا مەسیح ئاشکراکرا مەسیح بێتاوانی کرا	

Source: *Planting Churches among the City's Poor*, Volume 2, pp. 119-125

گونجاو بۆ نوێترایەتی کردن: زۆرکردنی قوتابیانی شاگێشنی خودا

سەرچاوە: چاندنی کلێسا لەلایەن هەژارانی شار، جلدی ۲، لاپەڕە ۱۹۷

گوێجاو بۆ نوێترایەتی کردن:
قسەیە دکتۆر دۆن نۆل داقین

لوقا ۱۰: ۱ - ۱۱ - نەوەی گرنگ لێ دەگرێت گوێ لە من دەگرێت، نەوەش من رەت دەکاتەوە، منیش رەت دەکەمەوە. ئەوەش کەمنی ناردووە.

خولێنک و شاگێشنەکەی
بۆ نوێترایەتی کردنی
مەسیح و شاگێشنی
لوقا ۱۰: ۲

- کلێسا و هاوباشیکراو (خزمان) لوقا ۲: ۴۱-۴۷
- هاوباشیکراو باوەڕ کردنی تازە لە یەکگرتن ٣: ٠-١-١
- باوەڕ پێگەیشتن لە نوێژکردنی شاری رۆحی یۆحەنا ٣: ٠١-١٨
- پێگەیشتن بەهێز شاگێشنیاتی یۆحەنا ٢: ٠١-٢
- ریکخشتنی پێیکنانی سۆزی پایتەن بۆ زۆربەوون مرکەنی دان و کلێسارە تیموساوس ٢: ٠١
- ڕیعیەت و رێنمایکراو پێیکنانی ڕۆحی تیتۆساوس ۶: ١٧-٢
- بنێشتن شرکای هەمووشتێکی چڕوکی کۆرنسوس ٤: ٠۹-١٢
- هاوباشیکی کراو خزمان تیتۆس ٢: ٤-۷

بەقوتابی کردنی ڕاستگۆکان

دامەزراندنی ڕابەران بۆ کڵێسای شاری

قەشە دکتۆر دۆن نێل داڤیس

	ڕاسپاردە	کارەکتەر	لێهاتوویی	کۆمەڵگا
پێناسە	بانگی خودا دەناسێتەوە و بە گوێ ڕایەڵ بوونی دەستبەجێ وەڵامی یەزدانی و ڕابرایەتی کردنی ئەو دەداتەوە	ڕەنگدانەوەی کارەکتەری مەسیح دەبێت لە شێوازی ژیان و ڕەفتار و قەناعەتی کەسی	بەنایابی بەهێزی ڕۆح وەڵام دەداتەوە بۆ جێبەجێکردنی قەشەگەری و ئەرکی دیاریکراویان	دەروانێتە زۆرکردنی قوتابیان لەجەستەی مەسیح وەک ڕۆڵێکی سەرەکی قەشەگەری
گرنگترین نوسراوی پیرۆز	٢ تیمۆ ١: ٦-١٤ ١ تیمۆ ٤: ١٤ و کردار ١: ٨ مەتتا ٢٨: ١٨-٢٠	یەحەننا ١٥: ٤-٥ ٢ تیمۆ ٢: ٢ و ١ کۆرنس ٤: ٢ و گەلاتیا ٥: ١٦-٢٣	٢ تیمۆ ٢: ١٥ و ٣: ١٦-١٧ و ڕۆما ١٥: ١٤ و ١ کۆرنس ١٢	ئەفسۆس ٤: ٩-١٥ ١ کۆرنس ١٢: ١-٢٧
چەمکی گرنگ	دەسەڵاتی خودا: ڕابەری خودا کاردەکات لەسەر بانگگکردن و دەسەڵاتی ناسراوی خودا کە لەلایەن پیاوچاکان و ڕابەرانی خودا دانی پێدانراوە	بێ فیزی مەسیح: ڕابەری خودا مێشک و شێوازی ژیانی مەسیح نیشاندەدات لە کردار و پەیوەندیەکانیدا	هێزی ڕۆح: ڕابەری خودا دەکەوێتە کار بە دیاری و پیرۆزکردنی (ڕۆحی پیرۆز)	گەشەی کڵێسا: ڕابەری خودا هەموو سەرچاوەکانی خۆی بەکاردێنێ بۆ پۆشتەکردنی جەستەی مەسیح و دەسەڵات پێدانی بۆ ئامانج وئەرکی خۆی
توخمە ناوەندیەکان	بانگکردنێکی ڕوون لەلایەن خوداوە شایەتی ڕاستەقینە لەبەردەم خودا و کەسانی تر هەستی قوڵی قەناعەتی کەسی لەسەر بنەمای نوسراوی پیرۆز بەرپرسیارێتی کەسی لە ئەکێک یا خەڵکێکی دیاریکراو دووپاتکردنەوە لەلایەن ڕابەران و جەستەوە	سۆزی بەتین بۆ بوون بە وەک مەسیح شێوازی ژیانی ڕیشەیی بۆ شانشینەکە شوێنکەوتنی پیرۆزی بەڕاستی زەبت وڕەبت لەژیانی کەسی پەیوەندی ڕۆڵ و کۆیلەی عیسای مەسیح دەهێنێتە دی نمونەیەکی سەرنجراکێش دابین دەکات بۆ کەسانی تر لە ڕەفتار و قسەو شێوازی ژیانیاندا (میوەی ڕۆح)	بەخشین و دیاری لە (ڕۆح)ەوە زەبت و ڕەبتکردنی دروست لەلایەن ڕاوێژکارێکی بەتواناوە توانا لە زەبت وڕەبتە ڕۆحییەکانەوە توانا لە (وشە)کەدا توانینی مزگێنی دان بە باوەڕدارانی نوێ و بەدوادا چونیان و قوتابی کردنیان ستراتیج لەبەکارهێنانی سەرچاوەکان وخەڵک بۆ هێنانەدی ئەرکی خودا	خۆشەویستی ڕاستەقینە بۆ گەلی خودا و خواستی خزمەتکردنیان تاکەکەسی ڕاستگۆن دەکات بەقوتابی گەشەکردن ئاسان دەکات لە کۆمەڵی بچوکدا باوەڕداران دەکات بەقەشەو پۆشتەیان دەکات لە ناو کۆمەڵی نوێژکەراندا هاوڕێیەتییەکان و تۆڕەکان پەروەردەدەکات لەناو مەسیحیەکان و کڵێساکاندا بزوتنەوەی نوی لەناو گەلی خودا پێشدەخات بەشێوەی خۆجێیی
ستراتیجی شەیتان بۆ لەباربردن	دەکەوێتە کار لەسەر بنەمای کەسێتی یا پێگە لەجیاتی دەسەڵاتی بەردەوام و بانگی دەستنیشانکراوی خودا	جێگەی چالاکی قەشەگەری و/یا کاری گران و پیشەسازی دەگرێتەوە بە خواناسی و بوون بەوەک مەسیح	کاردەکات لەسەر دیاری سروشتی و بلیمەتی کەسی لەجیاتی دیاری و ڕابەرایەتی کردنی ڕۆحی	شکۆ دەدات بە ئەرک و چالاکییەکان زیاتر لە پۆشتەکردنی پیاوچاکان و گەشەدان بە کۆمەڵگای مەسیحی
گرنگترین هەنگاو	بانگی خودا دەناسێنێت لێپرسراوێتی تۆ دەدۆزێتەوە دووپات دەکرێتەوە لەلایەن ڕابەرانەوە	پابەندبوون بە مەسیح زەبت وڕەبت بۆ خواناسی شوێنکەوتنی پیرۆزی لەهەموو شتێکدا	دیاریە ڕۆحییەکان دەدۆزێتەوە ڕاهێنانی نایاب وەردەگرێت گەشەدەدات بە نمایشەکەت	کڵێسای خودا لەئامێزدەگرێت سنوورەکانی ڕابەرایەتی کردن فێردەبێت بەشێوەی هاوچەقی پۆشتەدەکات
ئەنجامەکان	باوەڕبەخۆبوونی قوڵ بەخودا کاتێک لە بانگی خوداوە سەر هەڵدەدات	نمونەی بەهێزی بوون بەوەک مەسیح بۆکەسانی تر دابیکراوە تاشوێنی بکەون	کارکردنی داینەمیکی (ڕۆحی پیرۆز)	قوتابیانی زۆرکردن لەکڵێسادا

سەرچاوە: *چاندنی کڵێسا لەناو هەژارانی شار*، جڵدی ١، لاپەڕە ٣٧٥

150 • لە سەر ئەم بەردە: نمونە کۆکەرەوەیەکی چاندنی کڵێسا

تێگەیشتنی ڕابەرایەتی کردن وەک نوێنەرایەتی کردن: شەش قۆناغەکەی بریکاری فەرمی

قەشە دکتور دۆن نێڵ داڤیس

لوقا ١٠: ١ – پاش ئەمە مەسیحی خاوەن شکۆ حەفتاو دووکەسی دیکەی دەستنیشان کرد، لەپێش خۆی دوو دوو ناردنی بۆ هەرشار و جێگایەک کە بەتەمابوو بۆی بچێت. . .

لوقا ١٠: ١٦ – "ئەوەی گوێیان لێ بگرێت، گوێ لەمن دەگرێت، ئەوەی ڕەتتان دەکاتەوە، ئەوە ڕەت دەکاتەوە. ئەوەش من ڕەت دەکاتەوە، ئەوە ڕەت دەکاتەوە کەمنی ناردووە."

یوحەننا ٢٠: ٢١ – ئینجا دیسان عیسا پێی فەرموون: "سڵاوتان لێ بێت! هەروەک چۆن باوک منی ناردووە، منیش دەتاننێرم."

نوێنەر (١)

بانگکردن و هەڵبژاردنی فەرمی بۆ نوێنەرایەتی کردن

- هەڵبژێردراو بۆ بوون بە نوێنەر یا بریکار
- لەلایەن کەسێکی ترەوە دووپاتکراوەتەوە کە بانگکردنەکە دەناسێتەوە
- دەناسێنرێت ببێت بە ئەندامی کۆمەڵگایەکی ڕاستگۆ
- بانگکردنی کۆمەڵێک بۆ ڕۆڵێکی دیاریکراوی نوێنەرایەتی کردن
- بانگکردن بۆ ئەرکێکی دیاریکراو

پۆشتەکردن (٢)

ڕاهێنان و سەرچاوەپێدانی گونجاو بۆ هێنانەدی بانگکردنەکە

- ئەرک پێدان بە سەرپەرشتیار یا کەسی باڵا یا ڕاوێژکار یا مامۆستا
- ڕێنمایی زەبت وڕەبتکراوی ئەو بنەمایانەی جەخت لە بانگکردنەکە دەکەنەوە
- ڕاهێنان و پراکتیزەکردنی بەردەوام هەروەها کەوتنەبەر توانای گونجاو
- ناسینەوەی دیاریەکان و هێزەکان
- ڕاهێنان پێکردنی پسپۆڕانە و وەڵامدانەوەی بەردەوام

خەڵات (٦)

ناسینەوەی گشتی و وەڵامدانەوەی بەردەوام

- پەخشکردنی فەرمی ئەنجامەکانی خەمڵاندن
- دان پیانان و ناسینەوەی ڕەفتارو ڕەوشت
- هاوتاکردنی خەڵات و سەرزەنشت بۆ نمایشکردن
- بنەمایەکی دروستکراو لەسەر چاوپیاخشاندنەوە بۆ ئەگەری دووبارە ئەرک پێدان یا دووبارە نوێنەرایەتی کردن
- پێدانی ئەرکی پرۆژەی نوێ بەدەسەڵاتی گەورەترەوە

سپاردن (٣)

هاوتاکردنی دەسەڵاتپێدان بۆ کردار

- سپاردنی دەسەڵات بۆ کردار و قسەکردن بۆ بەرژەوەندی ڕاسپێردراوەکە
- مەوداو سنووری ئەو هێزی نوێنەرەی دابینکراوە
- نوێنەریکردنی فەرمی (مافی پەیڕەوپێکردن و نوێنەرایەتی کردن)
- پێدانی مۆڵەت بۆ بوون بە نوێنەر (وەستان لەجیاتی کەسێکی تر)
- ئازادکردن بۆ هێنانەدی نوێنەرایەتی کردنەکەو ئەو ئەرکەی وەرگیراوە.

ئەرک (٤)

بەڵێنی ڕاستگۆیانەو زەبت و ڕەبتکراوی (ئەرک)ەکە

- وەلا خستنی ویستی خود بۆ هێنانەدی ئەرکەکە
- گوێ ڕایەڵ بوون: جێبەجێکردنی فرمانی ئەوانەی ئەویان نارد
- هێنانەدی ئەو ئەرکەی دراوە بەتۆ
- بەئازادانە کردارکردن لەناو دەسەڵاتی سپێردراو بەخود بۆ هێنانەدی ئەرکەکە
- بەردەوامیدان بە دڵسۆزی بەوانەی ئەویان ناردووە
- بەکارهێنانی هەموو ئامرازەکانی بەردەست بۆ ئەنجامدانی ئەرکی خود، تێچوونەکەی هەر چییەک بێت
- ناسینەوەی تەواوی بەرپرسیاریتی بەرامبەر ئەوکەس(انەی) سپاردنەکەیان پێ کردووە

ژماردن (٥)

چاوپیاخشاندنەوە و هەڵسەنگاندنی فەرمی نمایشی یەکێک

- ئاگادارکردنەوەی دەسەڵاتی ناردن بۆ چاوپیاخشاندنەوەی ڕەخنەگرانە
- خەمڵاندنی فەرمی گشتگیری ئەنجام و نمایشەکانی یەکێک
- بڕیاردان لەسەر دڵسۆزی و ڕاستگۆیی یەکێک
- شیکاری هەستیاری ئەوەی ئێمە هێناومانەتە دی
- ئامادەباشی بۆدڵنیابوون لەوەی چالاکی و هەوڵەکانمان ئەنجام بەرهەم دێنن

سەرچاوە: *اندنی کڵێسا لەناو هەژارانی شار*، جلدی ٢، لاپەڕە ٦٦

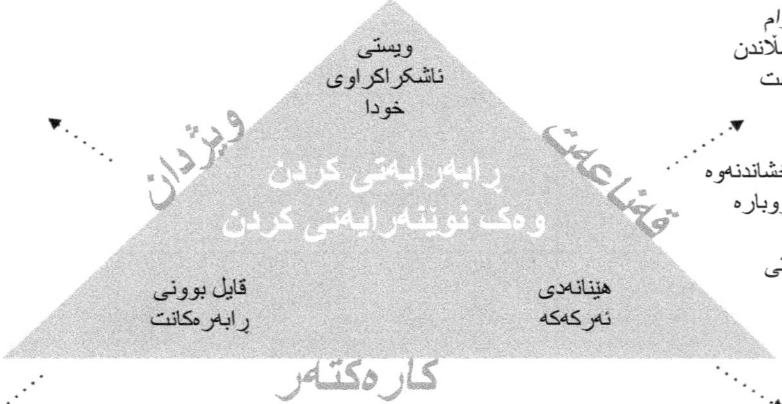

سەرچاوە:
نامیلکەی سەرۆکی
قەشەی ئینجیلی،
لاپەڕە ٢٠٣-٢١٠

دیمەنی گشتی سەرچاوەکانی (پەیمانگای قەشەگەری شاری) بۆ هەژارانی شار

پەیمانگای قەشەگەری شاری زیاتر لە حەوت سەد سەرچاوەی ئامادەکردووە بۆ پۆشتەکردنی ڕابەرانی کڵێسا تا کاربکەن لە ئەرک و قەشەگەری شاری. هەنوکە ئەم سەرچاوانە لەناو سەدان کڵێساو قەشەگەری شاری بەکاردەهێنرێن لەسەرانسەری جیهاندا. سەرچاوەکان دەکرێن بەسێ پۆلەوە: چاندنی کڵێسا و (قوتابێتی و پێکهێنانی ڕۆحی) و گەشەپێدانی ڕابەرایەتی کردن.

I. چاندنی کڵێسا

أ. چ سەرچاوەیەک گرنگترین تاکە ئامرازی کردارەکییە بۆ (ڕابەرانی تیم و ڕاهێنەرانی چاندنی کڵێسای کارتێکردنی جیهان)؟

١- دۆن ئالسمان و دۆن ئێڵ داڤیس و هانک ڤۆس، چاپی، گەیوو بۆ دروێنە: ڕێبەرێک بۆ چاندنی کڵێسای تەندروست لەشار. ویچیتا، کەی ئێس: چاپخانەی پەیمانگای قەشەگەری شاری، ٢٠١٥.

٢- (قوتابخانەی ئینجیلی چاندنی کڵێسای شاری) ئێمە ڕاهێنان بە چێنەرانی کڵێسا دەکات کڵێسای دروست بچێنن لەناو هەژارانی شاردا کاتێک دانایی تایبەت بەکتێبی پیرۆز پەیڕەودەکەن بۆ ئەوەی بەکاریگەریانە مزگێنی بدەن بە خەڵکی شار ئەوانەی ناچنە کڵێسا و پۆشتەیان بکەن و دەسەڵاتیان بدەنێ تا وەڵامی خۆشەویستی مەسیح بدەنەوە و شوێنی خۆیان بگرن بۆ نوێنەرایەتی کردنی (شانشینی مەسیح) کەلێی دەژین و کاردەکەن. ئەم ڕێبەرە کە کتێبی خوێندنی فەرمی (قوتابخانەی ئینجیلی)یە پوختەی پرۆسەیەکی چاندنی کڵێسا دەدات کە ڕێز لەو کەلتور و ژینگە و کۆمەڵگاو دۆخە ناوازانە دەگرێت کە ڕەنگدانەوەیان لە ئەمەریکای شاری هەیە. شێوازی (پی ئێڵ ئەی ئێن تی) کە لێرە پوختەکراوە ڕێنمایی دانایی بەکردارەکیانە و زیندەیی بەڕۆحی دابیندەکات بۆ تیمەکانی چاندنی کڵێسای شاری. کاتێک پڕە لە نوێژکردن و سیمینار و مەشق و دەفتەری کار و دەیان هونەری نەخشەکاری و هێڵکاری و وتار، ئەم سەرچاوە دەوڵەمەندە دەسەڵات دەدات بە تیمەکانی چاندنی کڵێسا بۆ دیزاینکردنی ستراتیجێک کە هاوتایە لەگەڵ ئەو بینینەی خودا پێی داون – ئەو جۆرە ستراتیجیەی کە ئەنجامەکەی دروستکردنی ئەو کڵێسایانەیە کە جاڕی (شانشین) دەدەن و تەندروستن و زۆرکردنی بزوتنەوەکانی چاندنی کڵێسیە دەخاتەگەڕ.

ب. گرنگترین دوو کتێبی لاهوت چین بۆ چێنەرانی کڵێسای (کارتێکردنی جیهان)

١- داڤیس، دۆن. ڕەگەپیرۆزەکان: (کتێبێکی تایبەت بەڕێنمایە بنەڕەتیەکانە لەسەر گەڕاندنەوەی داب ونەریتە مەزنەکە) ویچیتا، کەی ئێس: پەیمانگای قەشەگەری شاری، ٢٠١٠.

٢- سمیث ئێفرێم. کڵێسای پاش ڕەش پێست و سپی پێست : بوون بە کۆمەڵگایەکی خۆشویسترا و لەناو جیهانێکی فرە ڕەگەزیدا، جلدی ٥٩. سانفرانسیسکۆ: جۆسی باس، ٢٠١٢.

سەرچاوە:
نامیلکەی سەرۆکی قەشەی ئینجیلی، لاپەڕە ٢٠٣-٢١٠

ت. گرنگترین سەرچاوەی تەواوکەر چیە کەلایە پەیمانگای قەشەگەری شاریەوە بەهەم هاتبێت بۆ ڕاهێنەران و چێنەرانی کڵێسای شاری؟

١- دۆن ئێڵ داڤیس، چاپی، چاندنی کڵێسا لەناو هەژارانی شار: هەڵبژاردەیەکی سەرچاوەکانی چاندنی کڵێسای شارییە، جلدی ١: دیدگاکانی تایبەت بە لاهوت و خوێندنی شێوازو مێژووی مژدەبردنی مەسیحی بۆ چێنەرانی کڵێسا. ویچیتا، کەی ئێس: چاپخانەی پەیمانگای قەشەگەری شاری، ٢٠١٥.

٢- دۆن ئێڵ داڤیس، چاپی، چاندنی کڵێسا لەناو هەژارانی شار: هەڵبژاردەیەکی سەرچاوەکانی چاندنی کڵێسای شارییە، جلدی ٢: سەرچاوەو ئامرازەکان بۆ ڕاهێنەران و تیمەکان. ویچیتا، کەی ئێس: چاپخانەی پەیمانگای قەشەگەری شاری، ٢٠١٥.

٣- ئەم دەستە دوو جلدییە (بە نزیکەی ١،٠٠٠ لاپەڕە سەرچاوە) بریتیە لە هەڵبژاردەیەکی زۆربەی توێژینەوە و ئاخاوتن و تێگەیشتنی ژیرانەی ئێمە کە کۆکراونەتەوە لە بیست ساڵی ڕابردووی چاندنی کڵێسا لەناوهەژاراندا. ئەوە کۆمەڵەیەکی گشتگیری بابەتی هەمەچەشنە کە ڕووماڵی بابەت و پرسی زۆردەکات کە هەمووی دیزاینکراوە تا باشتر یارمەتی تۆبدات لە ڕەگەکانی تایبەت بە لاهوت و خوێندنی شێواز و مێژووی مژدەبردنی مەسیحی و کەلتور و مرۆڤناسی تێبگەیت بۆ کاری ڕەوای چاندنی کڵێسا لەشاردا.

ث. چەند کۆرس بەردەستە لە پەیمانگای قەشەگەری شاری لەسەر چاندنی کڵێسا؟

١- تیشک خستنەسەر زۆرکردن

أ. یەکێک لە (چوار کۆرسەکانی مژدەبردنی شاری بەرنامەی خوێندنی کاپستۆن) ئەم کۆرسە هەشت پارچەیە ڕووماڵی بنەما بناغەییەکانی چاندنی کڵێسا دەکات.

ب. ئەمە گرنگترین کۆرسی بەردەستە بۆ چێنەرانی کڵێسای (کارتێکردنی جیهان).

٢- بردنەوەی جیهان

أ. تیشکی کۆرسەکە لەسەر بزوتنەوەکانی چاندنی کڵێسایە

ب. دەتوانرێت ئەم کۆرسە دابگیرێت و بۆخۆڕایی ببرێت لە *wwwbiblicaltraining.org*.

٣- بینین بۆ مژدەبردنەکە: *پەروەردەکردنی دڵێکی نێردراوەیی*

أ. پۆلی بناغەکانی پەیمانگای قەشەگەری شاری

ب. بەشێوەیەکی بەرچاو کاریکردۆتە سەر مژدەبەرانی زۆری (کارتێکردنی جیهان) تا شوێن چاندنی کڵێسا بکەون.
http://www.tumistore.org/foundations-nurturing-an-apostolic-heart-course/

سەرچاوە: نامیلکەی سەرۆکی قەشەی ئینجیلی، لاپەڕە ٢٠٣-٢١٠

ج. قوتابخانەی چاندنی کڵێسای ئینجیلی چییە؟

١- قوتابخانەکانی چاندنی کڵێسای (کارتیکردنی جیهان) ڕێگەیان داوە بە زیاتر لە هەشتا تیمی چاندنی کڵێسا. ئەو دانەیەی دواتر بە وریاییەوە پلانی بۆ دادەنرێت بۆ تشرینی دووەمی ٢٠١٥. چاودێری زانیاری زیاتر بکە لەسەر (قوتابخانەی چاندنی کڵێسای ئینجیلی).

٢- بۆ قوتابخانەی چاندنی کڵێسای ئینجیلی بگەڕێ لەشوێنێکی نزیک خۆت. پەیوەندی بکە بە هانک ڤۆس ئەگەر تۆ یا ڕابەرێکی تیمی چاندنی کڵێسا کە تۆ دەیناسیت، ئارەزووی هەیە لە قوتابخانەیەک لە هەرێمەکەی تۆ (hvoss@worldimpact.org).

ح. چ سستمێک بەکار هێنراوە بۆ ڕاهێنانی مژدەبەران و چێنەرانی کڵێساو ڕابەرانی تیم و ڕاهێنەرانی تیمی چاندنی کڵێسای (کارتێکردنی جیهان) لەساڵی ٢٠٠٠وە بۆ ٢٠٠٧؟

١- بەرنامەی خوێندنی جۆن مارک. ئەم سەرچاوە پێنج سەد لاپەڕەیە سی وسێ یەکەی ڕاهێنانی دابینکردووە لەسەر بابەتی وریا کەپەیوەندی هەیە بە مژدەبردنی شاری کە ئەو یەکانە لەخۆدەگرێت لەسەر کەلتور و ڕاوێژکردن و مزگێنی و ڕابەرایەتی کردنی تیم و ڕاهێنان بە تیمێکی چاندنی کڵێسا و هتد. دەدوێن.

٢- ئەم سەرچاوەیە ئێستا چاپ ناکرێت هەرچەندە کۆپی کاغەز لە شارەکانی (کارتێکردنی جیهان) لەبەردەستە

خ. سەرچاوەی نمونە چییە کە گەشەپێدراوە لەلایەن (چاندنی کڵێسای شاری)؟

١- (کرایست ذە ڤیکتەر) کڵێسەیەکە لە هەرێمی ڕۆژئاوای ناوەندکە دەستی کردووە بە زۆرکردنی چاندنی کڵێسا. (ڕێبەری سەرچاوەی کڵێسا) ی ئەو لە ماڵپەڕی ئامازۆن بەردەستە.

٢- پەیوەندی بکە بە ڕایان کارتەر (rcarter@worldimpact.org) بۆ شتی زیاتر لەسەر سەرچاوەکانی (کرایست ذە ڤیکتەر) و کۆنفرانسەکانی چاندنی کڵێسا و هتد.

د. لە ٢٠١٥ بگەڕێ بۆ دوو نامیلکەی نوێ لەسەر چاندنی کڵێسا کە (لەلایەن پەیمانگای قەشەگەری شاری)یەوە دەخرێتە بەردەست.

II. قوتابیتی و پێکهێنانی ڕۆحی

أ. سەرچاوەکانی ووتار و ئامۆژگاری کردن

١- زیاتر لە ٥٠٠ پێشکەشکردنی ووتار و وانەوتنەوە و کۆنفرانس لەبەردەستە بۆ داگرتن بەخۆڕایی لە دوو وێبگەی (پەیمانگای قەشەگەری شاری)دا:

أ. لە ١٠ی تشرینی یەکەمی ٢٠١٤وە ٧٢ ووتار لەبەردەستە بۆ داگرتن لە *https;//soundcloud.comtumimedia/sets*

سەرچاوە: نامیلکەی سەرۆکی قەشەی ئینجیلی، لاپەڕە ٢٠٣-٢١٠

ب. لە *http;//wwwtumimedia.org*

١) زیاتر لە ٤٥٠ پێشکەشکردنی ووتار و وانەوتنەوە و کۆنفرانس

٢) زیاتر لە ٩٠ بابەت چارەسەر دەکرێت و دەتوانرێت بەئاسانی گەڕانی بۆ بکرێت بەبەکارهێنانی ئامرازی گەڕانی تایبەت بەبابەت

٢- چ جۆرە زنجیرەیەک بەردەستە بۆ داگرتنی خۆڕایی؟

أ. لیستەی گشتی هەموارکراوی ئەوبەشانەی ئینجیل کە دەخوێندرێتەوە لەکاتی نوێژدا بۆ ساڵ A (زیاتر لە پەنجا ووتار)

ب. لیستەی گشتی هەموارکراوی ئەوبەشانەی ئینجیل کە دەخوێندرێتەوە لەکاتی نوێژدا بۆ ساڵ B (زیاتر لە پەنجا ووتار)

ت. لیستەی گشتی هەموارکراوی ئەوبەشانەی ئینجیل کە دەخوێندرێتەوە لەکاتی نوێژدا بۆ ساڵ C (زیاتر لە پەنجا ووتار)

ث. ڕابەرایەتی کردنی کاریگەری خواپەرستی (١٢ پەیامی دەنگی) دەدۆزرێتەوە لە www.tumimedia.org.

ج. ئاشکراکردن (٢٢ ووتار)، هەروەها شتی زۆرتر

ب. سروودەکان و سەرچاوەکانی خواپەرستی

١- دکتۆر داڤیس زیاتر لە ١،٥٠٠ سرووودی نوسیوە کە زۆربەیان لەبەردەستن بەخۆڕایی. (لە ١٠ی تشرینی یەکەمی ٢٠١٤وە ٤٤ سروود و تۆماری دەنگی بەردەستە بۆ داگرتنی خۆڕایی لە /https;//soundcloud.com .tumimedia/sets

٢- گوێ بگرە لە کۆرسە دوانزە خولییەکە لەسەر (ڕابەرایەتی کردنی کاریگەری خواپەرستی) لە www.tumimedia.org. هەروەها سەیری سەرچاوەی هونەری پەیمانگای قەشەگەری شاری بکە بۆ فێربوونی ئەو گیتارەی بەناونیشانی (دروستکردنی دەنگە دڵخۆشەکان).

ت. سەرچاوەکانی زەبت وڕەپتی ڕۆحی

١- ساڵانەی پەیمانگای قەشەگەری شاری (*http;//www,tumistore.org/church-resources/*)

أ. ڕێبەرێکی خواپەرستی بۆ نوێژکردن و خوێندنەوەی نوسراوی پیرۆز، کە هەموو ساڵێک لەلایەن پەیمانگای قەشەگەری شارییەوە پەخش دەکرێت

ب. هەموو ساڵێک تیشک دەخاتە سەر پیرۆکەیەکی سەرەکی.

سەرچاوە: نامیلکەی سەرۆکی قەشەی ئینجیلی، لاپەڕە ٢٠٣-٢١٠

٢- ڕۆژژمێری پەیمانگای قەشەگەری شاری (http;//www,tumistore.org/church-resources/)

أ. دەقەکانی نوسراوی پیرۆزی پەیمانگای قەشەگەری شاری بۆ ئەو ئامۆژگاریکردن و خوێندنەوە و نوێژەی لە (ئاڕ سی ئێڵ)ەوە هەموو ساڵێک وەردەگیرێت

ب. هەموو ساڵێک دووبارە دیزایندەکرێتەوە بە کارێکی هونەری نوێ

٣- بەتەواوی فێری کتێبی پیرۆز بە (-http;//www.tumistore.org/master /the-bible)

أ. پلانی چوار ساڵە بۆ لەبەرکردنی زیاتر لە ٨٠٠ دەقی نوسراوی پیرۆز. سەیری چوەپیاخشاندنەوەیەک بکە لە /http;//www.tumi.org forum/showthread.php?t=80

ب. سەرچاوە بۆ کڵێساکان بۆ ئەوەی پلان دابنێن چۆن یارمەتی خەڵکەکانیان بدەن نوسراوی پیرۆز لەبەربکەن. پێک دێت لە کتێب و دی ڤی دی و کتێب نیشانەکەر و پۆستەر

٤- سەرچاوەکانی نوێژکردن

أ. (شاخی نوێژکردن)! (ناوەندی پەناگە بەخۆڕاییی) لە (ناوەندی کۆنفرانسی بەڕووی کارتێکردنی جیهان) بۆ هەموو چێنەرانی کڵێسا ئەوانەی پەناگەی کەسی ڕۆحی وەردەگرن.

ب. (سەرچاوەکانی تۆڕی باخودا هەستێت)

١) دۆن داڤیس، با خودا هەستێت (پەیمانگای قەشەگەری شاری، ٢٠٠٠)

٢) www.letgodarize.com

ث. سەرچاوەکانی قوتابێتی

١- (شەڕێکی باش بکە): (ڕۆڵی خۆت بگێڕە لە درامای ئاشکراکردنی خودا) ئێستا بەردەستە لە (١ کانونی دووەمی ٢٠١٥) . ئەوە بەرنامەیەکی خوێندنی بەدواداچوونی باوەڕدارانی نوێیە لەسەر بنەمای کتێبی ئەفسوس و دەتوانرێت لە http;//www.tumistore.org/fight-the good-fight/..

٢- گونجاو بۆنوێنەرایەتی کردن: (بینین بۆ سیمیناری قوتابێتی) ئێستا بەردەستە لە /http;//www.tumistore.org /fit-to-represent-vision-for-discipleship-seminar/..

سەرچاوە:
ناميلكەی سەرۆكی قەشەی ئينجيلی،
لاپەرە ٢٠٣-٢١٠

ج. باشترين ئامرازی (قوتابێتی پياوان و ئافرەتان) چييە كە ئامادەكرابێت لەلايەن (پەيمانگای قەشەگەری شاری) و (كارتێكردنی جيهان) هەتا ئێستا؟ (http;//www.tumi.org.siafu)

١- دۆن داڤيس. (ڕێبەری تۆڕی سی ئا فوو): (وەستان پێكەوە بۆ مەسيح لەشاردا) (پەيمانگای قەشەگەری شاری) ٢٠١٣.

٢- دۆن داڤيس. (ڕێبەری كۆبوونەوەی باوەڕدارانی سی ئا فوو). (پەيمانگات قەشەگەری شاری)، ٢٠١٣.

ح. زياتر لە ٧٠٠ سەرچاوە كە ئامادەكراوە بۆ كڵێساكان و ڕابەرانی شاری ئەوانەی بەشدارن لە قەشەگەری شاری، بەردەستە لە www.tumistore.org و http;//www.cafepress.com/tumi.

١- سەرچاوەكان پێكدێت لە كاری هونەری و ڤيديۆ و جل و كتێب و هتد.

٢- زياتر لە ٣٠ سەرچاوە بە زمانی ئيسپانی بەردەستە

III. گەشەپێدانی ڕابەرايەتی كردن

أ. كتێب

١- دۆن داڤيس. ڕەگەپيرۆزەكان: (كتێبێكی تايبەت بەڕێنماييە بنەڕەتيەكان لەسەر گەڕاندنەوەی داب ونەريتە مەزنەكە). ويچيتا ، كەی ئێس: (پەيمانگای قەشەگەری شاری)، ٢٠١٠.

٢- دۆن ئاڵسمان. عيسا لەوێنەكە دەرهێندراوە: بۆچی مەسيحيەكان وەڕس دەبن و چۆن بگێردرێنەوە بۆ باوەڕێكی چالاک. ويچيتا، كەی ئێس: پەيمانگای قەشەگەری شاری، ٢٠١٠.

٣- سميث ئێفرێم. كڵێسای پاش ڕەش پێست و سپی پێست : بوون بە كۆمەڵگايەكی خۆشويستراو لەناو جيهانێكی فرە ڕەگەزيدا، جلدی ٥٩. زنجيرەكانی تۆڕی جۆسی باس بۆ ڕابەرايەتی كردن، سانفرانسيسكۆ، جۆسی باس، ٢٠١٢.

ب. پۆلەكانی گەشەپێدانی ڕابەرايەتی كردن

١- تۆڕی سەتەلايتی پەيمانگای قەشەگەری شاری

أ. هەنوكە زياتر لە ١٨٠ مەزهەب و كڵێساو قەشەگەری شاری پەيمانگاكانی ڕاهێنانی ڕابەرايەتی كردنی پەيمانگای قەشەگەری خستوتەگەڕ بۆ ڕاهێنانی ڕابەران لە سنووری قەشەگەرييەكەياندا.

سەرچاوە: نامیلکەی سەرۆکی قەشەی ئینجیلی، لاپەڕە ٢٠٣-٢١٠

ب. فێربە چۆن ئیش بە سەتەلایتیک بکەیت لە قەشەگەریەکەتدا کاتێک سەردانی *www.tumi.org/satellite*.

٢- بەرنامەی خوێندنی کاپستۆن

أ. گرنگترین پرۆگرامی ڕاهێنانی ڕابەرایەتی کردنی پەیمانگای قەشەگەری شاری. شانزە پۆل بەشێوەی ئاسایی لەماوەی چوارساڵدا دەوترێتەوە بە کۆرسەکانەوە لەچوار ڕووبەری بابەتدا: خوێندنی تایبەت بەکتێبی پیرۆز و قەشەگەری مەسیحی و مژدە بردنی شاری و لاهوتی مەسیحی

ب. دەتوانرێت کۆرسەکانی کاپستون بنێردرێت بۆ چەند کۆلێژێک و زانکۆیەکی باوەڕپێکراو بۆ ئەوانەی ئارەزوویان هەیە لە خوێندنەکەیان بەردەوام بن. بۆ زانیاری زیاتر لەسەر کاپستۆن سەردانی *www.tumi.org/capstone* بکە.

٣- کۆرسی بناغەکان (هەنوکە ١٣ دانە بەردەستە)

أ. کۆرسە نمونەکان پێک دێن لە (کاروبارەکانی کڵێسا). کۆرسێکە کە ڕووماڵی ماوە سەرەکییەکانی کڵێسا دەکات و جەخت دەکاتەوە چۆن دەتوانرێت کڵێسا ئینجیلییەکان نوێ بکرێنەوە بە گەڕاندنەوەی (داب ونەریتە مەزنەکە) *و شوێنکەوتنی ڕۆحییەتێکی هاوبەشی کراو:* *http;// /www.tumistore.org/foundations-church-matters-course*

ب. کۆرسە نمونەکان پێک دێت لە (کات نیشان کردن): پێکهێنانی ڕۆحێتی لەڕێگەی ساڵی مەسیحییەوە. ئەم کۆرسە باوەڕدارانی ئینجیلی دەناسێنێت بەو لاهوتی کاتەی ڕەگی داکوتیوە لە پراکتیزەکردنی ساڵی مەسیحیدا. کۆرسەکە سەیری ئەو ڕێگایە دەکات کە ڕۆحییەتیەکی هاوبەشی کراو دەتوانێت پۆشتەی ئەو کڵێسایانە بکات کە کاردەکەن لەناو هەژاراندا بە سەرچاوەی زیندەییەوە بۆ قوتابێتی و ئامۆژگاریکردن و خواپەرستی. *http;//www.tumistore.org/foundations-marking-time- /course*

ت. کۆنفرانسەکان

١- لوتکەی ساڵانەی پەیمانگای قەشەگەری شاری. زیاتر لە دوو سەد ڕابەر لەسەرانسەری جیهاندا ئەوانەی بەشدارن لە گەشەپێدانی ڕابەرایەتی کردنی شاری لەڕێگای تۆڕی سەتەلایتی پەیمانگای قەشەگەری شارییەوە. زانیاری زیاتر بدۆزەوە لە *www.tumi.org/satellite*

٢- کۆنفرانسەکانی پیاوان و ئافرەتانی سی ئا فوو. کۆنفرانسی هەرێمی پیاوان و ئافرەتان بۆ هاندانی چالاکی خزمەت کردنی مژدەبەری بۆ ئەوانەی ناچنە کڵێساکان لەشارەکاندا. سەیری *http;//www.tumi.org/siafu* بکە.

لیستەی کورتکراوەی سەرچاوەکانی چاندنی کڵێسا

سەرچاوە:
چاندنی کڵێسا لەناو
هەژارانی شار، جڵدی ١،
لاپەرە ٥١٣-٥١٨

لیستەی کورتکراوەی سەرچاوەکانی چاندنی کڵێسا

پەیمانگای قەشەگەری شاری

ئالێن، ڕۆلاند. شێوازەکانی مژدەبەر: هی سانت پۆڵس یا هی خۆمان؟ خوڕێنی مەزن: دەبلیو ئێم. بی. کۆمپانیای پەخشی ئێردمانس، ٢٠٠١.

ئارن، وین، هەروەها چارلس ئارن. ماستەرپلان بۆ دروستکردنی قوتابی، چاپی دووەم. خوڕێنی مەزن: بەیکەر بوکس، ١٩٩٨

بانکس، ڕۆبێرت. بیرۆکەی کۆمەڵگا لەلایەن پۆڵسەوە، چاپی هەموارکراو، پیبۆدی، ئێم ئەی: پەخشەرانی هێندریکسن، ١٩٩٤

بێکەر، پۆڵ. چاندنی داینەمیکی کڵێسا: نامیلکەی تەواو. ڤیستا، کالیفۆرنیا: قەشەگەری زۆرکردن، ١٩٩٢

بێسێنێکەر، سکۆت ئەی. مێزە هەڵگەڕێندراوەکان: مژدەبردنەکانی ئازادکردن لەلایەن کۆمەڵگای پیشەسازی مەسیحیەوە. داونەرز گرۆڤەر، II. : چاپخانەی ئینتەڤارسیتی، ٢٠١٤.

بلاک ڤیکی کەی. بەخێربێیت بۆ ساڵی کڵێسا: پێشەکییەک بۆ وەرزەکانی کڵێسای مەتران. هاریس بێرگ، پی ئەی: پەخشی مۆرهاوس، ٢٠٠٤.

چاپی کارتەر، ڕیان. کڵێسای کرایست ذە ڤیکتەر: ڕێبەر: باوەڕی کۆن بۆ بزوتنەوەیەکی شاری. ئێن. پی.: کرییەیت سپەیس، ٢٠١٤.

چانی، چارلیس ئێڵ. چاندنی کڵێسا لە کۆتایی سەدەی بیستەم. فراوانکراوو هەموارکراو. ویتن: پەخشەرانی تیندەیڵ هاوس، ١٩٩١.

کۆن، هارڤی ئێم. چاندن و گەشەپێدانی کڵێسای شاری: لە خەونەوە بۆ ڕاستی. خوڕێنی مەزن، ئێم ئای: بەیکەر بوکس، ١٩٩٧.

داڤیس، دۆن ئێڵ. بینین بۆ مژدەبردن: پەروەردەکردنی دڵێکی نێردراوەیی. ویچیتا، کەی ئێس: پەیمانگای قەشەگەری شاری (قەوارەی کارتێکردنی جیهان)، ١٩٩٩.

______، تیشک خستنەسەر زۆرکردن. جڵدی ١٢، ١٦. بەرنامەی خوێندنی کاپستۆن. ویچیتا، کەی ئێس: پەیمانگای قەشەگەری شاری (قەوارەی کارتێکردنی جیهان)، ٢٠٠٥.

______. کاتی نیشان کردن. پێکهێنانی ڕۆحییەت لەڕێگای ساڵی مەسیحییەوە. ویچیتا، کەی ئێس: پەیمانگای قەشەگەری شاری (قەوارەی کارتێکردنی جیهان)، ٢٠٠٧.

______. قەشەگەری لە کۆمەڵگایەکی بێ کڵێسای فرە کەلتوری. ویچیتا، کەی ئێس: پەیمانگای قەشەگەری شاری (قەوارەی کارتێکردنی جیهان)، ٢٠٠٧.

سەرچاوە:
چاندنی کڵێسا لەناو هەژارانی شار، جلدی ١، لاپەرە ٥١٣-٥١٨

______. بردنەوەی جیهان: کارئاسانکردنی بزوتنەوەکانی چاندنی کڵێسای شاری. ویچیتا، کەی ئێس: پەیمانگای قەشەگەری شاری (قەوارەی کارتێکردنی جیهان)، ٢٠٠٧.

______. بەتەواوی فێری ڕێبەری کتێبی پیرۆز بە: خشتەی کۆرسەکەت دابنێ لەڕێگای لەبەرکردنی نوسراوی پیرۆزەوە. ویچیتا، کەی ئێس: پەیمانگای قەشەگەری شاری (قەوارەی کارتیکردنی جیهان)، ٢٠٠٨.

______. کاروبارەکانی کڵێسا: گەڕاندنەوەی داب ونەریتە مەزنەکە. ویچیتا، کەی ئێس. پەیمانگای قەشەگەری شاری (قەوارەی کارتێکردنی جیهان)، ٢٠٠٨

______. ڕەگە پیرۆزەکان: کتێبێکی تایبەت بەڕێنماییە بنەڕەتیەکان لەسەر گەڕاندنەوەی داب ونەریتە مەزنەکە. پەیمانگای قەشەگەری شاری (قەوارەی کارتێکردنی جیهان)، ٢٠١٠.

______. سەرسوڕهێنەرترین چیرۆک هەتا ئێستا وترابێت. ویچیتا، کەی ئێس: پەیمانگای قەشەگەری شاری (قەوارەی کارتێکردنی جیهان)، ٢٠١١.

داڤیس، دۆن ئێڵ و تێری کۆرنێت. بەرنامەی خوێندنی کاپستۆن. ١٦ جلد. ویچیتا، کەی ئێس: پەیمانگای قەشەگەری شاری (قەوارەی کارتێکردنی جیهان)، ٢٠٠٥.

ئی تی ئەی (هاوڕێیەتی ڕاهێنانی ئینجیلی). دیدگاکان لە مێژووی کڵێساوە. ویتۆن، ئای ئێڵ: هاوڕێیەتی ڕاهێنانی ئینجیلی، ١٩٩٦.

فێیەرچایەڵد ساموئێل دی. چاندنی کڵێسا بۆ زۆرکردن. خوڕێنی مەزن: خانەی بەیکەر بوک ١٩٩١.

فرانسس هۆزێل سی. چاندنی کڵێسا لە سنووری ئەمەریکی ئەفەریقیدا. خوڕێنی مەزن، ئێم ئای: خانەی بەخشی زۆندێرڤان، ١٩٩٩.

گاریسن، دێڤد. بزوتنەوەکانی چاندنی کڵێسا. میدلۆثیان، ڤی ئەی: سەرچاوەکانی ویگ تەیک ، ٢٠٠٤

گۆنزالێس جەستو ئێڵ. مێژووی کڵێسا: ڕێبەرێکی سەرەکی. ناشڤیل: چاپخانەی ئابینگتن، ١٩٩٦.

گرینوەی ڕۆجەر ئێس.، هەروەها تیمۆثی ئێم مۆنسما. شارەکان: بەرەی نوێی مژدەبردن، چاپی دووەم. خوڕێنی مەزن، ئێم ئای: بەیکەر بوکس، ٢٠٠٠.

هۆڕواس ستانلی و ویلیەم ئێچ ویلیمۆن. نیشتەجێبووە نامۆکان: ژیان لە کۆمەڵگا مەسیحییەکە. ناشڤیل، تی ئێن: چاپخانەی ئابینگدن، ١٩٨٩.

سەرچاوە:
چاندنی کڵێسا لەناو هەژارانی شار، جڵدی ١،
لاپەڕە ٥١٣-٥١٨

هێسڵگرەیڤ، دێڤد ژەی. چاندنی کڵێسا بەشێوەی فرەکەلتوری، چاپی دووەم. خوڕێنی مەزن، ئێم ئای: بەیکەر بوکس، ٢٠٠٠

هیکمان هۆیت ئێل، دۆن ئی. سالییەرس، لۆرێنس هەڵ ستوکی، جەیمس ئێف وایت. نامیلکەی نوێی ساڵی مەسیحی. ناشڤیڵ، تی ئێن: چاپخانەی ئابینگدن، ١٩٩٢.

هاییێرد، پۆڵ جی. تێگەیشتنی ژیرانەی تایبەت بە مرۆڤناسی بۆ مژدەبەران. خوڕێنی مەزن، ئێم ئای. بەیکەر بوکس، ١٩٨٥.

هاییێرت، پۆڵ جی. هەروەها ئێلۆیس هاییێرت مێنیسس. قەشەگەری تایبەت بە بەرجەستەبوونی خودایی: چاندنی کڵێسا لەناو کۆمەڵگای شاری و جوتیاری و هۆزی و باندی. خوڕێنی مەزن، ئێم ئای: بەیکەر بوکس، ١٩٩٥.

جێنینگس ویلی جەیمس. خەیاڵی مەسیحی: لاهوت و بنەچەی ڕەگەز. پەناگەی نوێ: چاپخانەی زانکۆی یەیل، ٢٠١٠.

کرەیدەر لاری. تۆڕەکانی کڵێسای ماڵ. ئێفراتا، پی ئەی: پەخشکردنی ماڵ بۆ ماڵ، ٢٠٠١.

چاپی کایڵ، جۆن ئی. مژدەبردنی شاری: نیگەرانی خودا بۆ شار. داونەرز گرەوڤ، ئای ئێل: چاپخانەی ئینتەرڤارسیتی، ١٩٨٨.

لاد جی. ئی. ئینجیلی شانشین. خوڕێنی مەزن، ئێم ئای: ئێردمانس، ١٩٥٩.

لیڵ، جۆرج. "ڕوونکردنەوەیەکی هەندێ کڵێسای لەناوهەڵکێش، بەشێوەی سەرەکی پێکدێت لە کۆیلە نیگرۆکان: بەدیاریکراوی هی (یەک)دانە لە کینگستون، لە جامایکا و دانەیەکی تر لە ساڤانا لە جۆرجیا (١٧٩٣)." بەو دەنگانەی زنجیرنەکراون: هەڵبژاردەیەکی نوسەرە ڕەش پێستەکانی جیهانی زمانی ئینگلیزی سەدەی هەژدەیەم. دەستکاریکراوە لەلایەن ڤینسنت کارێتا. لێگسینگتن: چاپخانەی زانکۆی کێنتەکی، ٢٠٠٤.

______. "پەیمانی کڵێسای ئەنابابتیست: لە ئەمەریکا دەستی پێکرد لە ١٧٧٧، لە جامایکا لە کانونی یەکەمی ١٧٨٣." ١٧٩٦. بابەتی (لەناوهەڵکێشی بەریتانی)، کتێبخانەی ئانگەسی کۆلیجی پارکی ڕیجنتس، ئۆکسفۆرد، ئینگلتەرە، خلوکەی ١، ژمارە ١٤ و پەخشی (ڕاسپاردەی مێژوویی، کۆنگرەی باشوری لەناوهەڵکێش)، ئێم ئێف # ٤٢٦٥.

لیڵ، جۆرج و ئاندریو برایان. "نامەی لەناوهەڵکێشە ڕەش پێستە پێشەنگەکان." لە مێژووی ئاینی ئەمەریکی ئەفەریقیدا: شایەت حاڵییەکی بەڵگەنامەیی. دەستکاریکراوە لەلایەن میڵتن سی سێرنێت، ئێن سی: چاپخانەی زانکۆی دیوک، ١٩٨٥.

______. ئەو نامانەی سەرهەڵدان و پێش کەوتنی کڵێساسەرەتاکانی نیگرۆی جۆرجیا و وێست ئیندی." پێکدێت لە ڕوونکردنەوەیەکی هەندێ کڵێسای لەناوهەڵکێش، بەشێوەی سەرەکی پێکدێن لە کۆیلە نیگرۆکان: بەدیاریکراوی هی ئەو یەک دانەیە لە کینگستن، لە جامایکا و دانەیەکی تر لە ساڤانا لە جۆرجیا: هەروەها لە قەشەکەیانەوە بەناوی ئەندریۆ برایان، لەهەندێ نامەوە وەرگیراوە." دەفتەری ڕۆژانەی مێژووی نیگرۆ ١ ژمارە ١ (کانونی دووەمی ١٩١٦): ٦٩-٩٢.

لۆگان ڕۆبێرت ئی.، هەروەها ستیڤن ئێل ئۆگنی. کەرەستەی ئامرازی چێنەری کڵێسا. پاسادێنا: چارلیس ئی. پەیمانگای فولەری مزگێنی و گەشەی کڵێسا، ١٩٩١.

لۆگان ڕۆبێرت ئی.، هەروەها نیل کەوڵ. لەودیو سنووری چاندنی کڵێساوە: ڕێجکە بۆ دەرکەوتنی کڵێساکان. سانت چارلس ئای ئێڵ: سەرچاوەکانی چێرچسمارت، ٢٠٠٥.

ماڵفەرس، ئۆبرەی. چاندنی کڵێسای گەشەکردوو بۆ سەدەی ٢١ەکەم: ڕێبەرێکی گشتگیر بۆ کڵێسا نوێیەکان و ئەوانەی خواستی نوێبوونەوەیان هەیە. چاپی دووەم. خوڕێنی مەزن: بەیکەر بوکس، ١٩٩٨.

مانۆیا، کێڤین. چاندنی کڵێسای نەوەی داهاتوو: پێشکەشکردنی سستمی چاندنی کڵێسای سەدەی ٢١: چاپەمەنی ژیان و ڕووناکی، ١٩٩٤.

مایلی، جۆرج. خۆشویستنی کڵێسا، بەرەکەت کردنی نەتەوەکان: شوێنکەوتنی ڕۆڵی کڵێسا خۆجێیەکان لە مژدەبردنی جیهانیدا. وەینێس بۆرۆ، جی ئەی: ئۆثێنتیک میدیا، ٢٠٠٣.

مۆنتگۆمەری، جیم. دۆن ٢٠٠٠: ٧ ملیۆن کڵێسا بۆ ڕۆشتن. پاسادێنا: کتێبخانەی ویلیەم کاری، ١٩٨٩.

مەڵ، مارلین. ناميلکەیەکی چاندنی کڵێسای تایبەت بەکتێبی پیرۆز لە کتیبی (کردار)دا. یوجین، ئۆ ئار: پەخشەرانی ویپف و ستوک، ٢٠٠٣.

نیبێل، تۆم و گاری ڕۆهرمەیەر. مینی زەمینی چاندنی کڵێسا: دوورکەوتنەوە لە هەڵەکان لە ساڵانی ٢ بۆ ١٠. سانت چارلس، ئای ئێڵ: سەرچاوەکانی چێرچسمارت.

نیبهور ئێچ. ڕیچارد. مەسیح و کەلتور. نیویۆرک، ئێن وای: هارپەرسانفرانسیسکۆ، ١٩٥١.

نۆڵ، مارک ئەی. خاڵی وەرچەرخان: ساتە بڕیاردەرەکان لە مێژووی مەسیحییەتدا. خوڕێنی مەزن، ئێم ئای: بەیکەر ئەکادیمیک (خانەی بەیکەر بوک)، ١٩٩٧، ٢٠٠٠.

سەرچاوە:
چاندنی کڵێسا لەناو هەژارانی شار، جڵدی ١، لاپەڕە ٥١٣-٥١٨

سەرچاوە: چاندنی کڵێسا لەناو هەژارانی شار، جلدی ١، لاپەڕە ٥١٣-٥١٨

ئۆڤەرستریت، دۆن. نێردراوەتە دەرەوە: بانگکردن و کارەکتەرو بەرەنگاری نێردراو/ مزگێنیدەر. بلومینگتن، ئای ئێن: کرۆسبوکس، ٢٠٠٩.

ئۆڤەرستریت، دۆن، هەروەها مارک هامۆند. بانگی خودا بۆ شار. بلومینگتن، ئای ئێن: کرۆسبوکس، ٢٠١١.

فیلپس، کەیث. لە خۆڵەمێشەوە. لۆس ئەنجیلیس، سی ئەی: چاپخانەی کارتێکردنی جیهان، ١٩٩٦.

ڕاتلیف، جەو ئێس.، هەروەها مایکڵ جەی کۆکس. چاندنی کڵێسا لە ناو کۆمەڵگای ئەمەریکی ئەفەریقی. ناشڤیڵ: برۆدمان پرێس، ١٩٩٣.

ڕۆمۆ، ئۆسکار I. هەمەچەشنی ئەمەریکی: چاندنی کڵێسا لە ئەمەریکای نەژادی. ناشڤیڵ: چاپخانەی برۆدمان، ١٩٩٣.

سکالەر، لایڵ. ٤٤ پرسیار بۆ چێنەرانی کڵێسا. ناشڤیڵ: چاپخانەی ئابینگتن، ١٩٩١.

شوارز، کریستیان ئەی. گەشەکردنی سروشتی کڵێسا. سانت چارلس، ئای ئێڵ: سەرچاوەکانی چێرچسمارت، ٢٠٠٠.

سیەرسی نێڵسن، هەروەها کێرک تۆماس. بەگەڕخستن: دەستکردن بە کڵێسایەکی نوێ بەبێ خۆئامادەکردنی پێشتر. ڤێنتورا، کالیف. : ڕیگەڵ بوکس، ٢٠٠٧.

شێنک، دێڤد دەبلیو.، هەروەها ئێڤرین ئاڕ. ستوتزمان. دروستکردنی کۆمەڵگاکانی شانشینەکە: نمونەکانی چاندنی کڵێسای پەیمانی نوێ. سکۆتدەیڵ: چاپخانەی هێرەڵد، ١٩٨٨.

سمث ئێفرێم. پێگەیاندنی پاڵەوانە گەنجەکان: گەشەپێدانی قەشەگەرییەکی شۆڕشگێڕی گەنجان. داونەرز گرۆڤ: چاپخانەی ئینتەرڤارسیتی، ٢٠٠٤.

_____. بازدان بۆناو ژیانێکی قوڵتر و بەرزتر. کانیەکانی کۆلۆرادۆ: دێڤد سی. کوک، ٢٠١٠.

_____. کڵێسای پاش ڕەش پێست و سپی پێست: بوون بە کۆمەڵگایەکی خۆشویستراو لەجیهانێکی فرە نەژادی. سانفرانسیسکۆ: پەخشەرانی جۆسی باس، ٢٠١٢.

سمث و ئێفرێم و فیڵ جاکسن. کڵێسای موزیکی هیپ هۆپ: بەستنەوە بەو بزوتنەوەیەی کەلتوری ئێمە دادەڕێژێت. داونەرز گرەوڤ: چاپخانەی ئینتەرڤارسیتی، ٢٠٠٥.

سنایدەر، هاوارد ئەی. شانشین و کڵێسا و جیهان، ئۆ ئاڕ: ویپف و ستۆک، ١٩٩٧.

______. کۆمەڵگای پادشاکە، چاپی هەموارکراو. داونەرز گرەوڤ، ئای ئێڵ: چاپخانەی ئینتەرڤارسیتی، ۲۰۰٤.

ستێتزەر، ئی دی. چاندنی کڵێسا نوێیەکان لە سەردەمی پاش مۆدێرن. ناشڤیڵ: پەخشەرانی برۆدمان و هۆڵمان، ۲۰۰۳.

______. چاندنی کڵێسای تایبەت بەمژدەبردن. ناشڤیڵ: کۆمەڵی پەخشکردنی ئێچ و بی، ۲۰۰٦.

______. "کتێب/سەرچاوە لەسەر کۆمەڵە نەژادییەکان لە ویلایەتە یەکگرتووەکان و کەنەدا." ئاڵوگۆڕکردن. ١٥ی نیسانی ۲۰۰۸. .http;//www.christianitytoday.com/edstetzer

سوڕات و گیپف و گرێگ لیگۆن و وارێن بێرد. شۆڕشی کڵێسای فرە شوێن: بوون بە یەک کڵێسا لە شوێنی زۆردا. خوڕێنی مەزن: زۆندەرڤان، ۲۰۰٦.

تێجا و گاری و جۆن واگێنڤێڵد، چاپ. چاندنی کڵێسای تەندروست. سۆک ڤیلیج، ئای ئێڵ: قەشەگەرییەکانی تۆڕی زۆرکردن، ۲۰۱٥.

واگنەر، سی. پیتەر. چاندنی کڵێسا بۆ دروێنەی گەورەتر: ڕێبەرێکی گشتگیر. ڤینتورا: ڕیگەڵ بوکس، ۱۹۹۰.

وێبەر، ڕۆبەرت ئی. کاتی ئایندە-کۆن: پێکهێنانی ڕۆحێتی لەڕێگەی ساڵی مەسیحییەوە. خوڕێنی مەزن، ئێم ئای: بەیکەر بوکس، ۲۰۰٤.

ودسن، کارتەر گۆدوین. مێژوی کڵێسای نیگرۆ. واشنتن دی. سی.: پەخشەرانی ئەسۆشییەیتد، ۱۹۲۱.

سەرچاوە:
چاندنی کڵێسا لەناو هەژارانی شار، جڵدی ۱، لاپەڕە ۵۱۳-۵۱۸

پاشکۆ:
سەرچاوەکانی
چاندنی کڵێسای (کارتێکردنی جیهان) لە سەرنجێک

لاپەڕە هاتووەکان لیستەی ئەو خشتەی ناوەڕۆکە ڕاستەقینەیەن کە لەناو هەریەکێک لەو چوار جڵدەدا هەن کە بابەتەکانیان لەم نمونەکۆکەرەوەیەدا نوێنەرایەتی دەکرێن. ئەم دۆکیومێنتانە ڕێگەبەتۆ دەدەن مەوداو پانتایی تەواوی ئەو بابەتانە ببینیت کە لەناو ئەو چوار کارەدا دەگرێنەخۆ کە سەچاوەکانی (کارتێکردنی جیهان)یان تێدایە لەسەر چاندنی کڵێسا و بزوتنەوەکانی چاندنی کڵێسا و گەشەپێدانی کڵێسا.

- **خشتەی ناوەڕۆک:** گەیوو بۆ دروێنە
- **خشتەی ناوەڕۆک:** *چاندنی کڵێسا لەناو هەژارانی شار*، جڵدی ١
- **خشتەی ناوەڕۆک:** *چاندنی کڵێسا لەناو هەژارانی شار*، جڵدی ٢
- **پێشەکی:** *چاندنی کڵێسا لەناو هەژارانی شار*، جڵدی ١ و ٢
- **خشتەی ناوەڕۆک:** *نامیلکەی سەرۆک قەشەی ئینجیلی*

پاشکۆ: سەرچاوەکانی چاندنی کڵێسای (کارتێکردنی جیهان) لە سەرنجێک • 169

خشتەی ناوەڕۆک:
گەیوو بۆ دروێنە

دێباچە: چۆن ئەم ڕێبەرە بەکاردێنیت ١١

پێشەکی:
ڕەگە پیرۆزەکان، چاندنی کڵێسا، هەروەها داب ونەریتی مەزن ٢٣

خولی ١: بینینی وێنە گەورەکە ٢٩

خواپەرستی و پەرستن
هێزی ستایشکردن ٣٣

بیرۆکە سەرەکییەکان و مەبەستەکانی خول ٤٣

فێرکردنی سیمینار

سیمیناری ١:
کڵێسا چییە؟ ٤٧

سیمیناری ٢:
دیمەنی گشتی چاندنی کڵێسا ٥٤

سیمیناری ٣:
بەکارهێنانی دانایی لەقەشەگەریدا: پرۆسەی ئا.ک.چ ٦٥

مەشقەکانی تیم:
سنووری دامەزراندن

پەیرەوەکانی مەشق ٧٩

ڕێنماییەکانی مەشق ٨١

خوێندنەوەکانی مەشق

بانگکردنێک بۆ ئایندەیەکی ئینجیلی کۆن ٨٣

مۆدێلەکانی چاندنی کڵێسا ٨٧

کڵێسا چییە؟ ٩٠

مەشقەکانی تیم:
پێناسەکردنی بەهاکان/بینین

پەیرەوەکانی مەشق ٩٥

ڕێنماییەکانی مەشق ٩٧

مەشقەکانی تیم ٩٨

هێڵکاریکردنی کۆرسەکەی خۆت ١٠٧

سەرچاوەکان بۆ خوێندنی زیاتر ١١١

لیستەی پاشکۆ ١١٥

170 • لە سەر ئەم بەردە: نمونە کۆکەرەوەیەکی چاندنی کڵێسا

خشتەی ناوەڕۆک:
گەیوو بۆ دروێنە

خولی ٢ : ئامادەبکە "ئا". ١١٧

خواپەرستی و پەرستن

ئازادی لە میسیحدا ١٢١

بیرۆکە سەرەکییەکان و مەبەستەکانی خول ١٣٥

فێرکردنی سیمینار

سیمیناری ١:
ئەوجیاوازییەی کە جیاوازی دروستی دەکات: کەلتور و
هەمەچەشنی لەکۆمەڵگای پاش مۆدێرندا ١٣٩

سیمیناری ٢:
لاهوتی هەژار بۆ چێنەرانی کڵێسا ١٥٥

سیمیناری ٣:
بیناکردنی تیمەکە بۆ سەرکەوتن
بنەماکانی ڕۆڵی کاریگەری تیم ١٦٩

مەشقەکانی تیم
ئامادەبکە: ببە بەکڵێسا

دیمەنی گشتی قۆناغەکانی مەشق بۆ قوتابخانەی ئینجیلی
چاندنی کڵێسای شاری (کارتێکردنی جیهان). ١٨٦

پەیڕەوەکانی مەشق ١٨٨

ڕێنماییەکانی مەشق. ١٩٠

پرسیارەکانی مەشق. ١٩١

خوێندنەوەکانی مەشق

لەسەر "دەسەڵاتپێدانی هەژارانی شاری" ی (کارتێکردنی جیهان) ١٩٥

وەڵامدانەوەی بانگی خودا بۆ هەژاران ٢٠١

کاتێک پلانی خۆت پێکدەهێنێت، مەبەستی گشتی خۆت بپارێزە لە مێشکدا:
بۆئەوەی بەشێوەی فرەکەلتوری کڵێسایەکی زۆرکردن بچێنیت کەبە هاوڵاتی
ڕەسەن ڕابەرایەتی بکرێت لەناو نیشتەجێبوانی کۆمەڵگایەکی کەم داهات . . . ٢٠٣

گرنگترین *ڕۆڵی تیمێکی چاندنی کڵێسا* ٢٠٥

هێڵکاریکردنی کۆرسی خۆت ٢٠٩

سەرچاوەکان بۆ خوێندنی زیاتر ٢١٣

لیستەی پاشکۆ. ٢١٧

خشتەی ناوەڕۆک: گەیوو بۆ دروێنە

خولی ۳: بەگەڕخستن بکە و پێکەوەنان بکە: "ب" و "پ" . ۲۱۹

خواپەرستی و پەرستن

نوێژ بریتییە لە نامێری وڵاتی تۆڵکی باوەڕ . . ۲۲۳

بیرۆکە سەرەکییەکان و مەبەستەکانی خول ۲۳۳

فێرکردنی سیمینار

سیمیناری ۱:
مزگێنی و بەدوادا چوون وەک مژدەبردن:
یەکگرتن لەگەڵ جەستەی مەسیح . . . ۲۳۷

سیمیناری ۲:
مەسیحی سەرکەوتوو: بیرۆکەیەکی کۆنی تایبەت بەکتێبی پیرۆز بۆ بەستنەوەی خاڵەکان لەناو پێکهێنانی ڕۆحی شاری و مژدەبردنە فەرەنگلتورییەکاندا . . ۲٤۹

سیمیناری ۳:
ئەنجامدانی بۆنەو پڕۆژەکان . . ۲۷۵

مەشقەکانی تیم
بەگەڕخستن بکە: کڵێسا فراوان بکە

دیمەنی گشتی قۆناغەکانی مەشق بۆ قوتابخانەی ئینجیلی چاندنی کڵێسای شاری (کارتێکردنی جیهان). ۲۸٦

پەیڕەوەکانی مەشق ۲۸۸

ڕێنماییەکانی مەشق ۲۸۹

پرسیارەکانی مەشق ۲۹۰

مەشقەکانی تیم
پێکەوەنان بکە: کڵێسا دابمەزرێنە

دیمەنی گشتی قۆناغەکانی مەشق بۆ قوتابخانەی ئینجیلی چاندنی کڵێسای شاری (کارتێکردنی جیهان). ۲۹٤

پەیڕەوەکانی مەشق ۲۹٦

ڕێنماییەکانی مەشق ۲۹۷

پرسیارەکانی مەشق ۲۹۸

خوێندنەوەکانی مەشق

بەخێربێیت بۆ خێزانەکە:
ڕابەرایەتی کردن و بەرپرسیارێتی ئەندامێتی. ۳۰۱

هێڵکاریکردنی کۆرسی خۆت . . ۳۲۵

سەرچاوەکان بۆ خوێندنی زیاتر ۳۲۹

لیستەی پاشکۆ ۳۳۳

172 • لە سەر ئەم بەردە: نمونە کۆکەرەوەیەکی چاندنی کڵێسا

خشتەی ناوەڕۆک:
گەیوو بۆ دروێنە

خولی ٤: پەروەردەبکە و گواستنەوەبکە: "پ" و "گ" . . . ٣٣٧

خواپەرستی و پەرستن

خودا جەنگاوەرە ٣٤١

بیرۆکە سەرەکییەکان و مەبەستەکانی خول ٣٥٥

فێرکردنی سیمینار

سیمیناری ١:
قوتابیکردنی کاریگەر لە کڵێسا ٣٥٩

سیمیناری ٢:
قوتابیکردنی ڕابەرانی کڵێسای شاری ٣٧٧

سیمیناری ٣:
ئامۆژگاریکردن و فێرکردن: هونەرمجوانەکانی گەیاندنی ڕاستییەکە ٣٨٣

سیمیناری ٤:
هەڵبژاردنی مەرجێکی باوەڕپێکراو بۆ سەربەخۆیی:
ڕابەری کردن بەرەو گواستنەوەیەکی دروست ٣٩٤

مەشقەکانی تیم
پەروەردەبکە: کڵێسا پێ بگەیەنە

دیمەنی گشتی قۆناغەکانی مەشق بۆ قوتابخانەی ئینجیلی
چاندنی کڵێسای شاری (کارتێکردنی جیهان). ٤٠٠

پەیڕەوەکانی مەشق ٤٠٢

ڕێنماییەکانی مەشق. ٤٠٣

پرسیارەکانی مەشق. ٤٠٤

خوێندنەوەکانی مەشق

دەرزەنە داینەمیکییەکە:
بنەما بناغەییەکانی قۆناغی پەروەردەبکە ٤٠٦

نوسینی ڕەشنوسی دەستورێک (پەیڕەوی ناوخۆ):
گرنگترین ئامراز بۆ کۆمەڵگای پەروەردەکردن ٤١٠

دووربیەکانی پەروەردەبکە و گواستنەوەبکە. ٤١١

مەشقەکانی تیم
گواستنەوەبکە: کڵێساکە بخەبەردەست

دیمەنی گشتی قۆناغەکانی مەشق بۆ قوتابخانەی ئینجیلی
چاندنی کڵێسای شاری (کارتێکردنی جیهان). ٤١٤

پەیڕەوەکانی مەشق ٤١٦

ڕێنماییەکانی مەشق. ٤١٧

پرسیارەکانی مەشق. ٤١٩

خوێندنەوەکانی مەشق

حەوتە خۆبەڕێوەبردنەکە:
بنەما ناوەندەکان بۆ قۆناغی گواستنەوەبکە ٤٢١

گواستنەوەبکە ٤٢٤

هێڵکاریکردنی کۆرسی خۆت	٤٢٩
سەرچاوەکان بۆ خوێندنی زیاتر	٤٣٣
لیستەی پاشکۆ	٤٣٧

خولی ٥: هێنانی هەمووی پێکەوە ٤٣٩

خواپەرستی و پەرستن
خۆت بگونجێنە تا ببێیتەوە ٤٤٣

بیرۆکە سەرەکییەکان و مەبەستەکانی خول . . . ٤٥٣

فێرکردنی سیمینار
سیمیناری ١:
گرنگی چاوپێاخشاندنەوە. ٤٥٧

مەشقەکانی تیم
هێنانی هەمووی پێکەوە
دیمەنی گشتی قۆناغەکانی مەشق بۆ قوتابخانەی ئینجیلی
چاندنی کڵێسای شاری (کارتێکردنی جیهان). . . . ٤٦٢
پەیڕەوەکانی مەشق ٤٦٤

هێڵکاریکردنی کۆرسی خۆت	٤٧١
سەرچاوەکان بۆ خوێندنی زیاتر	٤٧٥
لیستەی پاشکۆ	٤٧٩

پەیمانگای قەشەگەری شاری:
پۆلێشکردنی ئەوبەردانەی بەنناکان رەتیدەکەنەوە –
چۆن تۆ دەتوانیت رابەران پۆشتەبکەیت بۆ
قەشەگەری و کڵێسای خۆت ٤٨٣

خشتەی ناوەڕۆک:

چاندنی کڵێسا لەناو هەژارانی شار، جڵدی ١

پێشەکی ١١

بەشی ١
گەشەپێدانی کۆمەڵی نوێژکەرانی شاری:
پێکهاتنێک بۆ چێنەرانی کڵێسای (کارتێکردنی جیهان) ١٩

پێشەکی ٢١
(کارتێکردنی جیهان) و چاندنی کڵێسا ٢٣
لاهوتی کڵێسا ٢٤
مێژووی مژدەبردنی مۆدێرن ٢٨
کڵێساکانی هاوڵاتی ڕەسەن ٣٠
کۆمەڵی نوێژکەرانی فرەکەلتور ٣٨
ستراتیجییەک بۆ چاندنی کڵێسا ٤٣
ڕاسپاردن بدە بەتیمی چاندنی کڵێسا ٤٤
هانی کۆمەڵگابدە ٥٠
قوتابیکردنی هاوڕێیەتییەکان دابمەزرێنە ٥٨
کۆمەڵێکی ئاهەنگ پێکبهێنە ٦٥
پلانی داراییەکان دابنێ ٦٩
دامەزراوە دابینبکە ٧٣
کڵێساکە پێکبهێنە ٧٧
پەیوەندییەکانی مژدەبردن/کڵێسا ٨٢
دەرئەنجام ٨٦
لیستەی سەرچاوەکان ٨٧

پاشکۆ: سەرچاوەکانی چاندنی کڵێسای (کارتێکردنی جیهان) لە سەرنجێک • 175

خشتەی ناوەڕۆک:
چاندنی کڵێسا
لەناو هەژارانی شار،
جڵدی ١

بەشی ٢
تێگەیشتنی ژیرانە و بنەماکانی تایبەت بە مژدەبردن و لاهوت:

بەرەو لاهوتی چاندنی کڵێسا ٩٣

مەسیحی سەرکەوتوو: لاهوتی شار و هەژار ٩٥

لاهوتی هەژار بۆ ڕابەرانی تیم ٩٧

ڕەوشتناسی (پەیمانی نوێ):
ژیان لە شانشینی سەرەوەخواری خودا ١٠٩

مەسیحی سەرکەوتوو:
بەرەو لاهوتێکی تایبەت بەکتێبی پیرۆز بۆ کڵێسای شاری ١١٠

شانشینی خودا: چاندنی کڵێسا لە گەردونێکدا کە لەشەڕدایە ١١١

مەسیحی سەرکەوتوو: بەرەو لاهوتێکی تایبەت بەکتێبی پیرۆز بۆ کڵێسای شاری . . . ١٢٠

هەبوو نەبوو:
تێگەیشتنی شوێنی کڵێسای ئێمە لە چیرۆکی خودا ١٥٠

کڵێسای ڕەش پێست و چاندنی کڵێسا:
بڵۆگی (کارتێکردنی جیهان)، شوبات ٢٠١٥ . . . . ١٦٣

لاهوتی شانشین و کڵێسا ١٦٧

ژیان لە شانشینەکەی پێش ئێستا و کە هێشتا نەبووە ١٦٩

عیسای ناسیرە: ئامادەبوونی ئایندە. ١٧٠

لاهوتی کڵێسا لە دیدگای شانشینەوە ١٧١

نەخشەییەک بۆ لاهوتی شانشین و کڵێسا ١٧٢

شانشینی تۆ دێت! خوێندنەوەکان لەسەر شانشینی خودا ١٧٣

ڕووبارێک هەیە: ناسینەوەی جۆگەکانی کۆمەڵگایەکی
بووژاوەی ڕاستەقینەی مەسیحی ١٨٢

ڕۆڵی زانستی کڵێسای دروست لە مژدەبردنی شاریدا ١٨٣

چیرۆکی خودا: ڕەگەپیرۆزەکانی ئێمە ١٩٥

ناوەندە جێگرەوەکان بۆ بینینێکی مەسیح ناوەندبۆدانراو: باشییەکان و
کارتێکردنەکان کە کەلتوری ئێمە وەک نیگەرانی ڕەها جێی دەگرێتەوە ١٩٦

وێنەکە و دراماکە
وێنەو چیرۆک بۆ دەستکەوتنەوەی ئەفسانەی تایبەت بەکتێبی پیرۆز ١٩٧

شایەت حاڵی (پەیمانی کۆن) بۆ مەسیح و شانشینەکەی ١٩٨

لاهوتی مەسیحی سەرکەوتوو: بیرۆکەیەکی تایبەت بەکتێبی پیرۆزی
مەسیح ناوەند بۆدانراو بۆ یەکخستن و نوێکردنەوەی کڵێسای شاری ١٩٩

لاهوتی کڵێسا بۆ ڕابەرانی تیم. ٢٠٠

مۆدێلەکانی شانشین ٢٠٩

خشتەی ناوەڕۆک: چاندنی کڵێسا لەناو هەژارانی شار، جلدی ١

لاهوتی مەسیح و کەلتور	٢١١
ئەو جیاوازیەی جیاوازی دروستی دەکات:	
کەلتور و ئاین و هەمەجۆری لەکۆمەڵگای پاش مۆدێرن	٢١٣
پێنج بۆچوونی پەیوەندی لەنێوان مەسیح و کەلتور	٢٣١
کارلێککردنی چینی کۆمەڵایەتی و کەلتور و ڕەگەز	٢٣٢
ئالۆزی جیاوازی: ڕەگەز و کەلتور و چینی کۆمەڵایەتی	٢٣٣
سوری ئازادی	٢٣٤
ئازادی ڕاستەقینە لە عیسای مەسیحدا	٢٣٥
زۆر یاساییە تا وازبهێنرێت: بەردەوامێتی پراکتیزەی کەلتوری	٢٣٦
نێردراوەیی:	
شوێنی ناوازەی نێردراوەکان لە پراکتیزەو باوەڕی مەسیحیدا	٢٣٧
هەمەجۆری تایبەت بەلاهوت	٢٣٨
لاهوتی یاسای باوەڕ وەک نەخشەیەک بۆ قوتابێتی و ڕابەرایەتی کردن:	
مەرجێک کە بەدرێژایی کات سەلمێندرابێت بۆ پۆشتەکردنی باوەڕدارە نوێیەکان	٢٤١
وەرگێڕانی چیرۆکی خودا	٢٥٣
بنەماکانی چاندنی کڵێسای فرەکەلتوری	٢٥٤
بانگکردنی مژدەبەر: خەملاندنی توانای گونجاندنی بیرۆکە فرەکەلتورییەکان	٢٥٥
ئامانج خستنەسەر ئەو کۆمەڵانەی کڵێسا پێیان نەگەیشتووە لەو گەرمەکانەی کڵێسای لێیە	٢٥٦
داب و نەریتە جیاوازەکانی وەڵامی ئەمەریکی ئەفەریقی: لێکدانەوەی	٢٥٧
ئەندامانی تیمی پۆڵس:	
هاوەڵان و کرێکاران و هاوکاران	٢٦٠
پراکتیزەی بێدەنگی و تەنیایی عیسا	٢٦٣
حەوت پراکتیزەی سەرەکی بۆ قەشەگەری هەموو باوەڕداران	٢٦٤
لەسەر "دەسەڵاتدان بە هەژارانی شاری"ی (کارتێکردنی جیهان)	٢٦٥
وەڵامدانەوەی بانگکردنی خودا بۆ هەژاران	٢٧١
کتێبی پیرۆز بە ڕیزبەندی تۆماری ڕووداوەکان: چیرۆک	٢٧٣
باسکردنی چیرۆکی خودا بەشێوەی ئەدەبی لە هەردوو (پەیمانە)مەکە	٢٧٤

پاشکۆ: سەرچاوەکانی چاندنی کڵێسای (کارتێکردنی جیهان) لە سەرنجێک • 177

خشتەی ناوەڕۆک: چاندنی کڵێسا لەناو هەژارانی شار، جڵدی ١

بەشی ٣
چاندنی کڵێسای شاری:

سەرچاوەکان بۆ چێنەرانی کڵێسا ٢٧٧

دیمەنی گشتی بزوتنەوەکانی چاندنی کڵێسا ٢٧٩

دیمەنی گشتی چاندنی کڵێسا ٢٨١

ستراتیجی (کارتێکردنی جیهان) بۆ چاندنی کڵێسا. ٢٨٨

کۆکردنەوەی شارەکانی ئەمەریکا بۆ بۆ بزوتنەوەکانی چاندنی کڵێسا ٢٩٢

بزوتنەوەکانی چاندنی کڵێسا و گەڕەکەکانی سی ١ و پەنجەرەکان لە ٪٨٠: ٣٢٠

درککردن بە بزوتنەوە ڕەواکانی چاندنی کڵێسای شاری:
توخمەکانی کۆمەڵگای شاری ڕاستەقینەی مەسیحی ٣٢٦

چێنەری کڵێسا و تیمی چاندنی کڵێسا ٣٢٧

چۆن کڵێسایەک دەچێنیت. ٣٢٩

بەرپرسیارێتییەکانی ڕابری تیمی چاندنی کڵێسا ٣٣٦

لێدانی دڵی چێنەری کڵێسا:
درککردن بە ناسنامەی تایبەت بە نێردراو/قەشە ٣٣٧

هەنگاوە پراکتیکییەکان لەچاندنی کڵێسا:
ناسینی بانگکردن و کۆمەڵگای خۆت ٣٤٩

داب ونەریتەکان (فێرکردن لەسەر بنەمای داب ونەریت) ٣٥٦

ئامۆژگاری چی پێشکەش بکەم و چۆن ئێمە گەشەبکەین:
تەنگوچەڵەمەی قەشە ٣٦٧

پێکهێنانی تیمی چاندنی کڵێساو تێگەیشتنی ڕۆڵەکان ٣٧١

قوتابیکردنی ڕاستگۆکان:
دامەزراندنی ڕابەران بۆ کڵێشای شاری ٣٧٥

لیستەی پیاچوونەوەی خزمەتی ڕۆحی ٣٧٦

مۆدێلەکانی چاندنی کڵێسا. ٣٧٧

چاوبخشێنە بە پی ئێڵ ئەی ئین ئی بۆ دروستکردنی مۆدێلەکان ٣٧٩

سێ ئاستی وەبەرهێنانی قەشەگەری ٣٨٠

شەش جۆری قەشەگەری ٣٨١

پێشخستنی شانشین لەشاردا:
زۆرکردنی ئەو کۆمەڵی نوێژکەرانەی ناسنامەیەکی هاوبەشیان هەیە. ٣٨٢

مۆدێلەکانی چاندنی کڵێسا ٣٨٥

178 • لە سەر ئەم بەردە: نمونە کۆکەرەوەیەکی چاندنی کڵێسا

خشتەی ناوەڕۆک:
چاندنی کڵێسا
لەناو هەژارانی شار،
جڵدی ۱

دیمەنی گشتی قۆناغەکانی پلانی چاندنی کڵێسا ۳۸۸
ڕۆڵی ئافرەتان لەقەشەگەریدا ۳۸۹
پیرۆزکردنی بۆنەی وەڵامدانەوەی پرسیارەکان لەلایەن ئافرەتانەوە ۳۹۳
پێناسەکردنی ڕابەران و ئەندامانی تیمی چاندنی کڵێسا ۳۹٦

بەشدارییپێکردنی کۆمەڵگا ۳۹۷

هەڵبژاردنی ڕووبەرێکی ئامانج ۳۹۹
توێژینەوەی کۆمەڵگاکەت ٤۰٥
فاکتەری خێزانی: گۆیەکانی پەیوەندی و کاریگەری ٤۱۸
پێوەری وەرگرێتی ٤۱۹
کاتێک دەژیت وەک باڵوێزی خێزانی ٤۲۰
باندی نێردراوەیی: گەشەپێدانی چالاکی خزمەتکردنی ئەوانەی ناچن بۆ
کڵێسا لەپێناو دروێنەی داینەمیکی ٤۲۱
سەرچاوەکان بۆ خوێندن لەسەر کۆمەڵگاکەت ٤۲۲
بیرۆکەکان دەربارەی مزگێنی گەرەک ٤۲۳
باسکردنی ڕێساکانی هەڵسوکەوت بەشێوەیەکی تەواو ٤۲٤
دەرگا بۆ دەرگا: دەستکردن بە ئاخاوتن ٤۲٦

پێکهێنانی ڕۆحی و ژیانی جەستەیی ٤۲۷

بەکارهێنانی دانایی لە قەشەگەریدا: پرۆسەی ئامادەبکە و کاربکەو چاوپیاخشاندنەوە بکە . ٤۲۹
بەدەستهێنانی کێشێکی باشی تیم:
بەڕێوەبردنی تیم و سەرکاریکردنی قەشەگەری ٤۳۹
ڕاسپاردەکردنی پیرەکانمان ٤٤۲
ڕێکخستنی خزمەت: نمونە ۱ . . . . ٤٤٤
ڕێکخستنی خزمەت: نمونە ۲ . . . . ٤٤٥
کۆمەڵە بچوکەکان: دە بنەما و دەرهاویشتەکانیان بۆ
کۆبونەوە کراوە مەسیحییەکان ٤٥٥
خزمەتی لەناو هەڵکێشانی باوەڕدار. ٤٥۷
نمونەی کارتی بەدواداچوون ٤٦٤
خوێندنەوەی وەرگری تیمی چاندنی کڵێسا ٤٦٥
گرنگترین ڕۆڵی تیمی چاندنی کڵێسا ٤٦۷
هێزی زۆرکردن: بنەماکەی دووەم تیمۆساوس ۲: ۲. . . . . . . ٤٦۸
گەشەپێدانی ئەو گوێیانەی گوێ بیست دەبن:
وەڵامدانەوەی (ڕۆح) و (وشە)کە ٤٦۹

خشتەی ناوەڕۆک:
چاندنی کڵێسا
لەناو هەژارانی شار،
جڵدی ۱

پاشکۆ

چاندنی کڵێسای شاری بۆ بیست و پێنج ساڵ
لەناو هەژاران ٤٧١

لیستەیەکی کورتکراوەی سەرچاوەکانی چاندنی کڵێسا ٥١١

پەیمانگای قەشەگەری شاری:
پۆلێشکردنی ئەو بەردانەی کە بەنناکان ڕەتیدەکەنەوە
چۆن تۆ دەتوانیت *ڕابەران* پۆشتەبکەیت بۆ کڵێساو قەشەگەری خۆت . . . ٥١٩

180 • لە سەر ئەم بەردە: نمونە کۆکەرەوەیەکی چاندنی کڵێسا

خشتەی ناوەڕۆک:
چاندنی کڵێسا لەناو هەژارانی شار، جڵدی ٢

پێشەکی ١١

بەشی ١
ڕاهێنان بە چێنەرانی کڵێسای شاری:
سەرچاوەکان بۆ ڕاهێنەران و ڕاوێژکاران ١٩

پەروەردەکردنی بزوتنەوەکانی چاندنی کڵێسا. ٢١

سروشتی بزوتنەوە داینەمیکییەکانی چاندنی کڵێسا:
پێناسەکردنی توخمەکانی بزوتنەوەکاریگەریەکانی چاندنی کڵێسا. ٢٣

بەرهەمهێنانی ستراکتۆرێکی بزوتنەوەی چاندنی کڵێسا ٢٤

دروستکردنی بزوتنەوە یەکگرتووەکانی چاندنی کڵێسای شاری:
درککردن بە توخمەکانی کۆمەڵگای شاری ڕاستەقینەی مەسیحی ٢٥

دوژمنانی بزوتنەوەیەکی چالاک و داینەمیکی چاندنی کڵێسا ٢٦

مۆدێلێکی هاوڕێیەتی کڵێسای شاری ٢٧

هاوڕێیەتی قەشەی شاری ئێڵ ئەی و کلێمێنت و کاڵڤین:
چاوپیاخشاندنەوە و بیرکردنەوە و ڕاسپاردەکان ٢٨

هاوڕێیەتی کڵێسای شاری: ڕێککەوتنی ئەندامێتی ٣٩

ئەرکەکان و سوڕی ڕاهێنان ٤٥

سوڕی چاندنی کڵێسای تایبەت بە پۆڵس. ٤٧

ڕابەرایەتی کردنی ڕاستەقینەی مەسیحی لەسنووری کۆمەڵدا ٤٨

نوێنەرایەتی کردنی خودا:
خزمەتکردنی مەسیح وەک نێردراوی کۆمەڵی نوێژکەرانی خۆجێی خۆت ٤٩

نوێنەرایەتی کردنی عیسا وەک نوێنەری هەڵبژێردراوی خودا ٦٥

تێگەیشتنی ڕابەرایەتی کردن وەک نوێنەرایەتی کردن:
شەش قۆناغەکەی بریکاری فەرمی ٦٦

دیارییە ڕۆحییەکان بەزۆری ئەوانەی لە (پەیمانی نوێ) ئاماژەیان پێکراوە . . . ٦٧

بەرپرسیارێتییەکانی ڕاهێنەر (ڕابەری فرە تیم) ٦٩

ڕاهێنانی ڕابەر و تیمەکە	٧١
ناساندن و ڕاهێنان و بەرەڵاکردنی ڕاهێنەران و ڕابەرانی تیم لە (کارتێکردنی جیهان) . . .	٧٣
پۆشتەکردنی ئەندامی تیمی چاندنی کڵێسا: گەشەپێدانی ستراتیجیی کردەکی ڕاهێنان . .	٧٨
بنیاتنانی تیم بۆ سەرکەوتن: بنەماکانی ڕۆڵی کاریگەری تیم .	٧٩
تیمی چاندنی کڵێسا: پێکهێنانی باندێکی نێردراوەیی . .	٩٤
هێزو تێکۆشانی تیم	٩٥
بانگکردنی مژدەبەر: هۆکاری مژدەبردنی نێردراوەیی . .	٩٨
تۆڕی سی ئا فوو – پێکەوەنانی جەنگاوەرانی خودا: بەرەو ستراتیجییەک بۆ بردنەوەی شارەکە . . .	١١٤
کورتەی بەرنامەی خوێندنی کاپستون	١١٩
ڕێبەرێکردن و نووسراوی ڕێگەپێدانی چاندنی کڵێسا . . .	**١٢٧**
مۆدێلەکانی بوون بەهاوبەش: مەودای وەڵامەکانی هاوبەشێتی . .	١٢٩
هەڵبژاردنی مەرجێکی باوەڕپێکراو بۆ سەربەخۆیی: ڕابەرێکردن بەرەو گواستنەوەیەکی دروست	١٣٠
دیاریکردنی ئەوانەی کە ڕابەرایەتی کردن دابین دەکەن بۆ تیمەکانی چاندنی کڵێسەی خۆمان .	١٣٤
نموونەی نووسراوی ڕێگەپێدانی چاندنی کڵێسا: (فیکەری مێدۆوس) .	١٣٥
نموونەی نووسراوی ڕێگەپێدانی چاندنی کڵێسا: (نیویارک هیسپانیک) .	١٣٦
نموونەی فۆرمی نووسراوی ڕێگەپێدانی چاندنی کڵێسا . .	١٣٧
وەبەرهێنان و دەسەڵاتپێدان و خەمڵاندن: چۆن ڕابەرایەتی کردن وەک نوێنەرایەتی کردنێک ئازادی دابین دەکات بۆ داهێنان	١٣٨
دەسەڵاتپێدان: هەردوو سەربەخۆیی و پشت بەیەک بەستن . .	١٣٩
جاڕدانی پشت پێبەستنی ئێمە: ئازادی لەمەسیحدا .	١٤٠
بۆچی ئامادەکردنی نووسراوێکی ڕێگەپێدان شتێکی وریاییەو پێویستە؟	١٤٢
چۆن ئێمە دەسەڵات بدەین بە تیمەکانی چاندنی کڵێسای خۆمان بە خۆبەڕێوەبردن و دەسەڵانەوە بکەونەکار . .	١٤٣
ئەو پرسیارانەی زۆرجار دەکرێت: بەدواداگەڕانی دەرهاوێشتەکان .	١٤٤
تۆڕی ناسنامەی ڕابەری تیم	١٤٨
دیمەنی گشتی قۆناغەکانی مەشق بۆ قوتابخانەی ئینجیلی چاندنی کڵێشای شاری (کارتێکردنی جیهان) . .	١٥٠
کە ئێمە بتوانین ببین بە یەک: توخمەکانی بزووتنەوەیەکی یەکخراوی چاندنی کڵێسا لەناو هەژارانی شار . .	١٥٢
پێناسەکردنی قەناعەتەکان و جیاکەرەوەکان و بەکارهێنانەکانی ئێمە: درککردن بە توخمەکانی ناسنامەی کۆمەڵگا .	١٦٢

182 • لە سەر ئەم بەردە: نمونە كۆكەرەوەیەكی چاندنی كڵێسا

خشتەی ناوەڕۆك: چاندنی كڵێسا لەناو هەژارانی شار، جڵدی ٢

پەروەردەكردنی ڕابەرایەتی كردنی ڕاستەقینەی مەسیحی ١٦٣

چوار سنوری گەشەپێدانی ڕابەرایەتی كردنی مەسیحی شاری ١٦٤

گەشەپێدانی ڕابەرانی مەسیحی شاری: پرۆفایلێك ١٦٥

فۆرمی هەڵسەنگاندنی تیم ١٦٦

هاوڕێیەتیەكان و بزوتنەوەكانی چاندنی كڵێسای شاری:
كارامەیی و هێزی زۆركردنی ستاندەركردن ١٦٧

سەیركردن بەرەو ئاسۆكان:
كارئاسانكردنی هاوڕێیەتییەكی كۆمەڵەی نوێژكەرانی شاری ١٧٢

كارئاسانكردنی تیم:
دابینكردنی زانیاری بەردەوام بۆ تیمەكە وەك ڕابەری تیم ١٧٧

هەڵسەنگاندنی تیم:
دابینكردنی وەڵامی فەرمی بۆ تیمەكە وەك ڕاهێنەر (ئێم تی ئێڵ) ١٧٩

بەشی ٢
كەرەستەی ئامرازی چاندنی كڵێسا:
سەرچاوەكان بۆ چێنەران و ڕاهێنەران ١٨١

لاهوتی تایبەت بە یاسای باوەڕ و بانگكردنی ڕۆحی ١٨٣

یاسای باوەڕی نیسین ١٨٥

یاسای باوەڕی نیسین بە پشتگیری تایبەتی كتێبی پیرۆز ١٨٦

یاسای باوەڕی نێردراوان ١٨٨

دووپاتكردنی باوەڕی (كارتێكردنی جیهان) ١٨٩

لە نەزانی قوڵەوە بۆ شایەت حاڵی باوەڕپێكراو:
قۆناغەكانی گەشەی داینەمیكی ١٩١

ژماردنی تێچونەكە و بیستنی ڕۆحەكە:
وەڵامدانەوەی بانگكردنەكە ١٩٢

گونجاوە بۆ نوێنەرایەتی كردن: زۆركردنی قوتابیانی شانشینی خودا ١٩٧

پوختەی كورتی نوسراوەپیرۆزەكان ١٩٨

بەڕێوەبردنی پرۆژەكان بۆ قەشەگەری ٢٠٣

دەستكێشی ئاسنی پرۆژەی داڤیس:
دوانزە مەرجە پیسەكە بۆ دەستپێشخەرییە نوییەكان ٢٠٥

بنەماكانی بەڕێوەبردنی پرۆژەی ئینتەرپرایز ٢٠٧

"تیبینی ئاماژەكردنی خێرا"ی ئاستەنگەكانی پرۆژە ٢٠٩

پرۆسەی بەڕێوەبردنی پرۆژە. ٢١١

پرۆسە بۆ پراكتیزەو هەڵبژاردنی پرۆژەی پەیمانگای قەشەگەری شاری ٢١٣

پۆلیسەی پەیمانگای قەشەگەری شاری لەسەر پرۆسەی پرۆژە	۲۱۶
کاغەزی کاری پرۆژە	۲۱۸
پرۆتۆکۆڵی پرۆژەی پەیمانگای قەشەگەری شاری: شوێن ڕێگای خشتە زەردەکە بکەوە	۲۲۱
پرۆپۆزەڵی پرۆژە، فۆرمی ۱	۲۲۴
نموونەی پی تی سی: ئاهەنگی دەرچوونی پەیمانگای قەشەگەری شاری، حوزەیران ۲۰۰۹	۲۲۶

بزوتنەوەکان و داب ونەریتە مەزنەکە ۲۳۱

پێناسەکردنی بزوتنەوەکانی چاندنی کڵێسا	۲۳۳
لێکدانەوەیەکی نیسبینی لەسەر بزوتنەوەکانی چاندنی کڵێسا	۲۵۰
ڕۆحێتی هاوبەشی کراو: کاتێک بەژیانی مەسیح دەژیت لەکۆمەڵگادا	۲۵۱
کارامەیی ستاندەرکردنی داینەمیک: ئەو مۆدێلانەی پشتگیری بینینێکی یەکگرتوو دەکەن بۆ چاندنی کڵێسای فرەکەلتوری شاری	۲۵۲
چاندنی تووی باش: یەکەم هەنگاوەکان لە گێڕانەوەی داب ونەریتە مەزنەکە لەڕێگەی ڕۆحێتی هاوبەشیکراوەوە	۲۵۳
ئێمە لە ڕۆحی کێین؟ کتێبێکی تایبەت بەڕێنمایییە بنەڕەتییەکان لەسەر ئەوەی بۆچی ئێمە دەگەڕێین بۆ گەڕانەوەی داب ونەریتە مەزنەکە بۆ کڵێسای شار	۲۶۲
چەمکی کڵێسای شوێن: ڕۆڵی کڵێسای هەرێمی	۲۶۵
توخمەکانی بزوتنەوەیەکی چاندنی کڵێسای شاری	۲۶۹
پەتی سێ قەدی بزوتنەوەکانی چاندنی کڵێسای شاری فرە کەلتوری شاری	۲۷۰
ڕۆڵی داب ونەریت لە بزوتنەوەکانی چاندنی کڵێسای شاری: پیرۆزکردنی هەنوکە لەڕێگای لەخۆگرتنی ڕابردوو و خۆئامادەکردن بۆ ئایندە	۲۷۱
داری وشک بۆ ئاگرێکی بەڕاستی گەرم: دانانی بناغەکە بۆ بزوتنەوە بەهەڵمەتەکانی چاندنی کڵێسای شاری	۲۸۳

کارگێڕی و ستراکتۆری کڵێسا ۳۰۵

ئەژمێرە بانکیەکان و ئەو دیاریانەی وەردەگیرێن	۳۰۷
نموونەی نامیلکەی ئەندامی نوێ: کڵێسای هاوڕییەتی هەرناوێک	۳۰۹
ڕابەریکردنی کاریگەری خواپەرستن	۳۱۶
نموونەی داواکردنی ئەندامێتی: کڵێسای هاوڕییەتی هەرناوێک	۳۲۸
کارگوزاری ڕاسپاردەکردنی ئەندامێتی: کڵێسای ئەندامێتی هەرناوێک	۳۳۲

184 • لە سەر ئەم بەردە: نمونە کۆکەرەوەیەکی چاندنی کڵێسا

خشتەی ناوەڕۆک:
چاندنی کڵێسا لەناو هەزارانی شار،
جلدی ٢

نوسینی ڕەشنوسی دەستورێک (پەیڕەوی ناوخۆ): ٣٣٤
نمونەی دەستوری کڵێسا ٣٣٥
بەندەکانی ڕووکاری یەکگرتن ٣٤٧
نمونەی بەندەکانی یەکگرتن ٣٤٨
پرۆسە داراییەکانی کڵێسا ٣٥١
ڕێوشوێنەکانی ئەژمێری پارەی نەسریە. ٣٥٤
پۆلیسە داراییەکانی چاندنی کڵێسا ٣٥٦
کڵێسا و دەوڵەت ٣٥٨
نمونەی ٥٠١ (سی) (٣) نامەی دیاریکردنی ٣٦٣
فۆرمی ئای ئاڕ ئێسی ئێس ئێس-٤: داواکردنی ژمارەی ناسنامەی خاوەنکار . . . ٣٦٥
ڕێککەوتنەکانی هاوبەشێتی و (کارتێکردنی جیهان) ٣٦٧
ڕێککەوتنی ئاشتکردنەوە ٣٧١
نمونەی ڕێکەوتنی هاوبەشێتی:
(کارتێکردنی جیهان) و تیمی نەحمیا ٣٧٢
نمونەی ڕێککەوتنی هاوبەشێتی:
ئەنجومەنی ساندیاگۆی ڕۆژهەڵاتی خودا و (کارتێکردنی جیهان) ٣٧٤
نمونەی ڕێککەوتنی هاوبەشێتی:
کڵێسای نێودەوڵەتی (کارتێکردنی جیهان) و ئینجیلی چوارچەمک ٣٧٦
نمونەی ڕێککەوتنی هاوبەشێتی:
کڵێسا مەسیحییە سەربەخۆکان و (کارتێکردنی جیهان) لە ڕووبەری ویچیتا ٣٧٨
نمونەی ڕێککەوتنی هاوبەشێتی:
چاندنی کڵێسای هاوبەشێتی ئەوکڵۆن سی ئی سی/ (کارتێکردنی جیهان) ٣٨٤

پاشکۆ
چاندنی کڵێسای شاری بۆ بیست و پێنج ساڵ
لەناو هەزاران: ڕاپۆرتێک ٣٨٧

لیستەیەکی کورتکراوەی چاندنی کڵێسا ٤٢٧

پەیمانگای قەشەگەری شاری:
پۆلیشکردنی ئەوبەردانەی بەنناکان ڕەتیدەکەنەوە
چۆن تۆ دەتوانیت ڕابەران پۆشتەبکەیت بۆ کڵێسا و قەشەگەرییەکەت ٤٣٥

پێشەکی
چاندنی کڵێسا لەناو هەژارانی شار،
جڵدی ١ و ٢

پێشەکی:
چاندنی کڵێسا لەناو
هەژارانی شار،
جڵدی ١ و ٢

ئەنتۆلۆجی چییە؟
ئەنتۆلۆجی بریتییە لە کۆمەڵێک سەرچاوە یا بابەت، کە کۆکراوەی هەندێک جۆرە و بەزۆری لە گشتییەکی گەورەترەوە هەڵبژێردراوە و زۆرجار لەلایەن بەشداربوان یا نوسەران یا دروستکەرانەوە ئەنجامدراون و بیرۆکەی سەرەکیان بۆدانراوە بەگوێرەی ماوەیەکی دیاریکراو، بەڵام بەزۆری پەیوەندی هەیە بە تاکە بابەتێک. بەواتایەکی تر، ئەنتۆلۆجی ژمارەیەکی زۆری بەشداریکردن و بیرکردنەوەی جۆراوجۆر دەهێنێت کە هیواخوازن تیشک بخەنە سەر سروشتی تاکە بیرۆکەیەکی سەرەکی یا پڕۆژەیەک.

بەهۆی ئەم پێناسەیەوەکارە هاتووەکە لە ڕاستیدا ئەو جۆرە کۆکردنەوەیەیە لەسەر سروشتی چاندنی کڵێسا، بەتایبەتی تیمەکانی ڕابەرایەتی کردن و چینەرانی ڕاهێنان لەناو ئەو کۆمەڵگاو کۆمەڵانی خەڵکەی کە بەشێوەی مێژوویی بەرهەمی پشتگوێخستنی نەرم ونیانی ئینجیلی بوون. بەواتایەکی تر خەڵکان و کۆمەڵگاکان کە بەهۆی ڕەگەز یا هەژاریی یا توندوتیژی یا دووری کەلتورییانەوە نەبوون بە ئامانجی ئاسایی ئێمە بۆ مژدەبردنی ئینجیلی. ئەم دۆکیومێنت و هونەری نەخشەکاری و پەخشانانە ئەنجامی دەیان ساڵی بیرکردنەوە و پراکتیزەکردنن کە لەلایەن مژدەبەرانی شارییەوە ئەنجامدراون لەناو هەژارانی شاریی ئەمەریکا. لە گشتێتی خۆیاندا ئەوان وێنەی خێرای مێژوویی ئەو بیرکردنەوە و نوسین و بیرکردنەوە لۆژیکیە جۆراوجۆرانە پێشکەش دەکەن کە لەناو سستمئ مژدەبەری ئاینی (کارتێکردنی جیهان)، کە کۆمەڵگایەکە پابەندە بە چاندنی کڵێسا لەناو مەترسیدارترین کۆمەڵگاکان ئەوانەی کەمترین ئامانجیان لەسەربووە لە چل ساڵی ڕابردوودا.

بۆچی چاندنی کڵێسا لەناو هەژارانی شار؟
زیاتر لە دوو ساڵ پێش ئێستا من پەخشانێکی کورتم نوسی لەسەر دەستەواژەی "هەژارانی شاری"، ئاخۆ بەکارهێنانی ئەو زاراوەیە هێشتا ڕەوایە، یا ڕەنگە دەبێت ئەوە دووربخرێتەوە وەک وشەیەکی خۆسوککردن و باونەماو لەپێناو زمانێکی زیاتر تەواو و کەمتر هەست بریندارکەر (.cf. http://worldimpact.org/empowering-the-urban-poor) من ئەمەی خوارەوەم نوسی:

> دوای دامەزراندنی ئێمە کە زیاترە لە چل ساڵ، (کارتێکردنی جیهان) بەپێشبینیکەرانە قسەی کردووە دەربارەی هەڵبژاردنی هەژاران لەلایەن خوداوە و پشتگوێخستنی نەرم ونیانی هەژارانی ناوشاری ئەمەریکا لەلایەن کڵێسای ئینجیلیەوە و قوتابێتی و چاندنی کڵێسا لەناو ئەو کۆمەڵگا هەژارە شارییانەی کە کڵێسا پێی نەگەیشتوون. ئێمە باوەڕمان وایە دەبێت مژدەبرنی باوەڕپێکراوی شاری (ئینجیل) نیشانبدات کاتێک بە هەردوو وشەی جاڕدراو و کرداری بەرجەستەیی گەواهی دەدات. پاش ڕەچاوکردنی ئەمە ئێمە جەختمانکردەسەر ئەوەی لەو کۆمەڵگایانەدا بژین کە ئێمە خزمەتیان دەکەین و بایەخ بە پێویستییەکانی هەموو کەسەکە و ئەندامانی هەمو خێزانە شاریەکە بدەین. ئێمە بدوای ئەم شایەت حاڵییەدا گەڕاوین بە ئامانجی بینینی ئەو کۆمەڵگایانەی میسیح پێی گەیشتووە و گۆڕیونی کاتێک باوەڕمان وایە ئەوانەی لەشارەکەدا دەژین و هەژارن دەتوانرێت دەسەڵاتیان بدرێتێت بەو ئازادی و ساغی و دادپەروەری شانشینەی خودایە بژین کە لە ناو

پێشەکی: چاندنی کڵێسا لەناو هەژارانی شار، جڵدی ١ و ٢

کڵێسا خۆجێیەکان و بزوتنەوە سەرکەوتووەکانی چاندنی کڵێسای شاری فەراهەم کراون. هەموو بینین و نوێژ و هەوڵەکانی ئێمە چڕکردنەوەدەکات لەسەر کۆمەڵێکی کۆمەڵایەتی تایبەت کە "هەژارانی شار" ە و پابەندبوونی ئێمە بۆ " دەسەڵاتدان" بەوان لەڕێگای هەموو لایەنی کارەکەمانەوە.

وەک ڕێکخراوێکی مژدەبردنەکان کە لەسەر ئەو بەرپرسیارێتییە دامەزراوە بۆ دابینکردنی دەسەڵات و ئازادی لەڕێگای ئینجیلەوە بۆ هەژاران ئێمە بەدڵ و بێ شەرمانە لەئامێزمان گرتوون. هەروەک من لە پەخشانەکەدا گوتم " لەکاتێکدا ڕەنگە دەستەواژەی 'هەژارانی شار' بەهەڵە تێگەیشتنی بۆبکرێت یا بەهەڵە بەکاربهێنرێت ئێمە بڕیارماندا ئەوە بەکاربهێنین بەو واتا مەرج بۆدانراوەی خۆمان کە لاهوتی تایبەت بەکتێبی پیرۆز و کۆمەڵناسی شاری ڕایگەیاندووە. ئێمە زاراوەکە بەکاردێنین بۆ ناساندنی ئەوانەی خودا ئێمەی ڕاسپاردووە خزمەتیان بکەین و نوێنەرایەتی کردنی بانگکردنی پێشبینیکەرانەی خودا تا (هەواڵی خۆشی خودا) بدەین بە هەژاران بۆ هەردوو کڵێسا و کۆمەڵگاکەمان بەگشتی. " بەبێ هیچ دوودڵییەک یا خۆبەدەستەوەنەدان ئێمە پابەندین هاتنی شانشینەکە و پێشڕەویکردنی ئەوانە ببینین کە لەشارەکە دەژین، هەروەها ئەوانەی ژیانیان مەترسی لێدەکرێت یا بێ بەرگەن بەهۆی نەبوونی سەرچاوە و بژاردەو هەڵبژاردە چونکە ئەوان هەژارن. نەک تەنیا خودا ئەوانی هەڵبژاردووە تا بە باوەڕ دەوڵەمەند بن بەڵکو هەروەها ڕایگەیاندووە ئەوان خودی میراتگری شانشینە هەتاهەتاییە ئایندەکەی خودان (یەعقوب ٢: ٥). چاندنی کڵێسا لەناو هەژارانی شار بریتییە لە دەست لێدانی خودی دڵی خودا و کۆکردنەوەی ئەو گورزە ناسکانەی کە لەپێناویدا ئەو مرد، ئەو دانەوێڵانەی کە بۆ دروێنە گەیوون (مەتتا ٩: ٣٥-٣٨).

ئەم ئەنثۆلۆجییە کۆمەڵێکی هەڵبژێردراوی هەندێک لەو گرنگترین پەخشان و هونەری نەخشەکاری و پوختەی کۆرس و وتار و ڕوونکردنەوانە دەهێنێت کەلەلایەن ئەو مژدەبرانی شارییە بەکاردەهێنرێن کە بوون بە ئەنجامی چاندنی کڵێسای تەندروست لەناو هەژارانی شار. ئەوانەڤ شەرت نییە ڕیزبەندی هێڵی (بەگوێرەی ئەوکاتەی ئەوانە ئەنجام دەدرێن) بدرێت پێیان، بەڵکو زیاتر ڕێکدەخرێن و کۆمەڵدەکرێن بەگوێرەی پۆلێنەکانی لاهوت و زانستی مژدەبەری کاتێک ڕابەرایەتی تیمکانی کڵێسا و چێنەرانی ڕاهێنانی کڵێسای شاری دەکەن. دەتوانرێت ئەنثۆلۆجیەکان کۆکراوەی پاک نەبوو و جڵەونەکراو بن، هەروەها ئێرە حاڵەتەکەیە. ئێمە کۆکردنەوەمان کردووە لە هەڵبژاردەی فراوانی ڕووداوەکان و شوێنەکان و توێژینەوەو بیرکردنەوە لۆژیکیەکانەوە بۆ کەڵەکەکردنی ئەم کۆمەڵە، هەروەها ئەمە باوەڕمان بەخۆ هەیە کە پێکداچوونی بیرۆکەی سەرەکی لە گرنگی بابەتەکە دوورناکەوێتەوە لەناو ئەم کارەدا.

مەودای تەواوی شوێنەکان و پخشکردنەکان کە ئەم کارە لێی هەڵدەبژێرێت کاریگەرە. لیستەکە فراوان و هەمەچەشنە. بۆ نمونە ئێمە بابەتمان هەڵبژاردووە لە نامیلکەکەی خۆمانەوە بۆ ئەم کۆکردنەوەیە بۆ تیمەکانی چاندنی کڵێسای فرە کەلتوری کە پێیان دەگوترێت (تیمەکانی خۆراک پێدان و ڕابەریکردنی چاندنی کڵێسا)، هەروەها لە کۆنفرانسەکەی خۆمانەوە بۆ ڕابەرانی تیم کە پێی دەگوترێت (کۆنفرانسی تیمۆساوس). ئەم کۆکردنەوەیە پێکدێت لەو بابەتانەی ئاماژەیان پێکراوە لە کۆبونەوەکانی (ڕابەرایەتی کردنی نیشتیمانی و

پێشەکی: چاندنی کڵێسا *لەناو هەژارانی شار*، جڵدی ١ و ٢

هەرێمی کارتێکردنی جیهان)، کە کۆرسی (بردنەوەی جیهان)ی پەیمانگای قەشەگەری شارییە لەسەر بزوتنەوەکانی چاندنی کڵێسا لەسەرانسەری جیهان و پێشکەشکردنەکانە لە (قوتابخانەی چاندنی کڵێسای فرەکەلتوری شاری). ئێمە کەمێک هونەری نەخشەکاریمان وەرگرتووە لە زنجیرەکانی یەکەی ئاستی سیمیناری خۆمان کە (بەرنامەی خوێندنی کاپستۆن)ە، هەروەها لە (بەرنامەی بەرزکردنەوەی پاڵێوراو)ی مژدەبەری (کارتێکردنی جیهان)ی خۆمان، هەروەها لەو چاندنی کڵێسای ڕاستەقینانەی کە ئێمە لەڕابردوودا ئەنجاممان داوە. ئێمە لەشوێنی زۆرەوە هەڵبژاردنمان کردووە، هەروەها هەرچەندە ئەو شوێنانە پڕن لە سەرچاوەی بەسود، ئەوە هیلاکی نییە! هەرچۆنێک بێت ئەوە نوێنەرایەتی باشترین ئەو بیرکردنەوەیانەی ئێمە دەکات کە هەمانە لە کۆرس و ڕاوێژکردن و بیرکردنەوەی لۆژیکیانە لەسەر سروشتی چاندنی کڵێسا لەناو هەژاران.

ئێمە سەرچاوەکانمان ڕێکخستووە لە (چاندنی کڵێسا لەناو هەژارانی شار) بە دوو جڵدی تەواوکاری: جڵدی یەک کە دیدگاکانیی لاهوتی و زانستی مژدەبەردنە بۆ چێنەرانی کڵێسا، هەروەها جڵدی دوو کە سەرچاوەو ئامرازەکانە بۆ ڕاهێنەران و تیمەکان. جڵدی یەک پێکدێت لە زنجیرەیەک بابەت کە پەیوەندییان هەیە بە هۆکارەکانی لاهوتی تایبەت بەکتێبی پیرۆز لەسەر مژدەبردن و چاندنی کڵێسا، بەزۆری لەسەر ئەوەی چۆن ئەو لاهوتە بەچەند شەیەکی کەم باسی مژدەردنە شارییەکان و چاندنی کڵێسا و گەشەکردنی کۆمەڵی نوێژکەران و بزوتنەوە تەندروستەکان دەکات.

جڵدی یەک، بەشی ١: (گەشەپێدانی کۆمەڵی نوێژکەرانی شاری). بریتییە لە دووبارە چاپکردنی پەخشانە گەشەپێکەر و پێکهێنەرەکەی خۆمان لەسەر چاندنی کڵێسای شاری کە خزمەتی کردووە وەک بەشە بنەڕەتیەکەی تایبەت بە لاهوت و کتێبی پیرۆز کە زانیاری داوە بە هەوڵەسەرەتاییەکانمان بۆ چاندنی کڵێسا لەناو هەژاران لەشارەکەدا. جڵدی یەک، بەشی ٢: (تێگەیشتنە ژێرییەکان و بنەماکانی تایبەت بە زانستی مژدەبەری و لاهوتی) گەنجینەیەکی ئەو سەرچاوانە دابیندەکات کە پەیوەندییان هەیە بە مژدەبردنە شارییەکان و قەشەگەری لەناو هەژاران و چەوساوەکان و چاندنی کڵێسا کە پێک دێت لە لاهوتەکانی تایبەت بەکتێبی پیرۆزی (کڵێسا) و بەدەست هێنانەوەی (داب ونەریتی مەزن) لەناو کڵێساکان کە خزمەتی هەژاران و ڕۆڵی ڕەنگ پێست و چینی کۆمەڵایەتی و نەژاد دەکات لە دروستکردنی قوتابی لەناو ئەو کۆمەڵگایانەی ناشایستەن. سەرچاوەکان لە (جڵدی یەک، بەشی ٣، چاندنی کڵێسای شاری) زیاتر پەیوەندی هەیە بە تیۆر و پراکتیزەی چاندنی ڕاستەقینەی کڵێساکان لەناو هەژارانی شار بە تیشک خستنە سەر بانگکردن و کارەکتەر و لێهاتوویی چێنەری کڵێساکە، ئەو تاکەکەسەی خودا بانگی کردووە و پڕە لەڕۆح و ڕابەرایەتی کراوە بنکە دوورەکانی (شانشینی مەسیح) لەناو هەژارترین و بێ بەرگەترین دانیشتوانی شار بچێنێت.

جڵدی دوو، (سەرچاوە و ئامرازەکان بۆ ڕاهێنەران و تیمەکان) کۆگایەکی کەرەستەی ئامراز و موڵک دابین دەکات کە پێکدێت لە بابەت و ئامرازی جۆراوجۆر و یارمەتی پۆشتەکردنی ڕاهێنەر یا ڕاوێژکاری چاندنی کڵێسا دەدات بۆ ڕابەریکردنی تیمەکان. لەگەڵ ئەوەشدا، ئەم جڵدە پێکدێت لە یارمەتی زۆری دیاریکراو کە چێنەرەکە و تیمەکەی خۆی بە بەهادار دەیدۆزێتەوە کاتێک ئەو بەشدار دەبێت لەهەوڵی چاندنی کڵێساکەی.

پێشەکی: چاندنی کڵێسا لەناو هەژارانی شار، جلدی ١ و ٢

جڵدی دوو، بەشی ١: (ڕاهێنانی چێنەرانی کڵێسای شاری)، مامەڵەدەکات لەگەڵ سروشتی دیاریکراوی ڕاهێنان و ڕاوێژکردنی ڕابەرانی چاندنی کڵێسا و تیمەکانیان و دەگەڕێت بۆ پێدانی پوختەیەکی فراوان و سەرنجڕاکێشی جۆری پرسەکان و نیگەرانیەکان و پابەندبوونەکان کە بۆ ڕاوێژکەران پێویستن بۆ تێگەیشتن و کارکردن کاتێک ئەوان ڕاهێنان بەو تیمانە دەکەن کە کڵێسای کاریگەر دەچێنن. هەروەها جڵدی دوو، بەشی ٢: (کەرەستەی ئامرازی چاندنی کڵێسا) تێکەڵەیەکی جۆراوجۆری ئەو وتار و هونەری نەخشەکاری و دۆکیومێنت و زانیاریە هەمەچەشنانە دابینەدکات کە پەیوەندییان هەیە بە چاندنی کڵێسایەک کە پێکدێت لە زانیاری دەربارەی دارایی و پەیوەندییەکانی ویلایەتی و گەشەپێدانی ڕابەرایەتی کردن و پێکهێنانی هاوڕێیەتییەکان و پۆشتەکردن بۆ زۆرکردن لە بزوتنەوەکانی چاندنی کڵێسا. لەم بەشەدا تۆ سەرچاوەی بێ شوماری دیاریکراو دەدۆزیتەوە کە هەموویان مەبەستیانە یارمەتیدەربن بۆ چێنەران و ڕاهێنەران و هاوڕێیەتییەکان، ئەوانەی حەزدەکەن کڵێسای تەندروست بچێنن لەناو هەژاران بە شێوەی فرەکەلتوری و یەک کەلتوری. ئەم هەموو یارمەتییانە بەئامادەبوونییەوە بیرکردنەوەی تۆ ئاگادار دەکاتەوە دەربارەی سروشتی چاندنی کۆمەڵەی نوێژەرانی تاک و پێکهێنانی ستراکتۆرەکانی بزوتنەوەی چاندنی کڵێسای تەندروست و دەسەڵاتپێدانی ڕابەرایەتی کردن بۆ زۆرکردن و پێشخستنی (شانشینەکە) لەناو هەژاران لەناو شار.

کۆکردنەوەیەکی شلی پۆلێنکراو

لەپێناو ئەوەی یارمەتی تۆ بدەین بگەڕێیت بەدوای ئەو وتار و بابەتانەی کە دیسەلمێنن بۆ پرسیارەکانی تۆ بەسودن، ئێمە بابەتی جۆراوجۆرمان کردووە بەکۆمەڵ لەژێر پۆلێنەکان بۆ ئاماژەپێکردنی ئاسانتر. بەهەرحاڵ، لەبەرئەوەی هونەری نەخشەکاریەکان خۆیان پەیوەندییان هەیە بە ژمارەیەکی زۆری پرسیار و سنوورەکان، ڕەنگە تۆ بیدۆزیتەوە کە زۆربەی بابەتەکان قسە بۆ ژمارەیەک بیرۆکەی سەرەکی بکەن، نەک هەر ئەو پۆلێنەی کە لەژێریدا ئەوانە لەبنەچەوە دانراون.

لەکاتێکدا پۆلێنەکان بەسودن، پێویست ناکات ئەوانە وەک دەسەڵاتدار یا کۆتایی سەیربکرێن. بۆ نمونە، زۆربەی هونەری نەخشەکاریەکان بەبێ گومانەوە قسەدەکەن لەسەر ژمارەیەک چەمکی جیاواز کاتێک پێکدادەچن لەنێوان ڕووبەرەکانی چاندنی کڵێسا و ڕاهێنانی چێنەرانی کڵێسا، و/یا پەیوەندیدارن بە دیزاین و مشتومڕی ئەو مۆدێل و لاهوتە سەرکەوتوانەی کە دەتوانن یارمەتی ئێمە بدەن سەرنجی ئاڵۆزی و بەڵێنی گەرەکە شارییەکانی ئێمە ڕابکێشن کە کڵێسا پێی نەگەیشتوون.

کەواتە، کاتێک تۆ شوێن ئەم جڵدەدەکەویت، بیرت بێت یەکەم جار خشتەی ناوەڕۆک بەکاربێنیت وەکرێبەرێکی باش بۆ دابینکردنی ئاڕاستە بۆ کۆمەڵێکی دیاریکراوی سەرچاوەکان، بەڵام هەروەها بێتە بیرت کە بابەتەکان کراون بە کۆمەڵ بەشێوەیەکی کەمتر یا زیاتر گشتی، هەروەها بابەتەکان بەکارهێنانی فرەلایەنیان هەیە کاتێک ڕووماڵی مەودایەکی فراوانی پرس و بابەت دەکەن. لەوە دوودڵ مەبە بگەڕێیت بۆ هونەری نەخشەکاری و وتاری جیاواز کاتاێک لە سنووری نوێ و جیاوازدا دەیانخوێنیتەوە زیاتر لەو دانەیەی ئێمە پێشنیاری دەکەین. وەک ڕێسایەکی پتەوی باش یەکەمجار خشتەی کاتەکان بپشکنە، بەڵام کاتێک تۆ سەیری سەرچاوەکە دەکەیت، بیربکەوە لەو لایەنەی ئەم بابەتە ئاماژە بەچ سنوورێکی تر دەکات و چ تێگەیشتنێکی ژیرانە دابین دەکات بۆ ئەو چەمکانەی تۆ شیکاریان دەکەیت.

پێشەکی: چاندنی کڵێسا لەناو هەژارانی شار، جلدی ۱ و ۲

"سەرچاوەکە چییە بۆ ئەمە؟"
یەکێک لە گرفتەکانی ئەنثۆلۆجی بابەتەکان لەناو کۆمەڵگایەکی ئامادە دا ئەوەیە ئەگەر تۆ ئەو زاراوەو کورتەی وشەو سەرچاوە تایبەتانە نەزانیت کە کۆمەڵگاکە شارەزایەتی ئەوا لەوانەیە تۆ واتا بنەچەییەکە لەدەست بدەیت. بۆ تێگەیشتنی واتاکە، تۆ پێویستت بەوەیە سەرچاوەکە و ئەو شتە سەرەتاییە بزانیت کە سەرچاوەکە ئاوڕی بۆ دەداتەوە . بەداخەوە، زیاتر لە تێپەڕاندنی سی ساڵ، زۆربەی وتارە تاکەکان و سەرچاوە بنەچەکان ئیتر بوونیان نەمابێت و ڕەنگە ژمارەی لاپەڕەکان ناپێویست بێت و ڕەنگە سەرچاوە بۆ وتار و پەخشانەکان ناپەیوەندیداربێت و ئاماژەپێکردنی دیاریکراوی بابەتەکانی پێشوو ئیتر هیچ بناغەیەکیان نەمابێت. لەکاتێکدا ئێمە گەڕاوین بۆ ئەوەی خوێندنەوەی ئەم بابەتە ئاسانتر بکەین تا بەتەواوی تێی بگەین بەهۆی ئاماژەکردن بە بەو سەرچاوە بنەچەییانەی ئێمە دەمانتوانی بیدۆزینەوە، بەداخەوە لەناو زۆربەی دۆکیومێنتەکان ووتە هەیە کە بنەچەکان لەکیس چوون یا لەشوێنی هەڵەدانراون یا ناوی تریان لێنراوە یا خراونەتە کۆمەڵێکی دیاریکراوەوە لە دۆکیومێنتێکی تردا. لێمان ببورە کاتێک تۆ ڕووبەڕووی ئەم دیاردەیە دەبیتەوە و خواستی ئێمە ئەوەیە یارمەتی تۆ بدەین بگەیتە ئەم بابەتانە و سەرچاوەکان پێک بێنین لەو شوێنەی ئێمە دەتوانین و هیوا دارین کە دۆکیومێنتە بنەچەییەکان تەواو ڕوون بن تا بەناو بابەتەکاندا دۆزینەوە بکەیت.

یەک بەدەری دیار لەسەر سەرچاوەبنەچەکە پەیوەندی هەیە بە پیتەکانی سی پی ئێم کە واتای " بزوتنەوە(کانی) چاندنی کڵێسایە." هەروەها ووتەکان دەربارەی سی ۱ و س ۲ و سی ۳ ئاماژەیە بۆ بیرکردنەوەی ئێمە دەربارەی چینی ئەو کەلتورانەی کە کاردانەوەدەکەن لە سنووری گشتی ئەمەریکی. (تۆ دەتوانیت لەسەرچاوە بنەچەکە تێبگەیت بۆ ئەم بیرکردنەوە و گفتوگۆکردنە لە دۆکیومێنتێکدا بەناونیشانی (کاردانەوەی چینی کۆمەڵایەتی و کەلتور و ڕەگەز.)) سەرچاوەزۆرەکان بۆ سی ۱ و کەلتورە پەیوەندیدارەکان دەگەڕێتەوە بۆ بەکارهێنانی چل ساڵەی ئەم تۆری بیرکردنەوەیەی ئێمە بۆ تێگەیشتن و گفتوگۆکردن لەسەر دەرهاویشتەکانی کەلتور لە مژدەبردنی شاریدا. تکایە ئاماژە بەم هێڵکارییە بکە بۆ ڕاستەوخۆترین پەیوەندی ئێمە لەسەر ئەم کاردانەوە کەلتوریانە.

پسێکی تر کە دەبێت تۆ لێی وریابیت کاتێک تۆ بەووردی ڕەچاوی ئەم ئەنثۆلۆجیایە دەکەیت، پەیوەندی هەیە بە بەکارهێنانی **دیاریکردنەکان و زاراوەکان**. لەبەر ئەوەی (چاندنی کڵێسا لەناو هەژارانی شار) بەشێوەیەکی سەرەکی ئەنثۆلۆجییەکە، ئێمە گەڕاوین بۆ پارێزگاریکردنی دۆکیومێنتە پێشوو ترەکانی خۆمان بە شێوە بنەچەییەکەیان، هەروەها بەووردی ڕەچاوی دۆکیومێنتەکانمان نەکردۆتەوە و بە زمانەکەدا پێداچونەوەمان نەکردووە لە قوتابخانە هەرە سەرەتاکانمان. ئەمە گرفتێکی سەرەکی نیە، بەهەرحاڵ، لەبەر ئەوەی هەرچەندە ئێمە زاراوەی جیاواز بەکاردێنین زیاتر لە قوتابخانە هەرە سەرەتاکانمان، ئێمە درێژەماندەوە بە هەمان کار بۆ پێگەکان. دوو زاراوە پێویستیان بەوەیە پێناسەبکرێن:

- لە بابەتەکانی پێشوودا ئەو زاراوەیەی بەکارهێنرا بۆ ئەو ڕاوێژکار یا سەرپەرشتیاری چاندنی کڵێسایەی کە ڕابەری تیمەکە ڕاپۆرتی پێ دەدا یا زانیاری لێ وەردەگرت پێی دەگەترا **ڕابەری فرە تیم** یا **ئێم تی ئێل**. ئێستا لەم جلدەدا و لە قوتابخانەکانی خۆماندا ئێمە ئێمە ئاماژە بەم ڕۆڵە دەکەین وەک **ڕاهێنەر**. هەموو ئاماژەکان بۆ **ئێم تی ئێل** یا **ڕابەری فرە تیم** لەم جلدە یا لە (چاندنی کڵێسا لەناو هەژارانی شار) دەبێت ئێستا وەک **ڕاهێنەر** تێگەیشتنی بۆبکرێت.

190 • لە سەر ئەم بەردە: نمونە کۆکەرەوەیەکی چاندنی کڵێسا

پێشەکی: چاندنی کڵێسا لەناو هەژارانی شار، جلدی ١ و ٢

- هەروەها، لە قوتابخانەکانی ڕابردوو ئێمە زاراوەی (**ڕابەری تیم**) مان بەکارهێناوە بۆ ئەو کەسەی بەرپرسە لە تیمی چاندنی کڵێسا و هەوڵی چاندنی کڵێسا. ئێستا ئێمە ئاماژە بەو کەسەدەکەین کە ئەم ڕۆڵە بەدی دەهێنێت وەک **چێنەری کڵێسا**.

لەبواری زماندا، دواتر تکایە بێتە بیرت کاتێک بابەتەکان سەرنجی تۆ ڕادەکێشن لەو ئەنثۆلۆجییەی کە ئاماژە دەدات بە **ئێم تی ئێڵ** یا **ڕابەری فرە تیم**، ئێستا دەبێت ئەوانە تێگەیشتنیان بۆ بکرێت وەک زاراوەی هاوتا بە (ڕاهێنەر)، هەروەها دیاریکردنی (ڕابەری تیم) ئێستا هاوتایە بە دیاریکردنی (چێنەری کڵێسا).

چۆن ئەم کتێبە بەکاردەهێنرێت

لەبەرئەوەی ناوەڕۆکەکانی (چاندنی کڵێسا لەناو هەژارانی شار) بەشێوەیەکی سەرەکی کۆمەڵێکی کۆکراوەی سەرچاوەکانە لەسەر چاندنی کڵێسا، ئەوە گونجاوە بۆ بەکارهێنانی داهێنەر و جۆراوجۆر. تۆ بەئاسانی دەتوانیت شوێن هونەری نەخشەکاریەکان بکەویت بەگوێرەی ئەو پۆلێنانەی لیستکراون، هەروەها بەقوڵی بیربکەیتەوە لە پوختەو هونەری نەخشەکاریە دیاریکراوەکان بەو ڕیزبەندییەی کە تیایدا ئەوان ڕێکخراون. تۆ دەتوانیت بابەتی دیاریکراو هەڵبژێریت و بەقوڵی بیربکەیتەوە لە بابەتەکان و دووبارە بیریان لێبکەیتەوە لەسەر بنەمای توێژینەوە و پرسیارەکانی خۆت. یاخود، ڕەنگە تۆ بڕیاربدەیت ئیزافە بخەیتە سەر ئەم کۆکردنەوەیە – دووبارە ڕێکخستنەوە و دووبارە تێکەڵکردن و دووبارە هێنانەبەرچاوی ئەو لاهوت و شێوازو مۆدێلەکانی زانستی مژدەبەری و پرۆتۆکۆڵە کردەکییە جۆراوجۆرانەی ئێمە لێرە لیستیان دەکەین و دەیانگۆڕین و هەمواریان دەکەین بۆ سنوور و قەشەگەری خۆت. ئەم کارە کۆمەڵێک بابەت کەڵەکەدەکات کە دانراون پرۆسەبکرێن و دووبارە بیریان لێبکرێتەوە و بەکاربهێنرێن.

لەبەرئەوە، ئەم کارە کۆمەڵێکی جۆراوجۆرە کە پێکەوەبەستنێکی ئەو ئاخاوتن و پراکتیزانەی ئێمەیە کە ئاگاداری ئەو ڕێگایانەی ئێمەیان کردووە کەتیایدا ئێمە ئەو قەشەگەریەمان ئەنجامداوە کە بۆتە ڕوودانی ڕابەران لەو گەڕەکەی ئەوان دەژین بۆ خزمەتکردنی گەڕەکەکە. ئازادبە لە سەرقاڵی و بەکارهێنانی خۆت لەم بابەتانە. بەهەموو ڕیزبەندێکدا بڕۆ. هەروەها بیهێنە بەرچاو کە کۆمەڵەکان لەژێر پۆلێنەکە تا ڕادەیەک ناوبژیکەرانەیە. بەڕاشکاوی، هەموو ئەو بابەتانەی لەخۆگیراون بەشێوەیەک لەشێوەکان پەیوەندییان هەیە بە هەموو ئەو پۆلێنانەی دراون. ئەوانە بەکاربێنە تا بیرکردنەوەی خۆت تیژ بکەن، هەروەها پێشنیار و تێگەیشتنی ژیرانەت بۆ دابین بکەن کەوا بکەن چاندنی کڵێسای خۆت لە گەڕەکە ناشایستەکان زیاتر تایبەت بن بە کتێبی پیرۆز و هاوتابن لەگەڵ مەبەستەکانی خودا بۆ کڵێساکە.

بەیەک واتا، ئەم کۆکردنەوەیە نمونەکۆکەرەوەیەکی ئامرازەکای قەشەگەری و لاهوتی ئێمەن کە بەردەستن بۆ کارکەران لە وێبگەکانی قەشەگەری ئێمە (wwwtumi.org and www.worldimpact.org). ئەم کارانە تەنیا نوێنەرایەتی کەرتێکی دەیان هەزار لاپەڕەی بەرنامەی خوێندن و هونەری نەخشەکاری و بابەتی کۆرس دەکەن کە لەلایەن قەشەگەرییەکانی (کارتێکردنی جیهان) و توێژەرانی پەیمانگا بەرهەم هێنراون لەم بیست ساڵەی ڕابردوودا. ئێمە زۆر فێربوین واتای ئەوەچییە بۆ نیشاندانی ڕووناکی شانشینەکە لەناو ئەو کۆمەڵگایانەی مەترسییان لەسەرە، هەروەها ئێمە سوپاسی خودا دەکەین بۆ ڕابەرایەتی کردن و ئاراستەکردنی ئەو. هێشتا ئێمە هەمیشە فێردەبین و هەمیشە چاکسازی دەکەین و هەمیشە ئامادەین فێری شتی نوێ بین و بەدوای ئاراستەکردنی نوێدا بگەڕێین و و پۆشتەبکرێین شتی مەزنتر ئەنجام بدەین بەناوی مەسیح لەپێناو شارەکە و هەژارەکان. نیەتی بێ فیزی ئێمە بریتییە لەهاوبەشی کردنی ئەو وانانەی ئێمە فێری بووین، نەک بیرکردنەوە

پێشەکی: چاندنی کڵێسا لەناو هەژارانی شار، جڵدی ١ و ٢

ڕوونەکە پێشکەش بکەین لەسەر ئەم بابەتانە، بەڵکو ئەو وانانە ئاشکرابکەین کە کۆمەناکردوونەتەوە بەناو چاندنی کۆمەڵگاکانی (شانشینەکە لەشارەکەدا.

ئارەزووی تۆ لەم کتێبە بەستنەوەی بە سێ بیرۆکەی سەرەکی ئاشکرادەکات کە لاهوتیکی قەشەگەری ڕاستی تایبەت بەکتێبی پیرۆز ڕادەگەیەنێت: شارەکە و هەژاران و کڵێساکە. هەتا پاشامەزنەکە دەگەڕێتەوە و والە ڕاستی دەکات گلۆربێتەوە وەک جۆگەیەکی بەهێز لەناو نەتەوەکانی جیهان. ئێمە ئەرکێکی پیرۆزمان لەسەرە بۆ تەواوکردنی (ڕاسپاردە مەزنەکە) (مەتتا ٢٨: ١٨-٢٠). لەکاتێکدا ژیانی مرۆڤ دەستی پێکرد لە باخچەیەک لە شاری بینای خودی خودا تەواودەبێت کە ئەو کەسانە لێی نیشتەجێ بوون کە بە ڕۆح هەژار بوون و بۆیە خودا دەبینن. ئەوانە لە هەموو خزمایەتییەک و زمانێک و خەڵکێک و نەتەوەیەک کە ئەوە پێک دەهێنن ئەوانە لەلایەن خوداوە کڕاونەتەوە، واتا کڵێساکەی ئەو لە ئاسمانێک و زەوییەکی نوێدا دەژین کە تیایدا مەسیح پەروەردگارە. هەتا ئەو کاتە ئێمە بەرپرسین لە ئەرکی پێشبینی کردنی کڕینەوە بەناوی پەروەردگار بۆ نەتەوەکانی زەوی کە زۆرینەی دانیشتوانەکەی لە کۆمەڵگا شارییەکاندا دەژین. شانشینەکانی ئەم جیهانە دەبن بە شانشینی پەروەردگاری ئێمەو مەسیحی خۆی، هەروەها بۆهەتا هەتایە فەرمانڕەوایی دەکات (ئاشکراکردن ١١: ١٥)

توێژینەوە و بەشداری تۆ لەم مژدەبردنە مەزنەدا دەتوانێت بەشارییکات لەم بینینە مەزنەی تایبەت بەکتێبی پیرۆز. نوێژی ئێمە ئەوەیە خودا ئەم کارە بەکاربهێنێت بۆ دابینکردنی تێگەیشتنی ژیرانە و ڕووناککردنەوە و تێگەیشتنی گەورەتر بۆ تۆ وەک چۆن ئێمە بتوانین ئەم بنکە دوورانەی ژیانی شانشینەکە بچێنین لەناو هەژارترین هەژاری شارەکانی ناو جیهان. ئەمە بینینی ئێمەیە و خواستی ئێمە بریتییە لەوەی کڵێساکەی ئەمەریکا ببینین دووبارە سود و ئاگری چاندنی کڵێسا لەناو هەژارانی شاردا ببینین. وەک جۆن یۆدەر ئاماژەی پێدان، هەژاران ”دانەوێڵەی گەردونن“ و گەیون بۆ دروێنە . خوایە کارکەرانی ڕۆحی لێهاتوو بنێریت کە بەهاداربن بۆ مەسیحی هەستاوە بۆ چاندنی کۆمەڵگاکانی شانشینەکە لە دروێنە شارییەکەی خۆیدا.

قەشە دکتۆر دۆن ئێڵ داڤیس
مارت ٢٠ ٢٠١٣

192 • له سەر ئەم بەردە: نمونە کۆکەرەوەیەکی چاندنی کڵێسا

خشتەی ناوەڕۆک:
ئامیلکەی سەرۆک قەشەی ئینجیلی

نامەی بەخێرهاتن **٩**

خولی ١ گەیشتن (کۆرسی ڕاهێنانی چڕ)

ئامانجەکان ١١

پێشەکی و ڕێنماییەکان و خشتەی قوتابخانەی سەرۆک قەشە ١٣

خواپەرستی ١ : نوێژ ئامێری هۆکی تۆڵکی باوەڕە ١٥

با خودا هەستێت! کۆنسێرتی نوێژ. ١٦

خولی دوو: وێنە گەورەکە (شەڕ)

مەبەستەکان ١٧

خواپەرستی ٢: خودا جەنگاوەرە ١٩

گرنگترین بەهاکانی پەیمانگای قەشەگەری شاری ٢٠

سیمیناری ١: قوتابخانەی چاندنی کڵێسای ئینجیلی و بینینی پەیمانگای قەشەگەری شاری . ٢١

ئاخاوتنی پرسیار و وەڵام ٣١

خولی ٣: دیمەنی گشتی (هەڵمەت)

مەبەستەکان ٣٥

سیمیناری ٢: ستراتیجی ئینجیلی ٣٥

سیمیناری ٣: تۆڕی ئینجیلی ٤٤

ئاخاوتنی پرسیار و وەڵام ٤٥

خولی ٤: جەستپێشخەری مژدەبردن

مەبەستەکان ٤٧

سیمیناری ٤: بەرەو ستراتیجییەک بۆ قەشەگەری:
ڕێکخستنی تیمەکە بۆ سەرکەوتن ٤٩

سیمیناری ٥: قۆناغەکانی ئامادەبکە و بەگەرخستن بکە و
پێکەوە بستن بکە و پەروەردەبکە و گواستنەوەی ئینجیلی ٥٨

ئاخاوتنی پرسیار و وەڵام ٦٤

خشتەی ناوەڕۆک: نامیلکەی سەرۆک قەشەی ئینجیلی

خولی ٥: کارمەندانی مژدەبردنەکە (وەرگرتنی کارمەند و هەڵسەنگاندن)

مەبەستەکان ٦٥
خواپەرستی ٣: ئازادی لە مەسیحدا ٦٧
سیمیناری ٦: خەملاندن و چێنەرانی کڵێسا بۆ/ لە هەژارانی شارەوە ٦٨
مەشقی ١ی سەرۆک قەشە: چۆن ئینجیللیەکان کارمەند وەردەگرن و چێنەرانی کڵێسا دەخەملێنین بۆ هەروەها لە هەژارانەوە؟ ٧٨
سیمیناری ٧: ڕاهێنەران و تیمی چاندنی کڵێساکە لە ئینجیلیدا ٨٠
مەشقی ٢ ی سەرۆک قەشە ٨٨
ئاخاوتنی پرسیار و وەڵام ٩٠

خولی ٦: سەرچاوەکانی مژدەبردن (تەقەمەنی)

مەبەستەکان ٩١
سیمیناری ٨: چۆن پاترییەکی ڕۆحی سەرۆک قەشە دەخەیتەوە ئیش: دووبارە دۆزینەوەی بانگەکانی ئێمە وەک سەرکارانی خودا ٩٣
سیمیناری ٩: بەگشتی کردن و کۆمەککردنی قوتابخانەی ئینجیلی تۆ. ١٠٠
مەشقی ٣ی سەرۆک قەشە: چۆن سەرۆک قەشەکان کۆمەکی قوتابخانەی ئینجیلی چاندنی کڵێسای شاریی خۆیان دەکەن و بەگشتی دەکەن ١٠١
سیمیناری ١٠: سەرچاوەکان و پاڵپشتی ئینجیلی ١٠٣
ئاخاوتنی پرسیارو وەڵام. ١٠٤

خولی ٧: میکانیکەکانی مژدەبردن (تاکتیکەکان)

مەبەستەکان ١٠٥
فۆرمی بڕوانامەی سەرۆک قەشەی ڕاهێنانی قوتابخانەی ئینجیلی ١٠٧
پێشکەشکردنەکانی تیم ١٠٨

خولی ٨: ڕاسپاردەکردن (بڵاوکردنەوە)

مەبەستەکان ١٠٩
خواپەرستی ٤: هێزی ستایشکردن ١١١
کۆنوێژی پیرۆز ١١٢
ئاهەنگی ڕاسپاردەکردن (بڵاوکردنەوە). ١١٦

194 • له سەر ئەم بەردە: نمونە کۆکەرەوەیەکی چاندنی کڵێسا

خشتەی ناوەڕۆک:
ناميلكەی سەرۆک
قەشەی ئینجیلی

پاشکۆ

یاسای باوەڕی نیسین بە پشتگیری تایبەت بە کتێبی پیرۆزەوە ١٢١
دووپاتکردنیوەی باوەڕ لەلاین (کارتێکردنی جیهان)ەوە ١٢٣
جیاکەرەوەکانی ئێمە (پێشخستنی شانشینەکە لەناو هەزارانی شار ١٢٥
دیمەنی گشتی سەرچاوەکانی پەیمانگای قەشەگەری شاری لە هەروەها بۆ هەزارانی شار . ١٣٣
مێژووی پەیمانگای قەشەگەری شاری ١٤٠
دیمەنی گشتی ستراتیجی و پێکهاتنی پەیمانگای قەشەگەری شاری ١٤٢
بۆچی گەشەبدرێت بە ناوەندەکانی فراوانکردن بۆ فێرکردنی لاهوت ١٤٤
سەتەلایتی پەیمانگای قەشەگەری شاری چییە؟ ١٥١
ڕۆڵی ستراتیجی کڵێسا خۆجێیەکە لە پەیمانگاکەی خۆت ١٥٣
سێ ئاستی وەبەرهێنانی قەشەگەری ١٥٥
دیمەنی گشتی پرۆسەی ئینجیلی :
پرۆسەی پلاندانان بۆ سەرۆک قەشەی ئینجیلی ١٥٦
میوانداری کردنی قوتابخانەی ئینجیلی پلاندانانی کڵێسای شاری خۆت:
بڕوانامە و پرۆسە ١٦١
سێ نمونەی بودجەی قەتابخانەی ئینجیلی ١٦٥
خەملاندنی چێنەری قوتابخانەی ئینجیلی:
دیمەنی گشتی پرۆسەی ڕابەری تیمی پێش ئینجیلی ١٦٩
فۆرمی نوسراوی ڕێگەپێدانی چاندنی کڵێسای ئینجیلی. ١٧٨
چاندنی کڵێسای شاری : لیستەی سەرچاوەکانی تایبەت بەبابەت. ١٧٩
دە بنەمای باڵا بۆ پیرەکان ١٩٩
ئامۆژگاری کردن و فێرکردن ٢٠٤
ئەشکەنجەچەشتن بۆ ئینجیل:
تێچوونی قوتابێتی و ڕابەرایەتی کردنی خزمەتکار ٢٠٦
"پێکهاتەیەک" بۆ هاوڕێیەتی کڵێسای شاری. ٢٠٨
ڕێبەرێکی خێرا بۆ هاوڕێیەتی کڵێسای شاری ٢١٠
کورتەی خولی ئینجیلی ٢٢٢

خوێندنەوە و سیمینار و مەشقی تیمی زیادە

خوێندنەوە: کڵێسا چییە؟ ٢٣٥

سیمینار: ئینجیلییەکان جەخت دەخەنە سەر تیم ٢٣٨

سیمینار: نوسراوی ڕێگەپێدانەکان و ڕاهێنەران و پرۆسەی بەردەوامی
(ئانادەبکە و کاربکەو چاوپیاخشاندنەوەبکە) ٢٨٤

سیمینار: خێزانی کڵێساکان: بزوتنەوەکان و هاوڕێیەتییەکان و ڕێبازەکان. ٢٧٨

سیمینار: چاندنەکانی کڵێسا و هاوڕێیوتی کڵێسای شاری:
پێویستی بۆ ئامێزگرتنی خۆجێیی ٢٨١

مەشقی سەرۆک قەشە: بینینی وێنەگەورەکە: دامەزراندنی سنوور ٣٠٢

مەشقی مەرۆک قەشە: بینینی وێنە گەورەکە:
دامەزراندنی بەهاکان و بینینی قوتابخانەی ئینجیلی کڵێسای خۆت ٣٠٦

مەشقی سەرۆک قەشە چۆن ئێمە ڕاهێنان بکەین لە/دوای ئینجیل؟ ٣٠٨

مەشقی سەرۆک قەشە: بزوتنەوە و تۆڕە ئینجیلییەکان. ٣٠٩

مەشقی سەرۆک قەشە ٣١١

مەشقی سەرۆک قەشە: ڕاهێنەرانی مەیدانی. ٣١٣

وردەکاری پاکیجی سەرچاوەی قوتابخانەی ئینجیلی ٣١٨